COMMUNICATION GUIDANCE
Theory and Application

传播学导引
理论与应用

冉 彬 ◎编著

复旦大学出版社

前言 | Foreword

信息时代,传播无处不在。在现代社会中,每个至关重要的领域,如个人表达、人际沟通、社交媒体、影响力、团队决策、认知内心及外部世界,乃至人机互动……都离不开传播学的核心——信息解读与处理。

信息时代,信息是核心资源。在快速变化的数字时代,提高信息解读与处理能力,对个人、群体、行业乃至国家发展而言都极为重要。学好传播学,既为个体和群体发展赋能,又对行业和国家发展有利。

那么,怎样才能学好传播学呢?

第一,掌握传播学的关键概念和基本原理。传播、信息、符号、意义、心智模式、把关理论、认知框架、拟态环境、传播效果等,是传播学的关键概念和基本原理,学习者要读原著、悟原理、解原意。

第二,用跨学科、发展的眼光学习传播学。传播学四大奠基人来自不同领域:拉斯韦尔是政治学家,拉扎斯菲尔德是社会学家和心理学家,霍夫兰和卢因是心理学家。文学博士施拉姆在集大成的基础上创立了传播学。因此,传播学是一门新兴交叉学科。传播学在发展过程中呈现出学科细分、交叉与渗透的趋势。学习者可结合自身专业,理解其中的传播学规律,用发展的眼光来学习。

第三,按照现象—问题—理论—方法—塑造价值观的逻辑顺序学习教材章节内容,有助于学以致用。从案例中分析传播现象,从现象中发现问题,并用传播学理论和方法解释或解决问题,在这个过程中塑造正确的价值观,可避免课程思政强融的问题。

目录 | Contents

第一章 传播和传播学概述 ………………………………………………… 001
开篇案例：《诗经》的传播 ………………………………………… 002
第一节 传播的概念和类型 …………………………………………… 005
一、"传播"一词的产生和发展 …………………………………… 005
二、传播的概念 …………………………………………………… 006
三、传播活动的分类 ……………………………………………… 008
第二节 传播的模式和功能 …………………………………………… 011
一、传播模式 ……………………………………………………… 011
二、传播功能 ……………………………………………………… 021
第三节 传播学的兴起和发展 ………………………………………… 028
一、传播学兴起的条件 …………………………………………… 028
二、传播学四大奠基人和一位创始人 …………………………… 030
三、传播学与信息论、控制论和系统论 ………………………… 037
四、传播学与其他学科的关系 …………………………………… 041
五、传播学研究的源流 …………………………………………… 042
第四节 中国人的传播思想和实践 …………………………………… 052
一、中国古代传播思想和实践 …………………………………… 052
二、中国近代传播思想与实践 …………………………………… 059
三、中国现代传播思想与实践 …………………………………… 063
四、传播学在当代中国的引入和发展 …………………………… 066

第二章 传播者 … 071

开篇案例：中国古代成语故事一：三人成虎 … 072

中国古代成语故事二：曾子杀人 … 073

第一节 传播者概述 … 073

一、传播者的含义 … 073

二、传播者的分类 … 074

三、传播者的特点 … 074

第二节 个人传播者 … 076

一、人内传播者 … 076

二、个人信息处理的基模理论 … 079

三、人际传播者 … 084

第三节 群体传播者 … 088

一、群体传播者的概念 … 088

二、群体意识与群体规范 … 089

三、群体压力与趋同心理 … 090

四、集合行为及其传播机制 … 091

第四节 组织传播者 … 095

一、组织传播者概述 … 095

二、组织内传播 … 097

三、组织外传播 … 097

第五节 大众传播者 … 100

一、大众传播者的含义和特点 … 100

二、大众传播者提示信息环境 … 100

三、大众传播者营造拟态环境 … 102

第六节 国际传播和全球传播主体 … 103

一、国际传播主体 … 103

二、全球传播主体 … 103

三、国际传播和全球传播主体面临的问题 … 105

第七节　传播者控制研究 …………………………………………… 109
　　一、传播者控制研究主要涉及的三个内容 ………………………… 109
　　二、控制研究对传播者权利和责任的分析 ………………………… 109
　　三、把关理论 ………………………………………………………… 112
　　四、把关——层级分析 ……………………………………………… 116
　　五、传播者把关研究的未来方向 …………………………………… 119

第三章　传播内容 ……………………………………………………… 124
　开篇案例：《小猪佩奇》的传播内容 ………………………………… 125
　第一节　符号 ………………………………………………………… 127
　　一、符号概述 ………………………………………………………… 127
　　二、符号的分类 ……………………………………………………… 128
　　三、符号的基本功能 ………………………………………………… 130
　第二节　意义 ………………………………………………………… 131
　　一、意义的概念 ……………………………………………………… 131
　　二、意义的分类 ……………………………………………………… 131
　　三、意义的暧昧性 …………………………………………………… 132
　　四、意义存在于人类传播的全过程中 ……………………………… 133
　　五、象征性社会互动 ………………………………………………… 134
　第三节　信息 ………………………………………………………… 135
　　一、信息的概念与分类 ……………………………………………… 135
　　二、信息概念与其他相近概念的异同 ……………………………… 137
　　三、信息的基本性质和传播特征 …………………………………… 139
　　四、信息革命、信息社会和信息主权 ……………………………… 141
　第四节　传播内容的生成与分析 …………………………………… 146
　　一、传播内容的生成 ………………………………………………… 146
　　二、传播内容分析的框架理论 ……………………………………… 151
　　三、传播内容分析的着重点 ………………………………………… 154

四、传播内容分析的程序和技术 …………………………………… 154
五、传播内容的多种分析范式 …………………………………… 156
六、内容分析与文本分析 ………………………………………… 159
七、传播内容的倾向性分析 ……………………………………… 161
八、传播内容把关 ………………………………………………… 163

第四章 传播媒介 …………………………………………………… 166

开篇案例：华为，构建万物互联的智能世界 ………………………… 167

第一节 传播媒介概述 …………………………………………… 169
一、媒介的概念 …………………………………………………… 169
二、媒介的特点 …………………………………………………… 170
三、媒介类型划分 ………………………………………………… 171

第二节 媒介演进史 ……………………………………………… 172
一、媒介演进史概述 ……………………………………………… 172
二、智能媒介的特征 ……………………………………………… 191
三、媒介融合 ……………………………………………………… 194
四、媒介形态变化的原则和趋势 ………………………………… 200

第三节 经典媒介理论 …………………………………………… 202
一、麦克卢汉的媒介理论 ………………………………………… 202
二、梅罗维茨的媒介论 …………………………………………… 205
三、媒介建构理论 ………………………………………………… 209
四、媒介依赖理论 ………………………………………………… 213
五、媒介与社会发展理论 ………………………………………… 216

第四节 媒介控制与媒介伦理 …………………………………… 223
一、传媒的四种理论 ……………………………………………… 223
二、媒介控制 ……………………………………………………… 227
三、媒介伦理 ……………………………………………………… 229

第五章　受众分析 235

开篇案例：《王者荣耀》如何吸引 Z 世代年轻人 236

第一节　受众概述 238

一、传播过程中的受众 238

二、受众的多种社会属性 241

三、新媒体环境下的受众 245

第二节　受众类型 246

一、按照媒介和内容划分受众类型 246

二、按照传-受模式划分受众类型 251

三、按照信源-接受者关系划分受众类型 254

四、按照其他标准划分的受众类型 255

第三节　受众的形成与保持 256

一、结构说对受众形成与保持的解释 256

二、行为说对受众形成与保持的解释 257

三、文化说对受众形成与保持的解释 263

四、影响受众形成的主要因素 263

第六章　传播效果 270

开篇案例：首届进博会传播效果 271

第一节　传播效果概述 273

一、什么是传播效果 273

二、传播效果的三个层面 274

三、传播效果的类型 275

四、传播效果研究的历史与发展 278

五、传播效果研究的理论意义和实践意义 286

第二节　传播效果的制约因素 286

一、考察具体过程的传播效果不可忽略的重要内容 286

二、传播主体与传播效果 287

三、传播内容与传播效果······288
　　四、传播对象与传播效果······291
　　五、传播媒介与传播效果······295
第三节　多元效果理论······297
　　一、议程设置功能理论······297
　　二、框架效果理论······299
　　三、培养理论······301
　　四、知识沟理论······302
　　五、沉默的螺旋理论······306
　　六、第三人效果理论······310

主要参考文献······317

后记······321

第一章
传播和传播学概述

教学目标

▶ 知识点
1. 传播的概念、类型、模式和功能。
2. 传播学兴起的条件。
3. 传播学四大奠基人和一位创始人的贡献。
4. 中国历代传播思想与实践。

▶ 技能点
1. 学会用5W模式解析传播活动。
2. 用信息论、控制论、系统论观点分析传播活动。

▶ 思政元素
1. 从《诗经》看中华优秀传统文化的传播。
2. 理解创新对传播学兴起和发展的意义。

重难点

1. 传播的概念、类型和模式。
2. 用5W模式解析传播活动。
3. 理解传播学四大奠基人和施拉姆对传播学的创新性贡献。

> **开篇案例**

《诗经》的传播

《诗经》的传播者

《诗经》的传播者包括最初的传唱者、采集者、整理者、编订者,以及后来历代整理者、阐释者,如配乐演奏者、教授者、赋诗者、引诗者、论诗者等。

《诗经》最早是唱词,用于歌唱,原始传唱者佚名,相传周宣王时期太师尹吉甫是唱词的主要采集者,因而被称为"中华诗祖"。

"诗"为心声,王者利用"采诗制"来了解民情,考核吏治。"采诗官"常常到民间采风,将采集到的民歌交给朝廷的乐师,配上乐曲,唱给天子听。

据说《诗经》原有3 000多首,有的是百姓传唱的民歌,有的由文人创作后配乐演唱,都是"歌诗"。周朝由于交通不便、语言各异,不同时段、不同地区的歌谣如果不经过加工整理,便不利于广泛传播。孔子按照"取可施于礼义"的原则,重新编选《诗经》305篇,将作品分为风、雅、颂三部分,所有作品都能用琴瑟伴唱,创造出便于传播的体例。

经孔子首倡,《诗经》作为六艺之首,被春秋以降的儒家奉为重要经典,研习揣摩,教授不绝。汉学大儒毛亨、毛苌通过口头传授和注释的方式传播《诗经》,使《诗经》自汉武帝起在神州文化和世界文化史中占有重要地位。

《诗经》的传播内容

《诗经》反映了从西周初期到春秋中叶跨度近600年的社会生活,内容十分丰富,包括天文地理、政治经济、祭祀典礼、战争徭役、定都建国、燕飨欢聚、狩猎耕耘、采摘渔牧、君王贵族、将军大夫、君子淑女、农夫商贾、思妇弃妇、游子隐逸、初恋思慕、闺怨春情、幽期密会、洞房花烛、迎亲送葬、怀人悼亡、草木鱼虫、飞禽走兽、莺啼马鸣、风潇雨晦、波光山影、火山地震、祈祷祝愿、占卦圆梦等,是周朝社会生活的一面镜子。

《诗经》对当时的社会生活进行了全方位、多角度、立体化的反映,在世界古代诗歌中独一无二。

《诗经》的传播媒介

《诗经》最早是唱词,有声口语是其传播媒介,后世形成了五种有声语言形式。

第一,吟诵。吟诵是汉文化圈中的人们对汉语诗文的传统诵读方式,也是中国人学习文化时高效的方法,有着 2 000 年以上的历史,代代相传。吟诵汉诗在海外一直盛行不衰,不仅在华人中间,而且在日本、韩国等很多汉文化圈中,也一直流传。

第二,歌唱。歌唱是现代人喜闻乐见且非常容易接受的一种传播方式,最美的诗词遇见最美的声音,那就是美美与共、美不胜收。

第三,吟唱。吟唱的意思是吟咏歌唱。吟唱是融古时的吟诵和现代的歌唱之长的一种艺术展演形式,较吟诵更具乐感,被多数人认可,但要求也较高。

第四,念诵。念诵是借鉴京剧道白的风格,是一种全新的艺术演绎形式。

第五,朗诵。朗诵是大众参与面最广的《诗经》在现代的传播方式。无论男女老少,不管何时何地,张口就能朗声诵起来,愉己怡人。

有了文字以后,《诗经》通过学校讲授、言语引诗和著述引诗等形式代代相传。《诗经》的语言形式基本上都是四言体,韵部系统和用韵规律大体一致,相对整齐的句式、重章叠句的章法都有利于口语传播。

最早记载《诗经》的实物是竹简。

《诗经》中情感内容的传播媒介,包括以下实物。

第一,草木。《诗经》中提到的花草达 130 多种。草木在诗歌中主要有两种作用:一是喻人,二是喻事。例如,《诗经·周南·桃夭》中以"桃之夭夭,灼灼其华"来描写女子的生动之美,《诗经·卫风·氓》中以"桑之落矣,其黄而陨"来指代女子年老色衰和婚姻的衰败。植物有生长兴衰的变化,不仅为人类提供生存必需的能量和食物,也是诸多事件的见证者。以植物作为载体寄托情感,更有种对兴衰变化的感触。

第二,禽类。鸟雀给人的感觉通常是灵动的,使不少有情人将感情托付于鸟雀。"关关雎鸠,在河之洲"唱出了多少有情男女难开口的心情。鸟鸣声体现出自然的灵气,亦会激荡起人们心中对爱情和自由的向往。这种以禽类为媒介的传播更多通过不同禽类的不同寓意来实现。与草木相比,禽类更有生气,它们自由的飞翔和明亮的叫声成为传情诗的绝佳媒介。

第三,山水。从古人的角度来看,山水相隔意味着距离远,道路艰难。《诗经·秦风·蒹葭》是典型的借山水来抒情的诗歌。古人对于山水有着独特的情怀，山水象征自然，不仅是人们生活的地方，更是心灵的寄托，既有隐士怡情于山水，也有旅人在山水中得道。

《诗经》的中外受众

先秦时期，贵族学诗，是以诗代言。汉儒对《诗经》的接受，更多重视政治经典性、规范性。魏晋南北朝对《诗经》的接受转向文学性。唐朝以后《诗经》国内的主要受众群体是参加科举考试的学子。宋朝，给皇帝讲《诗经》是启沃国君，给学子讲《诗经》是鼓励学子对《诗经》进行创意阐释。

历代国内受众对《诗经》的解读，与时代思想观念、人们生活环境和社会政治变迁密切相关，表现为或侧重政治，或侧重文学，或具有神圣色彩，或具有世俗性。经学大师代代相传，或以道学义理阐释，名士文人对诗的理解更重真情实感。

从16世纪开始，《诗经》通过西方来华的传教士开始译介给欧洲读者。17世纪，西方传教士学《诗经》、通《诗经》，目的是利用儒家五经来弘扬基督教义，具有教会学术色彩。18世纪，欧洲的注意力移向东方，热烈要求了解古老的中华文明。19世纪兴起"汉学热"，推动了《诗经》译介的繁盛。

《诗经》的传播效果

第一，教育作用。孔子在《论语》里有"不学诗，无以言"的说法，他常以《诗经》教育弟子。诗有读后使人澄清心灵的功效，《诗经》寓含了道德与仁爱的治世化人法宝。

第二，教化作用。孔子说，"温柔敦厚，诗教也"。如果百姓性情平和，待人接物态度温厚，说明是深受《诗经》之教化的缘故。

第三，社会作用。孔子评价说："可以兴，可以观，可以群，可以怨。迩之事父，远之事君，多识于鸟兽草木之名。"意思是，学习《诗经》可以激发情志，可以观察社会，可以交往朋友，可以怨刺不平。近可以侍奉父母，远可以侍奉君王，还可以知道不少鸟兽草木的名称。

第四，礼乐作用。《诗经》中的作品最初主要用于典礼、讽谏和娱乐，是周朝礼乐文化的重要组成部分，是推行礼乐制度的工具。

第五，追忆文明。《诗经》帮助当代人凭借这些美丽的诗歌，追忆中华民族灿烂辉煌的文明。

案例分析

《诗经》承载着中国人的文化基因,深刻地塑造了当代人的语言,包括诸多成语、赋、比、兴等表现手法,温柔敦厚的情感,判断好与坏、善与恶、美与丑的价值观。分析《诗经》的传播,离不开对构成传播过程诸要素——传播者、传播内容、传播媒介、受众和传播效果的分析。

第一节 传播的概念和类型

一、"传播"一词的产生和发展

(一)中国"传播"一词的源流

据中国新闻传播史研究专家方汉奇教授考证,汉字中的"传"和"播"两字合为"传播"一词,最早出现在1 400多年前唐朝人李延寿编撰的《北史·突厥传》中,"宜传播天下,咸使知闻",意思是"广泛散布"。

"传播"作为"广泛散布"的意思被后代反复使用。例如,元朝辛文房的《唐才子传·高适》:"每一篇已,好事者辄传播吟玩。"明朝冯梦龙的《东周列国志》第四十六回:"宫人颇闻其语,传播于外。"清朝袁枚的《随园诗话》卷十四:"一砚一铫,主人俱绘形作册,传播艺林。"

在中国古代典籍中,与"传播"意思相近的词还有"传""播""布""扬""宣""流"等,但这些词在描述信息传播现象时,在内涵或外延上有差别。"传"表示纵横地传播,"播"表示广泛地传播,"布"表示伸展地传播,"扬"表示宏大地传播,"宣"表示庄重地传播,"流"表示连续地传播。

"传播"一词在汉语中是一个联合结构的词语,词语的语素"传"和"播"之间是并列关系,其中,"播"指传播,而"传"具有递、送、交、运、给、表达等多种动态的意义。这说明"传播"是一种动态的行为,在汉语中常用作动词,如传播信息、传播谣言、传播思想等。

(二)国外"传播"一词的源流

传播对应的英文词汇是 communication。这个英文词汇的来源有两种说法。一是源自拉丁文 communicare,意义是告知、分享、使之共同。例如,古希腊雅典城内有一种管理城区街道生活的半官方人物,经常在大街上叫喊,口头告示民众关于货物上市的行情。communicare 在 14—15 世纪进入英语,与英语的丰厚(munificent)、社区(community)等词有联系。二是与拉丁文 communis 有关,意思是建立共通性。

传播的词根是 community,意思是社群、社区。传播(communication)一词与社区(community)一词有共同的词根,这并非偶然。没有传播,就不会有社区;没有社区,也不会有传播。传播活动是人的本能,人们在传播活动中注入意义,意义使传播活动富有生命感。当传播关系运行良好时,其结果是某种协调一致。当传播关系不顺时,常常产生与本意截然不同的行为,其结果是误解,甚至是敌视。

因此,"传播学之父"威尔伯·施拉姆说:"研究传播时,我们在研究人,研究人的关系,人与群体、组织和社会的关系;研究他们怎样相互影响;怎样接受影响;怎样提供信息和接受信息;怎样传授知识和接受知识;怎样愉悦别人和被愉悦。要了解人类传播,我们必须了解人与人是如何建立联系的。"[①]

从 communication 翻译过来的中文"传播"一词有多种含义:通信、通知、信息、书信;传达、传授、传播、传染;交往、交流、交通、联络;共同、共享等。具体是什么含义,要视其所指领域及上下文语境而定。例如,用于人际交往,"传播"有三种意思:给予和告知、迁移或传输、交换。仅以第三种意思"交换"而论,"传播"又有交流、交际、交往、沟通、交易等意思。具体是哪个意思,取决于上下文语境。

作为传播学学科专业术语,communication 对应的中文意思特指信息的传递、沟通和交流。

二、传播的概念

(一)国外学者的观点

1. 社会互动说

1909 年,美国社会学家和社会心理学家、社会互动理论创始人、美国传播学研究的先驱查尔斯·霍顿·库利出版《社会组织》一书,从社会学角度认识传播,强调传播的社会关系性,认为传播是指人与人关系赖以成立和发展的机制,包括

---

① [美]威尔伯·施拉姆、威廉·波特:《传播学概论》(第二版),何道宽译,中国人民大学出版社 2010 年版,第 4 页。

一切精神象征及其在空间中得到传递、在时间上得到保存的手段。传播包括表情、态度、动作、声调、语言、文章、印刷品、铁路、电报、电话,以及人类征服空间和时间的其他任何最新效果。

2. 符号说

1911 年,美国符号学创始人皮尔斯出版《思想的法则》一书,从符号学或语义学角度认识传播,认为传播是观念或意义的传递过程,像(icon)是直接传播某种观念的唯一手段。即使是传播最简单的观念,也必须使用像。美国社会学家伯纳德·贝雷尔森和塞纳进一步从符号学角度认识传播,提出传播是运用符号(词语、画片、数字、图表等)传递信息、思想、感情和技术等的行为或过程。

3. 影响说

1953 年,美国心理学家卡尔·霍夫兰、欧文·贾尼斯和哈罗德·凯利合著出版《传播与劝服》,从目的、影响和反应角度认识传播,认为传播是某个人(传播者)传递刺激(通常以语言)以影响另一些人(接受者)行为的过程。

4. 信息运行说

1954 年,威尔伯·施拉姆在《传播是怎样运行的》一文中从信息角度认识传播,认为传播至少有三要素,即信源、讯息和信宿。

5. 过程说

1960 年,美国传播学家戴维·伯洛提出,传播是一种动态的过程,传播过程是一种复杂的结构体。传播过程的本质是运动。总之,传播是由多要素及其相互关系组成的动态的有结构的信息流动过程。

6. 共享说

德裔美国语言学家和翻译家亚历山大·戈德从共享角度认识传播,将传播定义为这样的过程:把被一个人或一些人垄断的东西让两个人甚至更多的人分享。

7. 信息互动说

1967 年,美国传播学者乔治·格伯纳从互动角度认识传播,将传播定义为:通过信息进行的社会互动。

8. 意义解释说

美国传播学者理查德·韦斯特和林恩·H. 特纳在他们共同编写的传播学著作《传播理论导引:分析与应用》中,从个体角度定义传播:传播是个体使用象征符号以确定和解释环境意义的社会过程。

（二）国内学者的观点

郭庆光认为，传播即社会信息的传递或社会信息系统的运行。

邵培仁认为，传播是人类通过符号和媒介交流信息以期发生相应变化的活动。

胡正荣认为，传播是信息流动的过程。传播包含两个要素——信息（传播的材料）和流动。

张国良认为，传播即传授信息的行为（或过程）。

……

综上所述，国内外学者在界定传播概念时，都充分考虑信息传播的传递、共享、交互、过程、影响等特性。这说明现实的传播活动具有如下特点：第一，传播是信息共享活动；第二，传播是互动行为；第三，在传播活动中，传受双方有共通的意义空间。

总之，传播是一种行为，是一个过程，也是一种传播者、传播信息、传播媒介和传播对象共同参与、相互作用的系统活动。

三、传播活动的分类

要深入研究传播活动，先要对传播活动进行类型划分。以下介绍六种类型划分。

（一）根据信源和信宿是否有人类参与划分

1. 非人类传播

非人类传播包括机器传播和动物传播。两种传播活动中的信源和信宿均没有人类参与。

2. 人机传播

当机器成为交流对象，成为信源和信宿而与人类进行信息交流时，人机传播就产生了。人与计算机、人与机器人的互动，是过去20年人机互动传播的主题。

3. 人类传播

人类是一种社会存在，人类传播似乎等同于社会传播，但人类传播中的人内传播（自我传播）是非社会传播，因此，人类传播又分为非社会传播和社会传播。

非社会传播的传受双方集于一身，其表现形式是自言自语、自问自答、自我发泄、自我陶醉、自我反省、沉思默想等。它是个人受外界刺激而引发的内心活动。

社会传播根据传播范围和规模、实践领域、信息流向、媒介特点的不同还可再细分。

(二)根据人类社会传播范围或规模划分

1. 人际传播

人际传播指两人以上在交往中进行的信息处理过程。其表现形式有：面对面传播，一般通过语言、动作和表情等媒介进行交流；非面对面传播，通过电话、网络和书信等媒介进行交流。人际传播中双方要不断地相互调整、相互适应，以保证传播效果。

2. 群体传播

群体传播是群体成员之间发生的信息传播行为，表现为一定数量的人按照一定的聚合方式，在一定的场所进行信息交流。群体的规模有大有小，不同的群体有不同的特点。但不论何种群体，在传播活动中其成员都要受群体形成的规范的调节和制约。群体传播不但形成群体规范、产生群体压力，还由此引起遵从心理和从众行为。

3. 组织传播

组织传播指组织与其成员、组织与其所处环境之间的信息交流，是传播主体为组织的群体传播形式。组织传播具有明确的目的性和可控性。它是疏通组织内外沟通渠道、密切组织内外关系的一种传播活动。组织传播可细分为职能传播和非职能传播。

4. 大众传播

大众传播指组织化的传播机构及其从业人员利用大众媒介向人数众多、各不相同、分布广泛的受众进行信息传播的过程。其特点是传播主体高度组织化、专业化，传播手段现代化、技术化，传播对象众多、覆盖面极广，传者与受者之间不存在私人关系。

5. 国际传播

国际传播指跨越两个及其以上国家，或不同文化体系间的信息交流。信息交流是指个人、团体、政府通过各种媒介手段转移信息及数据。国际传播的主导者是主权国家和其他国际行为主体。其他国际行为主体包括：国际机构，如联合国;地区性联盟组织,如东南亚国家联盟等。

6. 全球传播

全球传播指将国内传播和国际传播融于一体,以整个世界为范围的传播,既包括传统的国际传播的各个领域,又包括全球信息化进程中的许多全新课题。全球传播的发展需要具备全球性信息传播系统、活跃的跨国传播企业、地球村意识等前提条件。

(三)根据人类传播活动实践领域划分

根据人类传播活动实践领域可将传播划分为政治传播、经济传播、文化传播、科技传播、新闻传播、健康传播、生命传播、生态传播等。

人类活动的每个领域,都可以产生特定的传播类型。

(四)根据传播信息流向划分

1. 单向传播

例如上级对下级的指示、命令、表扬等,一方传播,另一方接收。

2. 双向传播

例如谈话、讨论等,双方互相向对方发出信息并接收信息。

3. 多向传播

例如网络短视频、直播等,自带多向传播、海量传播属性,多方在网络短视频、直播互动交流中发出信息,多方接收信息。

(五)根据媒介的特点划分

1. 直接传播

直接传播指人们通过语言、表情、手势等面对面地互通信息。

2. 间接传播

间接传播指传播者利用特定传播媒介(如信件、电话、中间人等)向接受者传播信息。

(六)根据传播使用的符号划分

1. 语言传播

语言是一种具有一定形式和语音的信息载体,包括口语和文字。与口头语言相比,书面文字记录信息更加准确和保持久远。

2. 非语言传播

非语言传播指赋予除语言文字之外的一切社会行为及其语境因素以意义的过程。非语言传播既包括人的表情、眼神、声调、姿势和动作、穿着方式、携带品和装饰品等,又包括在人群中的位置、距离、时间选择、空间运用和居所布置等。

第二节 传播的模式和功能

一、传播模式

模式,指对客观事物的内外部机制的直观且简洁的描述,它是理论的简化形式,可以向人们提供客观事物的整体信息。模式具有组织功能,能揭示系统之间的次序及相互关系。

在传播研究中,用"模式"说明"理论"恰到好处,因为传播的各种规律深藏于各种关系中无法被看见,但可以用模式表现概括。

传播模式是对传播活动的内在机制与外部联系进行的一种直观且简洁的描述,也是一种拥有同现实传播活动相同的结构属性的合乎逻辑的设想。

对传播的结构和过程的研究不断取得进展,很大程度上归功于模式的导入。

最早的传播模式可以追溯到古希腊亚里士多德的人际说服模式。他扼要地提出传播的五个基本要素,即说话者、演讲内容、听众、效果和场合。这一模式适用于描述当时最强有力的传播渠道——修辞和讲演,至今仍然具有重要意义。但受历史条件限制,他无法展开对大众传播媒介的研究。

自传播学诞生以来,有关传播模式的思想和观念数以百计,大体分为单向线性模式、双向循环模式和社会系统模式。随着数智时代的到来,个性化智能推荐模式越来越引人注目。

(一)单向线性模式

1. 拉斯韦尔的5W模式

1948年,拉斯韦尔发表论文《传播在社会中的结构与功能》,提出了传播研究中最有名的命题：描述传播行为的一个便利方法，是回答 5 个 W 的问题，即谁(who)、说了什么（says what）、通过什么渠道（in which channel）、对谁（to whom）、取得了什么效果（with what effect）。

此后，拉斯韦尔的这句名言被广泛引用。英国学者丹尼斯·麦奎尔在 1982 年出版的《大众传播模式论》中，把这句名言转换成图像图形模式(见图 1-1)。

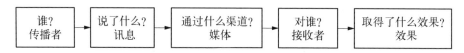

图 1-1　拉斯韦尔模式

资料来源：[英]丹尼斯·麦奎尔、[瑞典]斯文·温德尔：《大众传播模式论》(第 2 版)，祝建华译，上海译文出版社 2008 年版，第 13 页

拉斯韦尔模式简称 5W 模式。该模式首次较为详细、科学地分解了传播过程五大基本元素。从这个意义上说，该模式堪称"开天辟地"。

5W 模式作为传播过程及构成要素的经典模式，奠定了传播学研究的五大基本内容：控制分析、内容分析、媒介分析、受众分析、效果分析。这五大基本内容涵盖了传播研究的主要领域，至今仍对传播学研究和学习产生重大影响。

5W 模式的不足，在于虽然考虑到受传者的反应（效果），但没有将至关重要的反馈环节体现在模式中，没有揭示人类社会传播的双向性和互动性。

2. 香农-韦弗传播模式

1949 年，数学家、信息论创始人香农和韦弗共同出版《通信的数学理论》，提出了传播过程基本模式（见图 1-2）。

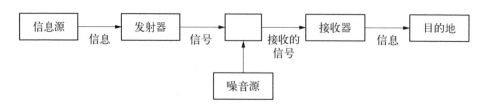

图 1-2　香农-韦弗传播模式

资料来源：[美]埃姆·格里芬：《初识传播学》，展江译，北京联合出版公司 2016 年版，第 47 页

在香农-韦弗模式中，传播被描述为一种直线性的单向过程，包括信息源（信源）、发射器、信号、接收器、目的地（信宿）和噪音源六个因素。第一个环节是信息源，信息源生成信息，发射器将信息转码成能够发射的信号。信号通过的媒介

是信道。信号在被接收的过程中遭到的扭曲与破坏用噪音源代表。接收器解码信息的原理与发射器原理相反。目的地是信息接收者。

该模式源于香农在贝尔实验室工作得到的启示。香农原本是用它来解释电报通信过程的传播模式,与社会信息系统传播并无多大关系。但在自然科学日益向人文社会科学渗透的形势下,该模式很方便地被借用来探讨社会信息传播过程。

与拉斯韦尔的5W模式相比,香农-韦弗模式最重要的突破体现在以下四点。

第一,它提出了"信息"这个核心概念,整个传播活动都是围绕信息传播(信息的发送和信息的接收、信息的编码和信息的解码)展开的。

第二,它开辟了以图解方式建构传播模式的先河。图解方式比之前的文字描述方式更直观,概括性更强,也更能揭示和说明问题。

第三,它对技术和设备环节的分析,提高了传播学者对信息科技在传播过程中的作用的认识,这种作用在现代信息社会中越来越明显。

第四,它提出了过去传播学研究中尚未充分关注的一些新课题,例如引入"噪音源"概念。这也是香农-韦弗模式的一大创新。

香农-韦弗模式描述的是直线单向的通信过程,如果用以考察人类社会传播,还需要增加反馈环节,因为传播双方都是具有能动性的主体,互动是社会传播的本质特征,离开反馈便不能说明这种互动性。

3. 格伯纳的传播总模式

1956年,美国传播学者格伯纳在《探索一个传播总模式》一文中详细阐述了拉斯韦尔的5W模式,并用语言传播总模式延伸了5W模式,将其传播过程表述为"某人,感知某事,做出反应,在某种情况下,通过某种方式,获得资料,以某种形式,在某种背景中,传达内容,产生某种后果"(见图1-3)。该模式能够以具体情况下的不同形式描述千变万化的传播现象。

在格伯纳的传播总模式中,传播过程开始于一种感知行为。传播主体(某人)感知到某个事件,总是在某种背景下根据合用性对某个事件进行选择性感知。

事件(E)发生在真实世界中,被人或机器(M)感知。S是传送的信号、形式和内容。事件(E)可以是人们之间的谈话、发送的信件、电话通话,也可以是发生的事情,如车祸、自然灾害等。

有三个重要因素对某人对某个事件(E)的感知与理解起作用。

第一,选择。M是E的感知者,选择某些事件,或多或少地注意它们。这个选择和筛选的过程可以被理解为守门的过程。

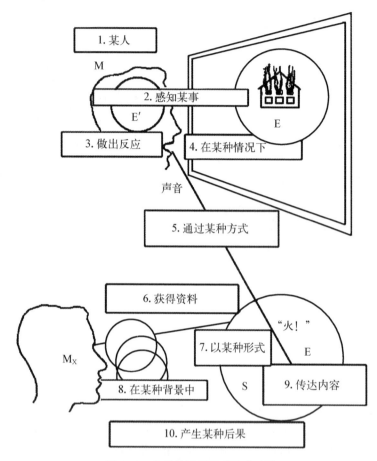

图1-3　格伯纳图解模式构造步骤

资料来源：[美]沃纳·赛佛林、小詹姆斯·坦卡德：《传播理论：起源、方法与应用》(第5版)，郭镇之等译，中国传媒大学出版社2006年版，第55页

第二，语境。语境是一个往往被其他传播模式忽视但非常重要的因素。在不同语境下，同一则信息有不同的含义。

第三，可获得性。当身边的E很少时，我们倾向于对它们施以更多的注意，它们对我们也显得更有意义。

将格伯纳的传播总模式和香农-韦弗模式放在一起进行比较，可以发现香农-韦弗模式对格伯纳模式的影响(见图1-4)。图中M是不同的发送者和接收者，S为传送的信号，E为事件内容。

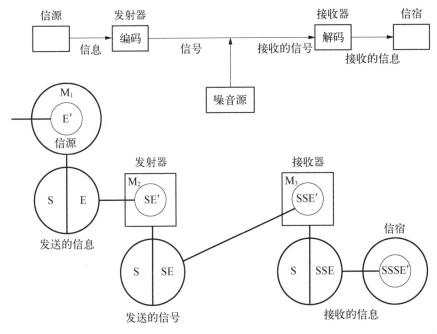

图1-4　比较香农-韦弗模式和格伯纳的传播总模式

资料来源：[美]沃纳·赛佛林、小詹姆斯·坦卡德：《传播理论：起源、方法与应用》(第5版)，郭镇之等译，中国传媒大学出版社2006年版，第56页

（二）双向循环模式

从20世纪50年代起，为克服单向线性模式的不足，出现了以控制论为指导思想的传播模式，其主要特征就是变"单向直线性"为"双向循环性"，引入"反馈"机制。

1. 奥斯古德-施拉姆模式

该模式由美国心理学家、心理语言学先驱查尔斯·埃杰顿·奥斯古德首次提出理论，威尔伯·施拉姆于1954年创制。

奥斯古德对香农-韦弗模式做了扬弃。他提出，香农-韦弗模式主要从传播技术出发，适用于机械传播，却不符合人际传播实际。事实上，在人际传播中，参与者同时充当信息发送者和接收者的双重角色。

1954年，施拉姆在奥斯古德观点的启发下，发表《传播是怎样运行的》一文，提出一个新的传播过程模式，即循环模式(见图1-5)。

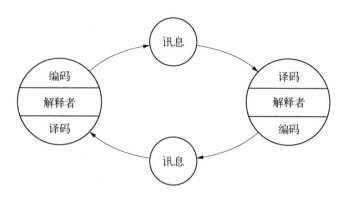

图 1-5　奥斯古德-施拉姆的循环模式

资料来源：[美]沃纳·赛佛林、小詹姆斯·坦卡德：《传播理论：起源、方法与应用》（第 5 版），郭镇之等译，中国传媒大学出版社 2006 年版，第 50 页

循环模式有三个特点。

第一，没有传播者和受传者的概念。传播双方都作为传播行为主体，通过讯息的授受处于你来我往的相互作用之中。

第二，循环模式的重点不在于分析传播过程中的各个环节，而在于解析传播双方的角色功能。

第三，参与传播过程的每一方在不同阶段都依次扮演译码者（执行接收和符号解读功能）、解释者（执行解释意义功能）和编码者（执行符号化和传达功能）的角色，并相互交替这些角色。

循环模式突出了传播过程的双向循环性，强调传受双方的相互转化，并引入反馈机制，从而更客观、更准确地反映人际传播实际。

循环模式的问题，在于未能区分传受双方的地位差别，容易使人产生错觉，认为传受双方的地位完全对等。因此，这个模式虽然能够较好地体现人际传播，尤其是面对面传播的特点，但不适用于大众传播过程，没有清楚地显示传播结构、过程与社会结构、过程的紧密联系。

2. 德弗勒的互动过程模式

梅尔文·德弗勒，1954 年在美国华盛顿大学获得社会心理学博士，先后任教于美国印第安纳大学、肯塔基大学、华盛顿州立大学，长期从事社会心理与大众传播研究。他的主要著作《大众传播效果研究的里程碑》被选为 20 世纪大众传播学领域十本最重要的作品之一。

1966年,德弗勒在香农-韦弗模式的基础上创立了互动过程模式(又称大众传播双循环模式,见图1-6)。

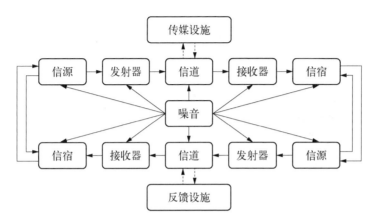

图1-6 德弗勒的大众传播双循环模式

资料来源:郭庆光:《传播学教程》(第二版),中国人民大学出版社2011年版,第53页

在双循环传播系统中,受传者既是信息的接收者,也是信息的传送者,噪音可以出现在传播过程中的各个环节。

该模式克服了香农-韦弗模式单向支线的缺点,明确补充了反馈的要素、环节和渠道,突出双向性,使传播过程更符合人类传播互动的特点,被认为是描绘大众传播过程的一个比较完整的模式。

同时,这个模式还拓展了"噪音"概念,认为噪音不仅对讯息而且对传达和反馈过程中的任何一个环节或要素都会发生影响。噪音存在于传播过程的各个环节,会影响正常的信息传播活动,也可以成为控制信息传播的手段与策略。

但该模式未能超出从过程本身或从过程内部来说明过程的范畴。从辩证法的观点来看,事物的运动过程不仅取决于过程的内部因素或内部机制,还受到外部条件或外部环境的制约和影响。

(三)社会系统模式

从单向线性模式到双向循环模式的发展,基本上解决了传播的内部结构问题。传播的外部结构问题,即传播结构、过程与社会结构、过程的紧密联系,则由20世纪50年代末兴起的社会系统模式来说明。

1. 赖利夫妇的社会系统模式

1959年,美国一对从事社会学研究的夫妇J. W. 赖利和M. W. 赖利在《大众传播与社会系统》中认为,大众传播是各种社会系统中的一个子系统,其运行受到社会系统的影响。该模式将传播过程视为一个系统,并将传播系统放到社会系统运行的大框架中去研究,开启了大众传播研究的新篇章。

社会系统模式描述的传播过程是一层一层的(见图1-7)。这个模式有三个相互关联的概念:一是"基本群体",指家庭、邻里、亲密伙伴等;二是"更大的社会结构",指关系比较松散的群体,如工作单位、学校、社团等;三是"社会总系统",指民族、国家乃至世界等。

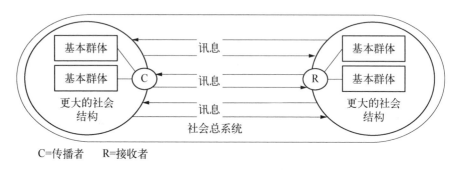

图1-7 赖利夫妇的社会系统模式

资料来源:张国良:《传播学原理》(第二版),复旦大学出版社2009年版,第46页

这一模式的特点包括以下四点。

第一,从事传播的双方(传播者和受传者)都可以被看作一个个体系统,这些个体系统有各自的内在活动,即人内传播。

第二,个体系统与其他个体系统相互连接,形成人际传播。个体系统不是孤立的,而是分属于不同的群体系统,形成群体传播。

第三,群体系统的运行又是在更大的社会总系统中进行,与社会政治、经济、文化、意识形态的大环境相互作用。

第四,在这个传播模式中,社会系统的各种类型,包括微观的、中观的和宏观的系统,每个系统既具有相对独立性,又与其他系统处于相互联系和相互作用之中。每种传播活动、每个传播过程既受内部机制制约,又受外部环境和条件的影响。

2. 马莱茨克的大众传播过程模式

1963年,德国学者哈格特·马莱茨克在《大众传播心理学》一书中,根据场论思想,把大众传播看作包括社会心理因素在内的各种社会影响力交互作用的"场",这一系统的各个主要环节都是这些因素或影响力的集结点,因此,传播过程是一个非常复杂的社会心理过程。

这一模式对社会系统与传播系统中各因素之间的复杂互动关系描绘如下(见图1-8)。

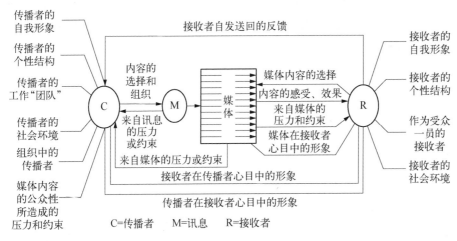

图1-8 马莱茨克的大众传播场模式

资料来源:[英]丹尼斯·麦奎尔、[瑞典]斯文·温德尔:《大众传播模式论》(第2版),祝建华译,上海译文出版社2008年版,第48页。

影响和制约传播者的因素——传播者的自我形象、个性结构、同僚群体、社会环境、所处的组织、媒介内容的公开性所产生的压力和约束、受众的自发反馈所产生的约束、来自讯息本身与媒介性质的压力和约束。

影响和制约受传者的因素——受传者的自我形象、个性结构、受众群体对个人的影响、受传者所处的社会环境、讯息内容的效果与影响、来自媒介的压力或约束等。

影响和制约媒介与讯息的因素——一是传播者对讯息内容的主动选择和组织,以及来自讯息和媒介的压力或约束;二是受传者对媒介内容的选择、对内容的感受、受传者对媒介的印象。

马莱茨克的大众传播场模式强调社会传播过程涉及多种要素之间的相关性及复杂性。社会传播是一个极其复杂的过程,传播者和受传者的行为都是包含许多因素的函数。这一模式虽然列举了影响传播的各种因素,但没能对各因素的作用强度和影响力大小进行分析。

3. 田中义久的大众传播过程图式

对社会传播总过程的研究起源于日本。第二次世界大战后,马克思主义在日本兴盛。美国的传播学理论也迅速进入日本学界,并占据主流地位。以东京大学新闻研究所教授日高六郎为代表的一批学者,把马克思和恩格斯的交往理论与传播学研究结合起来,写出了不少基于唯物史观的论著。这些研究把传播看作总的历史发展过程进行分析,也把现代社会中的传播,特别是大众传播过程,与宏观的社会结构结合起来进行考察,因而被称为社会传播总过程研究。

日本社会传播总过程研究的理论框架是基于 1970 年田中义久在《大众传播的现实课题》一文中提出的大众传播过程图式(见图 1-9)。

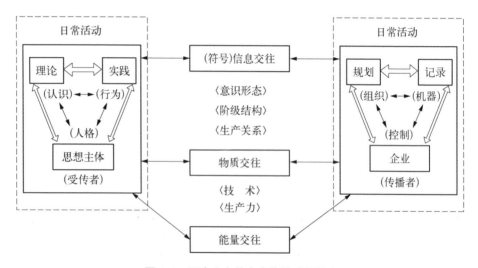

图 1-9　田中义久的大众传播过程图式

资料来源:郭庆光:《传播学教程》(第二版),中国人民大学出版社 2011 年版,第 58 页

田中义久从马克思和恩格斯的"交往"概念出发,把人类的交往分为三种类型:与人的体能有关的"能量交往";与人类社会的物质生产相联系的"物质交往";与精神生产相联系的"(符号)信息交往"。(符号)信息交往过程即传播过程,建立在前两种交往的基础之上,与社会的生产力、科学技术、生产关系和意识形态保持普遍联系和相互作用的关系。在阶级社会中,社会传播还是一定阶级结构的体现。

日常活动中的受传者是有独立人格的思想主体,从事社会认识和社会实践活动,传播是他们的精神交往纽带。日常活动中的企业传播者,受组织规划和机器记录的控制,同时又控制组织规划和机器记录。

从这个模式出发,日本学者将资本主义的大众传播总过程看作信息的生产、流通和消费过程,并从信息的生产过程、流通过程和消费过程三个方面对资本主义社会中的信息传播结构及其内部机制进行分析。

(四)智能推荐模式

与单向线性模式、双向循环模式和社会系统模式相比,集信息生产、分配、交换和消费于一个数字化平台的智能推荐模式,具备"全程、全息、全员、全效"特性。"全程"即突破了时空尺度,传播随时随地可以发生。"全息"即突破了物理尺度,所有信息都可以变成数据,用一个手机就可以获得。"全员"即突破了主体尺度,从"我说你听"的一对多传播,变成多对多传播,互动性大大增强。"全效"即突破了功能尺度,集成内容、信息、社交、服务等各种功能,成为"信息一条街"。

以抖音平台为例,其平台信息传播模式包括三个互动循环相互作用的环节:创作者生产内容视频;算法分发广泛传播,粉丝分发强化互动;用户对创作者的作品进行评论、转发、点赞和关注(见图1-10)。其中,平台可以控制传播内容,用户点赞能够激发创作者生产更多的优质内容。

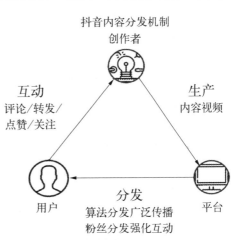

图1-10 抖音平台的信息传播模式

平台在随时可以变化的传者与受者之间,加入了智能化信息过滤系统,从简单的垃圾信息清除,到搜索引擎的关键词搜索,再到个性化推荐系统,体现了智能媒介环境下信息传播模式的变化与发展。

总之,随着人类对传播现象的认识越来越全面、深刻,学者提出的传播模式在科学性和理论深度上都显示出长足进步。这种进步仍然在发生。

二、传播功能

传播功能指传播活动对人和社会所起的作用或效能。对"传播"概念的界定,也是依据其传受信息的功能。

在传播学研究中,如果研究者从社会角度和受传者层面来看待传播活动所产生的作用和媒介所释放的能量,则属于功能研究;如果研究者从传播者和媒介自身的角度来认识传播活动造成的最后结果和引起的受众反应,则属于效果研究。

任何一项传播活动都必须具有一种或几种功能,否则就没有进行的必要。尽管某项传播活动最终实际呈现的功能与最开始预期的功能并不完全相符,有的甚至相差很远,但功能总是客观存在的。

关于传播的功能,迄今有代表性的观点如下。

(一)李普曼的拟态环境假说和刻板成见

沃尔特·李普曼,美国新闻评论家和专栏作家,在宣传分析和舆论研究方面享有很高的声誉,在传播学史上具有重要影响。

1922年,李普曼出版《公众舆论》一书,针对大众传播的社会功能,提出了两个重要概念:一个是"拟态环境"(pseudo environment),另一个是"刻板成见"(stereotype)。此书被公认为传播学领域的奠基之作。

1. 拟态环境

拟态环境,或译为伪环境,指大众媒介创造出来的来源于真实环境却又与其不尽一致的媒介环境。它不是对现实环境"照镜子式"再现,而是经过大众媒介选择、加工,重新被结构化之后向人们提示的环境。由于这种选择、加工和结构化活动在媒介内部进行,一般人看不见,也不了解媒介的这种运行机制,因此,人们通常会把拟态环境当成客观环境本身来接受。

李普曼指出,在大众传播高度发达的现代社会,人的行为在三种意义上与"现实"发生密切联系:一是实际存在的"客观现实";二是传播媒介有选择地提示的"象征性现实",即拟态环境;三是人们在自己头脑中描绘的"关于外部世界的图像",即"主观现实"。

在传统社会,主观现实多是对客观现实较为直接的反映。在媒介社会,人们对客观现实的认识,经过媒介表现的象征性现实的中介,很大程度上受媒介提供的象征性现实的影响。

李普曼认为,现代社会越来越巨大化和复杂化,人们由于实际活动的范围、精力和注意力有限,不可能对外部众多事情都保持经验性接触,对超出自己亲身感知以外的事物只能通过各种"新闻供给机构"去了解认知。如此,人的行为不再是对客观环境及其变化的反应,而成了对新闻机构提示的某种拟态环境的反应。

2. 刻板成见

李普曼认为,大众传播不仅是拟态环境的主要营造者,而且在形成、维护和改变一个社会的刻板成见。

刻板成见指人们对特定的事物所持有的固定化、简单化的观念和印象,通常附有对该事物的价值评价和好恶情感。刻板成见可以为人们认识事物提供简便的参考标准,但也阻碍人们对新事物的接受。个人有个人的刻板成见,一个社会也有其社会成员广泛接受的和普遍通行的刻板成见。

李普曼认为,人脑不可能直接记住现实环境的所有细节,只能通过对事物进行抽象化处理,使其浓缩成一个符号、概念存留在人们脑海中,所有这些概念、符号就是刻板成见。刻板成见对现实的影响是巨大的,也是危险的。因此,我们要通过对真理的探索,去发现成见,克服成见,甚至消灭成见。

李普曼用拟态环境和刻板成见提醒我们,大众传播有其正功能,同时也在遮蔽人们的认知。

(二)两功能说:工具性和消遣性

1. 强调工具性

以美国心理学家、新行为主义代表人物、目的行为主义创始人爱德华·托尔曼为代表,称人类的语言只不过是"一种工具"。

人们需要工具性传播,目的是"应付环境",即顺利开展与自身生存发展直接相关的一切行为。工具性传播包括父母催孩子起床、主妇叫家人用餐、邻居的聊天寒暄、同事的交谈、团体会议,以及大众媒介传播的各种信息,如天气预报、商品打折信息、某国领导人出访……不胜枚举。

2. 强调消遣性

以英裔美国物理学家、心理学家和传播学者威廉·斯蒂芬森为代表,1967年他出版《大众传播的游戏理论》一书,提倡"游戏论"。

按照他的见解,工作是"传播痛苦",是被迫的、受控制的,游戏则在"传播快乐",是自由、自主、自愿的。"工作性传播"主要是一种信息传递的传播,普遍存在于学校、教堂、法院、工厂。"游戏性传播"与之不同,主要体现在戏剧、广播、电视等中。斯蒂芬森认为,游戏性传播更像是人们彰显自我存在的社交性活动。

斯蒂芬森没有借传播的游戏理论来否认传播的信息理论。在他看来，关注主观性、个体性的游戏理论，与关注客观性、整体性的信息理论并不矛盾，两者优劣参半，彼此互补。

（三）拉斯韦尔的三功能说

1948年，拉斯韦尔在《传播在社会中的结构与功能》一文中提出了5W模式，同时阐述了传播的三大社会功能。

1. 环境监视

环境监视指通过传播，客观、准确、及时地反映现实社会的真实情景，了解足以影响社会进程的机遇或威胁，以作为人们决策或付诸行动的依据。任何传播行为都包含来自客观事物的信息，因而或多或少地都起着监视环境的作用。

2. 社会协调

社会是一个建立在不同分工基础上的有机体。通过传播，联络、沟通和协调社会各组成部分，让社会各组成部分之间协调发展以适应环境，如此才能保证整个社会和谐、稳定。

3. 社会遗产传承

人类社会发展建立在继承和创新基础上，只有将前人的经验、智慧、知识加以记录、积累、保存并传给后代，后人才能在前人的基础上进一步完善、发展和创新。传播是保证社会遗产代代相传的重要机制。

（四）拉扎斯菲尔德和默顿的观点

拉扎斯菲尔德到美国哥伦比亚大学社会学系后，创办哥伦比亚大学应用社会学研究所并担任所长，默顿任副所长。

默顿是社会学领域结构功能主义理论的代表人物。他区分了社会系统中的显性功能与隐性功能、正功能与负功能。

1947年，默顿在《明显的和潜在的功能》一文中，把显性功能解释为有意图的、有意识的、预想的功能效果，把隐性功能解释为无意图的、无意识的、未能预想的功能效应。显性功能有助于调节或适应各种社会关系的任务和使命，容易受到人们的理解和欢迎。隐性功能隐藏在传播活动的过程之中，为传播者所始料不及。这两种功能有时不可分，有可能产生正功能，也可能产生负功能。

正功能是信息传播的正常效果，也是传播者所预期的和追求的。只要传播者在事前对整个传播过程逐项精心组织、巧妙安排,通常都能实现正功能。负功能是传播者在传播活动中不愿见到的和力求避免的令人不愉快的负效应。

1948年,拉扎斯菲尔德和默顿发表《大众传播、通俗口味和有组织的社会行动》一文,强调了大众传播的三种功能。

1. 赋予社会地位

任何一种问题、意见、商品、人物团体乃至社会活动,只要得到大众传媒的广泛报道,都会成为社会关注的焦点,获得很高的知名度或社会地位。

2. 社会规范强制

在通常情况下,人们即使知晓违反规范的行为,也不会进行有组织的社会制裁。但当大众传媒将问题公开化后,情况则不同,公众一般会感受到维护社会规范的制度性压力,积极加入舆论制裁的行列。

3. 麻醉受众神经

所谓麻醉作用,表现在两个方面:一是媒介让人沉醉在虚幻的满足之中;二是由此剥夺人的行动能力。现代媒介持续不断地宣传,将人们淹没在表层信息和通俗娱乐的洪水中,媒介常常以低廉代价占用人们大量的时间和精力,通俗娱乐导致人们的审美鉴赏力和文化素养普遍平庸化,使人处于虚幻的满足状态,逐渐丧失辨别和社会行动能力。

(五) 赖特的四功能说

1959年,社会学家查尔斯·赖特在《大众传播:功能的探讨》中,继承了拉斯韦尔的三功能说,并提出四功能说。

1. 环境监视

大众传播是在特定社会内部和外部收集与传达信息的活动,对环境有一定的监视作用。大众传媒的新闻报道起着尤其重要的作用。

2. 解释与规定

大众传播并不是单纯地告知,常常伴随对事件的解释和提示,目的是向特定方向引导和协调社会成员的行为。

3. 社会化

现代人的社会化过程,既在家庭、学校等群体中进行,也在特定的大众传播环境中进行。有的学者称社会化功能为大众传播的教育功能。

4. 提供娱乐

大众传播的内容并不都是务实的,其中相当一部分内容是为了满足人们精神生活的需要,大众传播的一项重要功能是提供娱乐。人们通过媒介来消磨时间,获得放松、快乐或逃避的感觉。

(六)施拉姆的总结

施拉姆在《传播学概论》(1982)一书中,从政治功能、经济功能和一般社会功能三个方面总结了传播的功能(见表1-1)。

表1-1 施拉姆对传播社会功能的总结

政 治 功 能	经 济 功 能	一般社会功能
监测(收集情报)	关于资源及买卖机会的资讯	关于社会规范、角色等的资讯;接受或拒绝这些规范、角色等的资讯
协调(解释情报;制定、宣传和执行政策)	解释以上资讯;经济政策的制定;市场的运作与控制	协调公众的理解和意愿;市场控制的运行
社会遗产、法律和习俗的传承	经济行为的洗礼	关于社会规范和角色规矩向新社会成员的传承
		娱乐功能(休闲活动、从工作与现实问题中得到解脱,无意为之的学习,社会化)

资料来源:[美]威尔伯·施拉姆、威廉·波特:《传播学概论》(第二版),何道宽译,中国人民大学出版社2010年版,第31页。

从表1-1可以看出,施拉姆把环境监视、社会协调和社会遗产传承归入政治功能范畴,把社会控制、规范传递、娱乐归入一般社会功能范畴。但他的这种划分并没有明确的标准。

施拉姆最大的贡献是提出了传播的经济功能。他指出,大众传播通过经济信息的收集、提供和解释,能够产生经济行为。

施拉姆认为,大众电子媒介所成就的一件事,就是在世界上参与建立了史无前例的宏大的知识产业。这就是说,大众传播的经济功能并不仅限于为其他产业提供信息服务,它本身就是知识产业的重要组成部分,在整个社会经济中占有重要地位。施拉姆的这个观点已经为当代信息社会、知识经济和文化产业的发展所证实。

施拉姆还指出,当传播应用于个人时,传播的雷达功能、管理控制功能、教育传授功能和娱乐功能的内涵,从口语社会到媒介社会会发生变化(见表1-2)。

表1-2 施拉姆对传播应用于个人时的社会功能变化的总结

传播的功能	口语社会	媒介社会
社会雷达	个人接触,守望人,报信人,旅行者,会议,集市	个人接触,新闻媒介
管理	个人影响,领袖,咨议会	个人影响,领袖,行政机构和司法机构,舆论媒介
传授	家庭教育,专家示范,学徒制	家庭里的幼年社会化,教育制度,教学材料和参考资料
娱乐	民歌手、舞蹈师、说书人、群体参与	创造性艺术与表演艺术,娱乐媒介

资料来源:[美]威尔伯·施拉姆、威廉·波特:《传播学概论》(第二版),何道宽译,中国人民大学出版社2010年版,第35页。

赛佛林和坦卡德对大众传播的四个社会功能与反面功能也做了详细分析(见表1-3)。

表1-3 赛佛林和坦卡德对大众传播功能的分析

功能	反面功能
1. 监视:提供并告知新闻 预警性新闻——自然界的危险情况 工具性新闻——对经济、公众和社会而言重要的新闻 宣扬规范——人物、事件	过分强调危险可能导致社会恐慌 麻醉作用——漠不关心、被动、吸收过量
2. 联系:选择、解释、批评 强化社会规范——达成共识,将异端行为曝光 赋予地位——意见领袖 阻止对社会稳定产生威胁 监督并管理公共舆论 制约政府,保护人民	强化遵从,将刻板成见永久化 制造伪事件、形象或"人格" 阻碍社会变革,阻止创新 尽量减少批评、实行多数意见专制维护、扩张权力

续　表

功　　能	反　面　功　能
3. 传承文化：教育 增加社会凝聚力——扩大社会共同经验的基础 减少社会无序性——疏离感 继续社会化过程——在学校教育之前和之后提供帮助，进行整合	减少社会亚文化群体的多样化，促进大众社会形成 丧失个性，缺乏人际接触 标准化趋势，阻碍文化生长
4. 娱乐 个人休息、调整、逃避压力，充实闲暇时间 制造大众文化（艺术、音乐），增加大众的文化接触 提高大众品位、偏好	鼓励逃避主义、纵情享乐 败坏艺术 降低大众品位，阻碍艺术发展

资料来源：[美]沃纳·赛佛林、小詹姆斯·坦卡德：《传播理论：起源、方法与应用》(第5版)，郭镇之等译，中国传媒大学出版社2006年版，第279页。

综上所述，根据不同的研究目的，从不同角度在不同层次运用不同的研究方法，都有可能得出对传播功能的不同表述。

第三节　传播学的兴起和发展

一、传播学兴起的条件

传播学作为一门新兴独立学科，自20世纪一二十年代开始孕育，1949年正式在美国诞生。传播学的孕育和诞生，是以下多种因素促成的。

（一）媒介技术条件

19世纪中叶，美国率先出现世界上最早、最成功的大众化报纸。1920年，匹兹堡无线电视台开业。1926年，美国全国广播公司（NBC）成立。人们把睡眠以外的时间大量用于大众媒介，大众媒介在不知不觉间重新安排了人们的生活。

第二次世界大战结束后，信息处理技术，尤其是电视及卫星通信技术不断更新，对人类社会生活产生了深刻影响。美国出现了一批全球闻名的媒介，对美国政治、经济、社会等各个方面都产生了巨大冲击。

传播技术的发展与信息传播技术的革新给传播学早期学派美国芝加哥学派提供了一种看待社会问题的崭新视角，传播媒介成为他们解决现实社会问题的工具。在他们看来，传播和沟通是一种人类本性，人类借助传播技术的力量来完成重建共同体的任务。作为世界上传播事业最发达的国家，美国对大众传播媒介的利用和研究是各界的重大课题。

（二）政治和战争的需要

总统竞选制和两次世界大战推动了传播学在美国诞生。在美国政治机制中，大众媒介是与立法机构、政府机构互相制衡的力量之一，报纸曾被称为第二国会。无论是美国总统大选候选人，还是已就职的美国总统，都重视利用媒体来进行政治宣传、引导公众舆论。

例如，1933年，罗斯福就任美国总统后的第8天，就接受美国广播公司、哥伦比亚广播公司和共同广播公司的录音采访。由于采访地点设在总统府楼下外宾接待室的壁炉前，因此，采访被称为"炉边谈话"。

在两次世界大战中，交战双方都利用各种传播媒介进行大规模的宣传，发动群众，鼓舞士气。传播学四大奠基人和一位创始人都具有军事情报背景，参与了世界大战期间的宣传战、心理战、情报战。

（三）经济发展的需要

一方面，企业发展需要广告。美国广告业在世界上首屈一指，其中的大多数业务由媒体承担。据统计，到1840年，全美已有报社1 631家，几乎所有报纸的主要收入都来自广告。1922年，美国第一家商业广播电台WEA正式开展广播广告业务。1941年7月1日，美国开始播放电视广告。

另一方面，传播信息的媒体本身也变成了一种企业，为媒体企业家创造了丰厚的利润。例如，美国好莱坞电影成了娱乐，成了工业，成了商品。好莱坞的剧本和电影如同生产线上的产品，随时可以加工，随时能够停止，一切都围绕市场票房来运作。

广告和电影都需要从传播学角度研究提高传播效果的方法，因此，传播学在美国不仅被政界看重，也一贯受到商界（包括媒体企业自身）的青睐。美国传播学通常被认为具有明显的商业色彩。

（四）社会健康发展的需要

大众传播与社会生活密切相关。媒介给社会生活带来的好处是，大量的实用信息快速传播，极大地方便了人们的生活和工作，各种娱乐信息充实了人们的闲暇时光。但坏处和负面作用也显现出来，大量的商业推销、政治宣传、欺骗、色情、暴力等污染了人们，尤其是未成年人的心灵，不真实信息的流传也造成社会混乱。学术界必须面对、研究这些问题，以解决实际问题。

（五）多学科发展协同推动

在两次世界大战期间，和平的社会环境、相对自由的学术氛围和雄厚的物质与技术力量，使美国成为当时世界上最适合开展科研的沃土。世界各地的优秀人才纷至沓来，大批欧洲学者为躲避迫害而逃亡到美国。美国因此而培育出一大批新学科，涌现出许多新思想。许多学科与传播学有天然的密切联系，如社会学、心理学、社会心理学、语义学、信息论、控制论、系统论等，为传播学提供了理论和方法基础，使传播学具有交叉性和多科性。

二、传播学四大奠基人和一位创始人

在传播学孕育和诞生的过程中，涌现出四大奠基人和一位创始人，他们为传播学的诞生奠定了学科基本理论、方法和框架。

（一）拉斯韦尔的宣传与传播研究

哈罗德·拉斯韦尔（Harold Lasswell），美国行为主义政治学创始人之一。1922年，他在美国芝加哥大学获哲学学士学位后，赴英国、法国、德国等国著名大学攻读研究生课程，获博士学位。其间，他到德国柏林大学学习心理分析学说，最先向美国学界引介弗洛伊德的心理分析理论。

1927年，在芝加哥大学政治系任教的拉斯韦尔出版其博士学位论文《世界大战中的宣传技巧》，描述和分析了第一次世界大战中各交战国之间的宣传战。书中宣称："现代战争必须在三个战线展开：军事战线、经济战线和宣传战线。经济封锁遏制敌人，宣传迷惑敌人，军事力量给予敌人最后一击。"

1935年，拉斯韦尔与人合作编写了《世界革命的宣传》和《宣传与推行》两本书，用科学的方法分析和研究宣传的功能及其社会控制，探讨宣传的本质和规律。

在第二次世界大战期间，拉斯韦尔担任美国国会图书馆战时传播实验部主任，潜心研究纳粹宣传。此外，他还参与美国司法部的研究工作，对美国的战争政策提供咨询。战争期间，拉斯韦尔是美国诸多重要机构的核心顾问，包括事实与数据办公室（后改名为战时信息中心）、战略情报局、联邦通信委员会外国广播监控中心、军队心理战分队等。

1946年，拉斯韦尔与人合著《宣传、传播和舆论》一书，提出宣传只是信息传播的一种特殊形态，而大众传播研究的范围要广得多，包括报刊、广播、书籍、电影、告示、歌曲、戏剧、演讲等。该书第一次明确使用"大众传播学"的概念，并用四篇文章分别阐述了传播过程中的渠道、传播者、内容和效果等要素。

1948年，拉斯韦尔出版论文《传播在社会中的结构与功能》，提出最方便地描绘人类传播行为的方式是回答5个问题：谁？说了什么？通过什么渠道？对谁？取得了什么效果？

顺着这5个问题，拉斯韦尔进一步界定了传播学的5大研究内容：研究"谁"——控制分析，研究"说什么"——内容分析，研究"传播渠道"——媒介研究，研究"接受者"——受众分析，研究"媒介对受众的影响"——传播效果分析。

拉斯韦尔的5个问题，实际上是将人类社会的传播行为解析为5个环节。基于这5个环节，他进一步分析传播在社会中有三种功能：守望监视环境；协调社会各部分以回应环境；使社会遗产代代相传。

《传播在社会中的结构与功能》是一部纲领性的力作，是一则传播学的独立宣言。所有的传播学研究都仿佛是对拉斯韦尔这一力作的注释。

（二）卢因对传播研究的贡献

库尔特·卢因（Kurt Lewin），又译为库尔特·勒温，实验心理学奠基人，被称为"社会心理学之父"，传播学把关理论的创立者，群体动力学主要代表人物。

卢因在柏林大学完成博士学位所需的各项要求，第一次世界大战期间加入德国军队，1918年退役，回到柏林大学心理学系任教。这时，格式塔心理学声誉正隆，卢因接受了格式塔整体论观点：人的各种感知活动应该被视为有机的整体，而不是各部分的总和。1933年，卢因为逃避迫害而来到美国。

卢因将场域理论带到了美国，他引用了爱因斯坦对场域的定义——那些被构想为相互依存的"既存事实的总体"，使心理学开始以能量场的方式思考问题。在能量场中，各种力的运作形成矩阵。卢因几乎不用大样本，更倾向于"少而深入",他使用很少的实验装置,更愿意与人交谈并观察他们的互动。

卢因将场域理论用于人类研究,形成了"生活空间"的概念。对卢因来说,生活空间意味着全部心理学环境:在给定时间里作用于人的所有事实、关系和力的总和,包括需求,目的,无意识影响,记忆,信仰,各种政治、经济、社会性质的事件,以及其他对行为可能产生直接影响的因素。生活空间里的关系构成了一个系统。为了解释系统的内部活动,卢因借用了物理学、数学等中的一系列术语,如能量、张力、需求、价、矢量等。

场域理论是卢因学术研究的基本解释框架。卢因坚持在理解个体行为时将众多变量纳入考量范围。

场域中各种力之间的失衡产生需求,需求产生张力。这些过程不仅不可避免,而且非常必要,因为它们释放能量并导致行动。

1935年,卢因获得艾奥瓦大学(The University of Iowa)儿童福利研究所的一个职位。他指导的第一个研究是关于挫折在儿童成长过程中的影响。第二个重要研究是有关儿童群体中"专制领导 vs.民主领导"的"里皮特-怀特"研究。在这些实验中,群体成为研究强调的新要素。

第二次世界大战初期,卢因应召参与美国战争动员工作,进行了系列群体调查研究,包括如何提高前线战士士气、如何提高心理战实效、如何调整公众饮食习惯以解决战时食物短缺问题。

随着战争的持续进行,卢因的群体研究发生新的转向:从研究如何引导人们食用虽然不被普遍接受但供应更为充足的肉类,转向如何改进工业中的人力因素。卢因和他的研究小组猜想,宣讲或辞令并不能非常有效地促进改变,角色扮演、问题处理和群体决策可能更有用。自我检查、反馈、自信心建构、问题的群体解决被证明是推动改变实现时更优越的技术手段。这些研究和训练活动最终被称为"群体动力学"。

1944年,卢因在麻省理工学院创办"群体动力学研究中心"。群体是一个整体,群体中每名成员都具有交互依存的动力,这就是群体动力学。群体动力就是群体中各种力量对个体的作用力和影响力。

1947年,卢因在《群体生活的渠道》一文中提出"把关人"(gatekeeper)概念。卢因提出,在群体传播中,信息的流动是在一些含有"门区"的渠道里进行的,在这些渠道中存在一些把关人。只有符合群体规范或把关人价值标准的信息,才能进入传播渠道。把关理论揭示了信息传播过程内在控制机制。

卢因对传播研究的贡献,可概括为如下三点。

第一,卢因把群体引入传播理论和传播研究,并且比其他任何人更多地告诉我们去研究谁、如何运用传播产生预期的社会改变。

第二,卢因提出的大量概念被传播理论和传播研究广泛接受,例如"把关人"概念和把关理论。

第三,卢因通过他的思想和他的学生,而不是通过亲自参与传播活动或者与业界领袖们的交往,形成对传播研究的重大影响。卢因的学生和同事大多跻身最多产、最受尊敬并对人类传播提供了深刻理解的现代社会科学家之列。例如,贝弗拉斯研究了小群体中的传播网络,收集了有关群体里不同传播模式对于群体士气和群体完成任务能力的影响的数据;费斯廷格研究了流言在社区中的流传,他的《认知失调理论》获益于卢因的理论。

(三)拉扎斯菲尔德与经验性传播学研究

保罗·F. 拉扎斯菲尔德(Paul F. Lazarsfeld),1925年毕业于奥地利维也纳大学,获应用数学博士学位,1932年在维也纳运用实地调查法从事广播研究,1933年移居美国。

1937年,拉扎斯菲尔德在美国普林斯顿大学担任广播研究室主任,开始对广播进行研究。广播研究项目的全名是"广播对于所有类型听众的基本价值"。这个研究开拓了大众媒介传播效果领域。

拉扎斯菲尔德重视实地调查,重视数据统计和分析,力求研究的客观性,排除可能掺入个人因素的价值判断。他运用特殊的工具和分析方法,即"拉扎斯菲尔德-斯坦顿节目分析仪"和"焦点小组访谈"。

节目分析仪是一种资料收集仪器,本质上是媒介效果测度仪器。它记录实验对象的即时心理反应,从而使研究者们将广播节目或广告内容预期与受众个人的情感影响连接起来。

焦点小组访谈是以一种开放的方式向调查对象提问,收集他们在特定情景下(听某个广播节目、观看演出等)有关情景定义的资料。

1939年,洛克菲勒基金会的广播研究资金拨给了哥伦比亚大学,拉扎斯菲尔德也随之转到该校工作,广播研究室更名为应用社会学研究所。研究所聚集了默顿、贝雷尔森和赫卓格等学者,诞生了传播学经验学派最重要的分支之一——哥伦比亚学派。

该学派以调查为主,而后结合统计数据进行分析,沿袭了经验主义研究传统,同时结合定量的研究方法。因此,拉扎斯菲尔德被称为传播学研究的"工具制作者"。

1944年,拉扎斯菲尔德与助手伯纳德·贝雷尔森、黑兹尔·高德特等结合对伊里县选民的长期调查,出版调查报告《人民的选择》。该报告结合定性方法和定量方法、参与性观察和深度访谈、内容分析和个人传记、专题小组研究和焦点访谈,被称为"社会科学史上最复杂的调查研究之一"。

拉扎斯菲尔德在伊里县调查中发现,大多数选民获取信息并接受影响的主要来源,不是大众传播媒介,而是部分其他选民。这部分选民频繁地接触媒介,对有关事态了如指掌,能影响选民投票意向。在此基础上,《人民的选择》提出了"意见领袖"概念和"两级传播"学说。拉扎斯菲尔德用"意见领袖"这个概念来描述能对大众传播效果产生重要影响的人。后来,拉扎斯菲尔德等人又对购物、流行、时事等领域进行了多次调查,同样证实了意见领袖的存在。

据此,拉扎斯菲尔德明确大众传播信息并不是直接流向一般受众,而是通过意见领袖的中介作用,才能发挥影响。在两级传播的第一阶段,信息从大众传播传到意见领袖,主要是信息传达的过程。在两极传播的第二阶段,信息从意见领袖传到社会公众,主要是人际影响的扩散。在态度改变上,人际传播比大众传播更有效。两级传播理论最大的贡献是否定了当时影响很大的魔弹论。

(四)霍夫兰与说服效果实验

卡尔·霍夫兰(Carl Hovland),用实验方法研究传播效用的开创者之一。1932年在美国西北大学获文学学士学位,一年后获硕士学位,1936年在耶鲁大学获哲学博士学位并留校任教,教授心理学。

霍夫兰早期兴趣在实验心理学,但第二次世界大战的爆发改变了他的研究方向,他从心理学角度切入传播学研究。1942年,霍夫兰暂别耶鲁大学,到美国陆军军部新闻及教育署从事战时宣传、训练项目与士气鼓舞实验研究。战争期间,美国需要招募1 500万公民入伍。如何将这些临时招募的"无知"平民转变成优秀士兵?霍夫兰临危受命,在美军中从事军事教育电影对新兵的说服影响研究。当时,电影还是一种崭新的媒介。霍夫兰在同事们及好莱坞著名导演弗兰克·卡普拉的协助下拍摄了7集(每集50分钟)纪录片。霍夫兰让新兵看影片,通过对影片内容、形式和设计变化的控制,测量、分析传播效果的变化。

1945年，霍夫兰带着大量战争研究资料回到耶鲁大学，在洛克菲勒基金会的长期资助下继续"传播与态度改变"项目研究。霍夫兰采用的研究方法是"控制实验法"。1946—1961年，霍夫兰领导的"耶鲁传播与态度改变"项目完成了超过50项实验，实验成果结集出版，形成了关于传播与态度转变的耶鲁丛书。1953年出版的《传播与劝服》一书描述了这些实验研究的理论框架和研究结果。

说服研究由亚里士多德经卡特赖特至霍夫兰，直到现在仍非常受欢迎。霍夫兰的研究直接影响了传播学研究对传播社会效果（以态度改变的程度测量）的重视。霍夫兰等人的研究项目是现代态度改变研究的开端。霍夫兰对于态度改变的说服研究是一种学习理论或强化理论（reinforcement theory）取向。他相信，态度是由学习得来的，并且态度的改变与学习同时进行。

霍夫兰对传播学最突出的贡献，是将心理实验方法引入传播学研究，揭示了传播效果形成的条件性和复杂性。

（五）施拉姆与传播学学科的创立

威尔伯·施拉姆（Wilbur Schramm），传播学集大成者和创始人，先后毕业于美国玛丽埃塔学院、哈佛大学和艾奥瓦大学，分别获得学士学位、硕士学位和博士学位。毕业后在《波士顿先驱报》、美国联合通讯社当过记者和编辑，后来离开媒体，开始从事新闻传播学的研究和教学工作。他建立了世界上第一个大学的传播学研究机构，编撰了世界上第一本传播学教科书，授予了第一个传播学博士学位，也是世界上第一个具有传播学教授头衔的人。他周游世界，普及传播知识，推广传播学科，使传播学从梦想变成科学。

1941年，施拉姆离开艾奥瓦大学，担任美国"事实与数据中心"的教育主管。1942年，该中心升格为"战时信息中心"，施拉姆担任教育主任。同年，该中心创建了"美国之音广播电台"（VOA）。

1943年，36岁的施拉姆出任艾奥瓦大学新闻学院院长，开设和创办了世界上第一个大众传播的博士课程和最早的传播研究所。

1947年，施拉姆离开艾奥瓦大学，来到伊利诺伊大学任校长助理，兼任伊利诺伊大学出版社社长。在伊利诺伊大学，施拉姆创办了传播研究所，指导了美国第一位大众传播专业博士生。他出版了信息论的奠基之作——香农的《通信的数学理论》。香农的文章专业性很强，为使更多人掌握信息论，施拉姆邀请数学家韦弗对香农的观点进行注释，使之通俗易懂。

1949 年，施拉姆出版第一本传播学教科书《大众传播学》，标志着传播学的诞生。这本书收录了政治学家、心理学家、社会学家、语言学家和许多其他学科的专家对传播学的研究成果，从 8 个方面建构了大众传播学的学科体系：大众传播学的发展、大众传播的结构与作用、大众传播的控制与支持、传播过程、大众传播的内容、大众传播的受众、大众传播的效果和大众传播的责任。这本书 30 多位撰稿人几乎都是当时的一流学者，除施拉姆，还有帕克、拉斯韦尔、李普曼、拉扎斯菲尔德等。施拉姆将这些一流学者的研究成果加以整理，使之系统化。

《大众传播学》出版后，立即成为美国大学传播学专业普遍采用的教科书。直到今天，这本书仍然被认为是施拉姆建立传播学体系的基础，也是他所有著作中最具权威和被引用最多的作品。

1955 年，施拉姆受聘到斯坦福大学，创办了第二个著名的传播学研究所——斯坦福大学传播研究所，并出任所长。他对传播学的重大建树几乎都完成于斯坦福大学。施拉姆屡次参与美国政策研究的经历使他在政策研究方面罕人能及。

1956 年，施拉姆与弗雷德·西伯特、西奥多·彼得森三人合著出版《报刊的四种理论》。书中所用"报刊"一词，指一切大众传播媒介。该书提出，世界各国的新闻传播制度与其社会政治制度一脉相承，基本上可以分为四种。

1964 年，施拉姆出版《大众传播媒介与国家发展——信息对发展中国家的作用》一书。该书成为 20 世纪 60 年代的指导性读物，是联合国教科文组织一个大型研究项目成果，也是发展传播学的奠基之作。

1973 年，施拉姆来到夏威夷，协助创办设在夏威夷的东西方中心传播研究所并担任所长，全身心投入国际传播研究。东西方中心是以研究亚太经济和社会发展问题为主的研究机构。正是在夏威夷，施拉姆完成了最负盛名的代表作《男人、女人、信息、媒介：人类传播概览》（中译本为《传播学概论》），这是他一生学术思想的总结性著作。

1987 年，施拉姆逝世，留下了一部未完成的书稿，其中有一节标题为"'老爸'布莱尔和他的弟子们"，写出了新闻学教育奠基人布莱尔及其弟子们对施拉姆传播学观形成的影响。在书稿中，施拉姆对传播学的未来做出这样的预言：传播学在不久的将来，会经过一个合并和重新确认的阶段。那时，现在被称为新闻学、言语传播学、电影学、大众传播学和信息科学的大学机构，将合并成被简单地称为传播学的更大机构。

施拉姆一生撰写、主编了近 30 部著作及大量学术论文，总计约 500 万字。

他的研究分为两类：一类是理论性的，如《报刊的四种理论》；另一类是应用性的，如《大众媒介与国家发展》。

埃弗雷特·罗杰斯在《传播学史——一种传记式的方法》中，将传播学史勾勒为三个源流、四个奠基人、三个学派和一个集大成者，其中，集大成者就是施拉姆（见图1-11）。

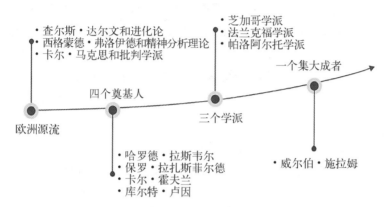

图1-11 基于《传播学史——一种传记式的方法》勾勒出的传播学史源流

施拉姆以宏观的视野和体系化的观念，把新闻学、社会学、心理学、政治学等学科综合起来研究传播，并在前人和他人研究成果的基础上，归纳整理、提炼综合，勾勒学科框架结构，充实学说内容，提出新的观点和见解，从而创立了一门新学科——传播学。

三、传播学与信息论、控制论和系统论

20世纪40年代末，随着科技的发展，各个科学研究领域的分支日益细化，与此同时，各学科之间相互渗透的现象越来越明显。适应这一趋势，系统论、控制论、信息论这三门边缘学科几乎同时产生。它们的出现对科学技术和思维的发展起到了巨大的推动作用，为传播学的出现奠定了坚实的基础。

（一）传播学与信息论

1. 香农的"信息"概念

克劳德·艾尔伍德·香农（Claude Elwood Shannon），美国数学家、信息论创始人。

香农于1940年在普林斯顿高级研究所期间开始思考信息论与有效通信系统的问题。信息论的种子第一次出现在1945年9月1日贝尔实验室的秘密备忘录中。密码问题适合于信息论，因为军事讯息被编成密码，这在理论上就等于将欺骗性的噪音加到原初的讯息上。经过8年的努力，香农于1948年6月和10月在《贝尔系统技术期刊》上连载论文《通信的数学理论》。1949年，他又在该杂志上发表《噪音下的通信》。在这两篇论文中，香农论述了信息的定义，提出了信息量的数学表达式，用"信息熵"的概念来衡量信息的不确定性。这两篇论文成为信息论的奠基性著作。

香农认为，信息影响人们选择或不选择某种行为的概率。换言之，在我们获得信息之前，对象事物具有不确定性，只有获得了信息，人们才能做出正确的行为决策。

香农的信息论使信息与人的行为发生了密切联系，为传播学研究开拓了广阔视野。信息成为传播学最主要的核心概念之一。人类传播中所交换的符号，包括语言、文字、声音、图像、表情、动作等，都属于信息的范畴。

香农信息理论的一个直接冲击，就是使传播学者感受到传播的普遍性。传播，就是信息的传递和交流。信息是普遍的，传播也必然是普遍的。信息的传递和交流，无论是通过物理系统、生物系统还是通过社会系统，都属于传播的范畴。

2."香农熵"

香农采纳冯·诺依曼的建议，在信息论中提出"信息熵"或"香农熵"的概念，来解决信息的度量问题。

"熵"被用于热力学系统，仅是一个可以通过热量改变来测定的物理量。"熵"被延伸到信息论后，信息论对熵的本质的解释就是"系统内在的混乱程度"。

信息量度量的是一个具体事件发生时所带来的信息。如果信息熵用H来表示，那么H是整个随机变量X的信息量。随机事件发生的可能性大小就是概率P。

香农信息熵的数学表达式为：

$$H(X) = -\sum_{i=1}^{n} p(x_i) \log p(x_i)$$

在公式中，熵的定义H是概率p(x)的log函数。log函数基的选择是任意的。信息论中基常常选择为2，因此，信息的单位为比特bit。而机器学习中基常常选择为自然常数,因此,信息的单位常常被称为 nat。$p(x_i)$ 代表随机事件,X 为 x_i 的概率。信息量的大小与随机事件发生概率有关。越小概率的事情发生,产生的信息量越大;越大概率的事情发生,产生的信息量越小。因此,一个具体事件的信息量应该是随着其发生概率而递减的,并且不能为负,公式中的负号是为了确保信息一定是正数或者是 0。

信息熵可以作为一个系统复杂程度的度量。如果系统复杂,出现不同情况的种类多,那么信息熵比较大。如果系统简单,出现不同情况的种类很少(极端情况为 1 种情况,对应的概率为 1),此时的信息熵较小。

1949 年,时任洛克菲勒基金会自然科学部主任的韦弗在《科学美国人》杂志上发表了一篇赞誉香农工作重要性的普及文章。之后,韦弗的文章和香农的论文被结集成书,以《通信的数学理论》为题公开出版。

(二) 传播学与控制论

罗伯特·维纳 (Norbert Wiener),美国数学家,被称为"传播学的另一位伟大的工程师"。无可遏制的好奇心,使维纳成为一位罕见的百科全书式人物。

维纳是 20 世纪 30 年代美国新兴跨学科运动的首批支持者。维纳认为,控制论起源于成熟学科领域之间的无人地带,是科学发展最肥沃的土壤。

20 世纪三四十年代,科学家开始关注信息度量和反馈机理。维纳发现,动物和机器中控制和通信的核心问题,是信息、信息传输和信息处理。

从 1943 年年末到 1944 年年初,维纳和冯·诺依曼在普林斯顿召开有工程师、生物学家、心理学家、数学家参与的控制论思想讨论会。1946 年后,梅西基金会又对反馈问题发起了一系列科学讨论会。

维纳将上述会议形成的一些概念和思想加以总结,于 1948 年写成《控制论》一书,书的副标题是"关于在动物和机器中控制和通信的科学"。控制论是研究生命体、机器和组织的内部或彼此之间的控制和通信的科学。

控制是系统建立、维持、提高自身有序性的手段。控制论的核心问题是从一般意义上研究信息提取、信息传播、信息处理、信息存储和信息利用等问题,涉及通信与控制之间的关系,包括适应性、学习、进化、自组织与信息和反馈的关系。

信息在控制论中是一个核心概念。但维纳的信息概念与香农的信息概念有重要区别。香农主要考察的是离散信息(yes/no 信息),而维纳考察的是连续信息,即信息的不停流动。这个视角决定了反馈机制是作为一个前提包含在维纳的信息概念当中。

《控制论》出版后,维纳接受大量媒体的采访。他提醒人们注意新控制论技术可能带来的威胁,即"能够思维、判断,甚至情绪失控的机器,将会取代工业生产线的工人,'淘汰'没有技能的人"[①]。

控制论对传播学的首要贡献,是控制思想被运用到各种传播情况中,包括传播制度与规范、政策与管理、受众与传播效果等,几乎所有的宏观、中观和微观研究领域无不渗透着系统的信息控制观点。控制论对传播学的另一个重要贡献,是把"反馈"概念引入传播过程研究,反馈成了传播学的一个基本概念。

(三)传播学与系统论

系统论虽然和控制论、信息论几乎同时出现,但直到20世纪60年代才开始引起人们的重视。1968年,贝塔朗菲发表专著《一般系统理论基础、发展和应用》,该书被公认为系统论的代表作。

系统论又称一般系统论,是与古典物理学的还原主义方法和原子式思维相对应的一种思维。一般系统论将"系统"定义为:由若干要素以一定结构形式联结构成的具有某种功能的有机整体。这个定义中包括了系统、要素、结构、功能四个概念。开放性、自组织性、复杂性、整体性、关联性、等级结构性、动态平衡性、时序性等,是所有系统共同的基本特征。

系统论的核心思想是系统的整体观。它关注结构中的组成部分的关系和相互依赖的问题,反对以局部说明整体的机械论的观点。要素是整体中的要素,如果将要素从系统整体中割离出来,它将失去要素的作用。正如人手在人体中是劳动的器官,一旦将手从人体上砍下来,它将不再是劳动器官。

系统论的出现,使人类的思维方式发生了深刻的变化。以往研究问题,一般把事物分解成若干部分,抽象出最简单的因素,然后以部分的性质去说明复杂事物。这是笛卡尔奠定的理论基础的分析方法。这种方法的着眼点在局部或要素,遵循的是单项因果决定论,它不能如实地说明事物的整体性,不能反映事物之间的联系和相互作用,只适用于认识较简单的事物,而不适合对复杂问题的研究。

---

① [美]弗洛·康韦、吉姆·西格尔曼:《维纳传——信息时代的隐秘英雄》,张国庆译,中信出版集团股份有限公司2021年版,第315页。

系统论对传播学的影响更多地表现在方法论上。系统论的思想方法，就是把所研究和处理的对象当作一个系统，分析系统的结构和功能，研究系统、要素、环境三者的相互关系和变动的规律性，并利用规律去控制、管理、改造、优化和创造系统，使它的存在与发展合乎人的目的需要。

传播学研究的一大特色，是它的整体性、系统性。传播学研究不专注于传播活动的某个具体环节，而具有更开阔的视野、更全面的观点、更连贯的意识。传播活动控制是一种系统现象，是一种系统行为。没有系统的观念，就不会有对传播活动控制的整体把握。

四、传播学与其他学科的关系

（一）传播学与社会学

社会学诞生在前，传播学产生在后。在西方，人们曾将传播学看作社会学的分支学科。传播学四大奠基人中有社会学家，传播学吸取、借用了社会学的一些知识和方法（如调查方法、统计方法），传播学理论的发展也有不少社会学家贡献的成果。

不过，社会学是以社会组织、社会行为、社会问题等为研究对象，范围较广泛；传播学虽然研究社会信息系统的运行，但着重研究信息传播过程、传播行为、传播意识和传播关系等，对象集中在社会信息系统。传播学除了汲取社会学的养料，也从其他许多新兴学科中汲取养料。如今，社会学和其他学科也开始用传播学的成果来丰富自己的研究内容。

（二）传播学与心理学

传播学与心理学的相通之处就在于传播心理。在传播学的形成过程中，心理学曾经助一臂之力。作为研究心理活动规律的心理学，是通过挖掘传播现象发生的内在动力和情感因素来充实和丰富传播学研究内容的，从而使偏重宏观研究和过程研究的传播学能够从微观研究和心理研究方面取长补短，显得更具活力。传播作为一种最富有人性和人情的社会活动，也为心理学研究增添了新的研究内容和话语空间。传播活动中的传播者、把关人、媒介中介和受众的心理现象及其活动规律，也是人们想了解的。这也使得心理学研究更具现实感和实用性。

（三）传播学与人类学

传播学与人类学都是关于人的科学。人类学的主题是研究人类的躯体和文化的各个方面,而传播学的主题是研究人类传播行为和文化世代流传的基本媒介。两门学科研究主题不同,但存在互动互补。传播是人类文明和社会进步的助推器,人类学中的语言学派、文化学派和传播学派的理论可以给传播学者许多启示,而传播学中的符号理论、接受理论、功能理论也可以让人类学家大开眼界。

(四)传播学与宣传学

传播学与宣传学之间有"血缘"关系。早期的传播研究有很大一部分是宣传研究。但是,这两者不可以混同。传播学是把人类社会中一切信息传播现象都作为自己的研究对象,其中自然也包括宣传现象;而宣传学只把劝服性、观念性的传播现象看作自己的研究对象。传播学能够从更高的层次、更广的视野来揭示一般信息传播的本质和规律,从而更正确地指导包括宣传活动在内的一切传播活动;而宣传学只能从它自身的角度和层面来分析宣传现象、揭示宣传规律,不能简单地用来指导一般的传播活动。

(五)传播学与新闻学

传播学与新闻学在演进过程中有过十分密切的互动关系,新闻学对传播学的诞生起过催产作用,但两者不能画等号。一般认为,新闻学是报刊新闻时代的产物,偏重业务研究或"术"的研究;传播学是电子新闻时代的产物,侧重理论研究或"学"的研究。新闻学以古老的"报学"研究为基础,偏重微观研究、局部研究和单向研究;传播学以新兴学科的知识为基础,侧重宏观研究、整体研究和双向研究。新闻学的研究对象是新闻信息的现象;传播学的研究对象是传播活动的现象。新闻学是具体科学的研究,对传播学研究有提供材料、充实内容的作用;传播学是一般科学的研究,对新闻学研究的内容和方法有规范、指导的作用。

总之,传播学是处在多种学科十字路口的新兴交叉学科。传播学的构建,既借鉴了自然科学中的信息论、控制论、系统论,又与社会学、心理学、人类学、宣传学和新闻学等密切相关。

五、传播学研究的源流

(一)传播学的七大研究传统

1988年5月,国际传播学会(International Communication Association)董

事会决定创办期刊《传播学理论》(Communication Theory)，并赋予其整合传播学理论的任务。时任会长、创刊人罗伯特·克雷格(Robert Craig)肩负起这一使命。

克雷格认为，如果一定要找到某个宏大的理论范畴足以覆盖所有传播研究，那么传播领域的境况十分混乱。但如果把传播学看作一门实用学科，传播理论就紧密相关。他确信，对不同类型理论的探求，应该植根于人们对日常生活问题和传播行为的努力应对。传播理论是传播学学者针对人们在互动时提出的问题而给出的系统且缜密的回答——依据实用原则的最优思考。

1999年，克雷格发表了一篇对传播学理论系统建构具有里程碑意义的论文《作为领域的传播学理论》，指出传播学理论来自七大传统，即修辞学传统、符号学传统、现象学传统、控制论传统、社会心理学传统、社会文化传统和批判传统。克雷格认为，传播学永远不会被一种理论或理论体系一起来，而是始终包含多种多样的学术路径。

七大传统为后来的传播学研究提供了一个有效的参考框架。下面在逐一介绍每个传统时，将强调它的成员如何定义传播，分别提出了哪些现实的传播问题，以及早期理论学者（学派）如何为后继者设立议程。

1. 社会心理学派：作为人际互动和影响力的传播

这一学派充分体现了科学性（实证性）视角，在克雷格定义的七大学派里迄今仍占主导地位。学派学者们坚信依靠严谨、系统的观察足以发现传播真相。仔细核实意味着建立和开展一系列严密受控的实验。

霍夫兰率领一个由30位耶鲁大学学者组成的团队，试图奠定关于"传播刺激、受众偏好及观念改变三者关系的经验性命题的基本原理"，并提供"服务于后续理论建设的初始框架"。耶鲁大学态度研究中心在"谁，说了什么，对谁说，以及产生什么效果"的框架中，研究影响力变量的三个源头：谁——信息来源（专家、可信赖的程度），什么——信息内容（恐惧诉求、论据组织），（对）谁——受众特征（性格、易受影响的程度）。

他们主要测量的变量是观念改变，可通过信息出现前后填写的态度量表测量。耶鲁大学的研究者奠定了许多领域的基础工作，其中，信源可信度的研究得到了最多关注。

信源可信度指受众对说话者或写作者的能力和可信度的认知。霍夫兰和他的同事发现，同一条信息，高可信度的信源比低可信度的信源更容易导致受众观念发生明显转变。

学者们发现了两种可信度类型——专长与品性。所谓专家,就是那些看上去知道他们在谈论什么的人。受众通常根据自己感知到的诚意来判断专家的品性。就促进观念改变而言,专长比品性更有效,但说服的效果不持久。几个星期之内,高可信度信源与低可信度信源之间的差异就会消失。霍夫兰和他的同事发现,经过一段时间,人们就会忘记自己在哪儿听到或读到过这条消息。然而,如果这时重新建立信源和信息的联系,两种可信度仍然显示出显著的差别。

2. 控制论学派:作为信息处理系统的传播

控制论关注对传播系统中的信息加工、反馈和控制的研究。

维纳创造了"控制论"一词。这个词源于希腊语"掌舵人"或"管理者"的音译,用于阐明为何反馈会使信息处理在人脑及电脑中成为可能。控制论学派把传播看作连接任何系统的不同部分的联系,致力于解答的问题是:怎样才能排除系统中的故障?

传播等于信息加工的思想的确立,是由香农完成的。香农研究信息通信,目标是以最少的失真来换取最大的线路容量。香农的理论只关注解决声音高保真传送的技术问题,最终目标就是把系统所能传输的信息承载量最大化。

对香农而言,信息意指减少不确定性。一条信息的信息量由它能在多大程度上消除混乱决定。信息越是无法预测,就越带有更多内容。噪音是信息的敌人,会降低发送者与接收者间的渠道的信息承载量。香农以简单的等式描述这一关系:渠道容量=信息+噪音。

每个渠道携带的信息都有其上限。线路噪音、周围的干扰和听者意识中的干扰,都意味着应留出部分渠道容量重复最重要的信息,以免被对方漏掉。没有大量的重申、重述和重复,充满噪音的渠道很快就会让人感到负荷过量。不必要的重复不但容易使听者厌烦,也会浪费渠道容量。香农把传播看作维持可预测性与不确定性之间最佳平衡的应用科学。

3. 修辞学派:作为技巧性公共演说的传播

直到20世纪,古希腊、古罗马的辩论术都是传播学主要的智慧来源。公元前4世纪,古雅典最伟大的雄辩家狄摩西尼为了在雅典集会的演说中改进他的表达,含着满口的鹅卵石对着大海愤怒地大喊大叫。几百年后,古罗马政治家西塞罗提炼和使用了一套系统,以便在任意法律案件中发现问题的核心。1963

年,马丁·路德·金发表《我有一个梦想》的演说,使用视觉描写、重复、押韵与隐喻等修辞手法。这三个人及成千上万的需要在公开场合表达的人,都需要学习修辞学。

修辞学是借助论点表达、思想组织、语言运用及公共演说技巧等各种有效的方式说服他人的艺术。

在修辞学派里,培训公共演讲技巧应更重视理论还是更重视实践,一直都是见仁见智。一些演讲教练确信,在听众面前磨炼技巧是世界上最好的方法。他们认为熟能生巧。另一些演讲教练则坚持认为,练习只能带来稳定。如果演讲者不学习亚里士多德及古希腊、古罗马历史上其他雄辩家的系统理论,他们注定一开口就会犯同样的错误。持续的争论或许恰恰意味着,理论与实践这两个因素在技巧性公共演说的训练中扮演同样重要的角色。

4. 符号学派:传播作为通过符号分享意义的过程

符号学研究具有指代意义的语言符号和非语言符号,以及对它们的阐释如何影响社会。

语言是一种特殊的符号。它们是象征符号。大部分象征符号与它们所描述的所指对象没有必然或逻辑的联系,其意义从既定的文化环境中习得。

英国剑桥大学文学评论家 I. A. 理查兹(I. A. Richards)是符号学派最早系统性描述文字如何表意的学者之一。他认为,语词是主观的象征符号,本身并没有内在含义。就跟变色龙适应环境而变色一样,文字的含义取决于上下文的语境。

理查兹与他的同事 C. K. 奥格登(C. K. Ogden)一起创造了语义三角,显示了象征符号与它们假定的指代物之间的非直接关系。如图 1-12 所示,"狗"这个词与现实中的动物之间的联系是不充分的。理查兹用虚线表示。两个人使用相同的语词,却可能意指完全不同类型的狗。除非他们都了解不确定性是语言所不可避免的,否则,两个人可能在经过一场对话后,仍意识不到他们谈的是两种不同类型的狗。

理查兹和弗迪南·德·索绪尔痴迷于研究语言,然而,这一学派里还有许多研究者专注于研究非语言符号和图像。例如,法国符号学家罗兰·巴特专门分析了通过印刷品和广电传媒传播的情感与意识形态。无论他们的研究对象是一些图片还是成千上万个语词,该学派的学者关注的都是符号如何成为意义的中介,以及如何运用它们才能避免误解而非产生误解。

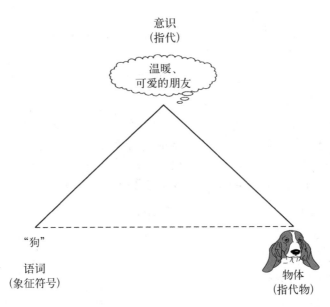

图 1-12　理查兹的语义三角

资料来源：[美]埃姆·格里芬：《初识传播学》，
展江译，北京联合出版公司 2016 年版，第 50 页

5. 社会文化学派：传播作为社会现实的创造者与制定者

社会文化学派的理论基于以下假设：人们的对话即为文化的生产与复制。大多数人认为语词反映现实存在。而这一学派的理论学者认为这个过程有它的另一面，我们对现实的认识是由我们自婴幼儿时期就使用的语言勾勒而成。

芝加哥大学语言学家爱德华·萨丕尔及其学生本杰明·李·沃尔夫是社会文化学派的先驱。萨丕尔-沃尔夫假说指出，文化的语言结构塑造人们的思考与行为。语言构架了我们认知现实世界的方式。现实世界的绝大部分不被察觉是因为它无法用文字标注。儿童学习说话，同时也在学习要注意什么。

当代社会文化理论学者声称，通过传播过程，"现实被生产、维系、修补与改变"①。换用一种更积极的口吻陈述的话，即人们在沟通中共同建构他们自己的世界。当这些不同的认知世界相互碰撞时，社会文化学派的理论能帮助我们跨越介于"我们"与"他们"之间的文化鸿沟。

---

① James Carey, *Communication as Culture*, Unwin Hyman, 1989, p.23.

6. 批判学派：传播作为对不公正话语的反思与挑战

批判学派又被称为法兰克福学派。该学派的成立是为了检验卡尔·马克思的思想。他们摒弃了正统马克思主义者的经济决定论，却将马克思主义批判社会的传统保留下来。

法兰克福学派的领军人物马克斯·霍克海默（Max Horkheimer）、西奥多·阿多诺（Theodor Adorno）和赫伯特·马尔库塞（Herbert Marcuse）深信"之前所有的历史都以苦难的不公平分配为特征"[①]。现代西方民主国家存在同样的模式，即富人持续剥削穷人。法兰克福学派对领导人宣扬的自由、平等的自由主义价值观，以及使这些价值观成为空想的社会不公与权力滥用之间的矛盾提出了有见地的分析。批判理论学者自始至终都在向现代社会的三大特征发起挑战。

第一，控制语言的做法将使权力失衡永远存在。批判理论学者谴责任何遏制人类解放的语词使用法。例如，女性主义者指出，由于男性是舆论的守门人，女性有可能成为沉默的群体。文化工业是复制某种文化主流意识形态的娱乐产业，分散人们的注意力，使人们认识不到社会权力的不公正分配。

第二，大众传媒的作用是压抑人群的认知。马克思指出，宗教是鸦片，使工人阶级的注意力偏离了他们"真正"的利益。批判学者认为，电视、电影、激光唱片及印刷品等"文化工业"接手了这一角色。

第三，盲目依赖科学方法和对经验发现未经批判地接受。霍克海默宣称，只用科学的语言思考和交谈是天真的和偏执的。天真是因为科学并非如其声称的那样以价值中立的方式追求知识。偏执指调查研究者认为一个民意样本即是现实世界的一部分。

批判理论学者呼吁自由、解放、改变与意识提升，他们共有一种道德信念，即认为代表受苦难的人类是学者最起码的道德责任。大部分批判学者希望超越同情的情感并培养惯例。

7. 现象学派：通过对话来感受自我与他者的传播

现象学指从个体自身的立场出发对日常生活进行意象分析，探索理解自我和他人经验的可能性。现象学特别强调基于自身主观经验的个体认知和诠释。对现象学家而言，个人的生活故事比任何研究假设和传播箴言更重要、更权威。

---

① John Torpey, "Ethics and Critical Theory: From Horkheimer to Habermas", *Telos*, 1986, 69, p.73.

两个人能否超越表面印象,建立更深层次的关系?心理学家卡尔·罗杰斯基于多年非指导性心理咨询经验,确信个人和关系的发展的确是可能的。

罗杰斯相信,假如他为来访者创造出安全的沟通环境,他的健康状况就能得到改善。他提出让个性和关系获得改善的三个充分必要条件。来访者如果认为心理咨询师言行一致、无条件地给予肯定和尊重、以同情心来理解,他们的病情就会或将会有所好转。

虽然罗杰斯的三大充分必要条件是从治疗过程中总结得出的,但他确信在所有人际关系中它们都同样重要。罗杰斯和现象学派其他学者的思想散见于教科书与人际传播的教学之中。他们的理论回答了两个问题:为什么建立和维持可信任的人际关系如此困难?怎样才能做到?

克雷格用地图(见图1-13)分别标注了上述七大学派,并对地图有如下解释。

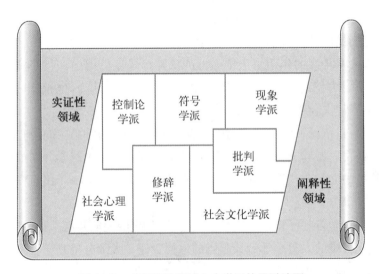

图1-13 传播理论领域七大学派的导引地图

资料来源:[美]埃姆·格里芬:《初识传播学》,展江译,北京联合出版公司2016年版,第56页

首先,地图上每个学派的位置绝非任意安排。社会心理学派最客观,因而把它放在图中最左侧的位置——稳稳地植根于实证性领域。从地图左侧到地图右侧,各个学派实证性的因素越来越少,变得越来越具有阐释性。现象学派最主观,因而把它放在最右侧的位置——明确归类为阐释性领域。在邻近领域进行

研究的学者通常更容易认同彼此的工作。在图1-13中,这表现为拥有共同的边界。在专业性上,他们的基本假设的设定也较为相近。

其次,跨学派的混合是可能的。每个学派有各自的传播定义及独特的术语表,地图上的分隔线是各个学派抵御奇思怪想的围墙,然而,学者们是一群思想独立的人,他们会攀爬围墙。这种越界之举有时会产生植根于两个甚至三个学派的理论。

最后,图中的七大学派仍然无法涵盖传播理论所有的研究方法。克雷格提出,应该建立实用主义学派——可以用多种方式合理化真理的多个视角的多元化领域。他将这一学派描述为,"与实际问题相关,通过有用程度而不是真理的绝对标准来评估"[1]。他认为这一学派非常适合他自己的研究。

(二)传播学的伦理学研究传统

美国芝加哥惠顿学院的荣休教授埃姆·格里芬在教材《初识传播学:在信息社会里正确认知自我、他人及世界》里,仔细分析了克雷格对七大研究传统的论述,并建议再增加一个传统——伦理学派。

伦理学派是有道德感的人用公正、互益的方式互动的研究传统。

传播学比大部分学科都更加关切伦理责任。自柏拉图和亚里士多德时代起,传播学者就不得不面对传播中机遇与义务的问题。美国传播协会批准的"传播道德信条"9大原则中的3项,可说明伦理学派的主流思想。

第一,倡导把真实、准确、诚实、理性视作传播不可分割的一部分。这个原则强调区分传播行为的正确和错误,而不考虑传播本身是否对传播双方有利。

第二,承诺对个人传播行为的短期和长期后果负责,并且期待他人也能这样做。这个原则强调沟通带来的好或坏的结果。它关注传播的后果。

第三,在评估和回应其他传播者的信息之前,应尽最大努力理解和尊重。这个原则强调的是传播者的品德,而不是传播行为。它要求审视自己的动机和态度。

我是否把他人珍视为同类?我是否有勇气尝试透过他的眼睛看世界?这些是很难回答的问题。一些读者可能会认为这些问题在传播理论课程中无足轻

---

[1] Robert T. Craig & Heidi L. Muller (eds.), *Theorizing Communication: Readings across Traditions*, Sage Publications, 2007, p.499.

重。但是，在伦理学派中，传播理论学者的确能够回答这些问题，这些学者多来自修辞学派或批判学派。

（三）传播学研究的三大学派

国内的传播学研究习惯分为美国经验学派和欧洲批判学派，近年来又增加了媒介环境学派。

1. 美国经验学派

美国经验学派的研究对象是宣传、广告、说服、舆论、民意测验、媒介内容、受众分析和媒介效果，其哲学基础是实用主义，其方法论是实证研究和量化研究，其服务对象是现存的政治体制和商业体制，其目的是解决社会实际问题，以施拉姆和传播学奠基人为代表。

美国传播学思想的滥觞是芝加哥社会学派。该学派与传播学关系密切的两个脉络，一是以乔治·赫伯特·米德为代表的社会心理学，二是以罗伯特·帕克为代表的城市社会学。该学派的几代代表人物约翰·杜威、查尔斯·库利、乔治·赫伯特·米德、罗伯特·帕克、赫伯特·布鲁默、欧文·戈夫曼等，都从不同角度对传播和媒介研究做出了贡献。

美国经验学派重视研究实用问题和短期效应，以效果研究为核心。佩恩基金电影对儿童的影响研究、火星人入侵研究、伊里县调查、耶鲁大学态度改变研究、议程设置研究、知识沟理论、沉默的螺旋理论、第三人效果研究等，关注的几乎都是传播效果问题，关注的焦点都在于大众传播信息如何影响和改变个人的态度、认知和行为，应如何针对受众设计合理的信息，实现有效的预测和控制，从而达到传播者的特定目的。

2. 欧洲批判学派

批判学派主要在西欧，以定性分析为主要手段，方法论以思辨为主，探讨媒介、受众和社会结构的关系，重视宏观研究，批判资本主义弊端，以德国法兰克福学派、英国文化研究学派、传播政治经济学派和法国结构主义学派为代表，以新马克思主义者和其他左翼学者为骨干，20世纪60年代后发展成能与美国经验学派相抗衡的学派。

法兰克福批判学派的代表人物有霍克海默、阿多诺、马尔库塞、席勒、本雅明和哈贝马斯等。这些学者高扬意识形态批判旗帜，对现行资本主义制度持否定和批判态度。这是他们被称为批判学派的最主要的理由。

法兰克福学派创始人马克斯·霍克海默是德国第一位社会哲学教授,他提出马克思主义就是批判理论,他和阿多诺合著的《启蒙辩证法》一书开创了法兰克福学派对现代资本主义的批判,为社会批判理论提供了标准的模式。法兰克福学派第二代旗手哈贝马斯认为,近代以来的资本主义片面追求"工具合理性",这一合理化过程带来对自然和社会的支配,导致人的异化。他提倡通过扩展"没有支配和强制的传播关系"来改革社会。传媒应成为公众的信息平台和公共论坛,防止在不良政治和经济势力的侵蚀下退化。

1981年,哈贝马斯提出交往行动理论,理论涵盖了个体交往、群体交往、代际交往和跨群交往各类形式。交往行为使用语言符号或非语言符号作为理解他们各自行动的工具,以便使他们能够在如何有效地协调自身的行为上达成一致。交往行动的累积和凝结,就成为社会文化的结构和机理。

3. 媒介环境学派

媒介环境学派的旨趣在研究传媒对人和社会心理的长效影响。他们将媒介视为环境,研究生存在其中的人与环境的互动共生关系,关注媒介和技术对文化和社会在形式上和根本问题上的冲击,开创了以研究媒介/技术为视角的生态学研究范式。

随着人工智能、区块链、大数据等技术在传媒领域的运用越来越广,媒介环境学派的理论也越来越受到关注。媒介环境学派主要包括多伦多学派和纽约学派,代表人物包括哈罗德·伊尼斯、马歇尔·麦克卢汉、尼尔·波兹曼、保罗·莱文森和约书亚·梅罗维茨等。

1968年,尼尔·波兹曼在美国公开演讲中首次使用"media ecology"一词,以生态学视角观照媒介研究,将媒介生态学定义为"将媒介作为环境来做研究"。媒介生态学即滥觞于此。

1970年,尼尔·波兹曼接受马歇尔·麦克卢汉的建议,在纽约大学创建媒介环境学的博士点,高扬人文主义和道德关怀的旗帜。尼尔·波兹曼的媒介批评三部曲《娱乐至死》《童年的消逝》《技术垄断》,严厉批判技术垄断,揭示电视文化和通俗文化的负面影响。

1979年,保罗·莱文森在博士论文《人类历程回放:媒介进化论》中首次提出媒介演化的"人性化趋势"理论。他还用"补偿性媒介"理论来说明人在媒介演化中进行的理性选择。保罗·莱文森认为,任何一种后继的媒介,都是对过去的某种媒介或某种先天不足的功能的补救和补偿。

1979年,约书亚·梅罗维茨出版专著《消失的地域:电子媒介对社会行为的影响》,研究媒介与人际互动,研究电子媒介的出现如何改变社会场景,社会场景的改变又如何影响人的行为。

以上三个学派的哲学观点和研究方法有差异,但都关心传播的社会控制作用。美国经验学派的核心课题是"如何控制"或"在多大程度上"进行控制;欧洲批判学派关心的焦点是"谁在控制""为什么存在支配与控制""为了谁的利益进行控制";媒介环境学派研究的重点是"媒介形态如何长期影响和控制社会形态和社会心理",着重媒介的长效影响,偏重宏观描绘、分析和批评。

第四节 中国人的传播思想和实践

中国人在源远流长的历史活动中积累了丰富的传播思想和实践经验,值得我们学习借鉴。

一、中国古代传播思想和实践

(一)原始社会的传播

在上古传说中,中国古人不知道该如何表达知识,于是发明了"龟负洛书"和"龙马负河图"的神话。龟和龙马成为传说中知识的传播者。相传,三皇五帝及周文王、周武王当政之时,都出现过龟负书、龙马负图的现象。

伏羲氏是中华民族心智的先启者。相传,伏羲氏得天下后,整日思索如何使百姓生活安定,不再老是逐水草而居,以及如何增加粮食的来源、如何把食物弄得更美味。有一次,他在水边行走,突然窜出一匹龙马,飞到他头顶上绕了数圈,然后停到他脚前,献上了一卷图画。从这幅图画中,伏羲受到启发,创制了"八卦图"。这是最早的龙马负河图案例。

伏羲氏教民结网、从事渔猎畜牧,始画八卦、造书契、正婚姻,结束了人们茹毛饮血、结绳记事的蒙昧历史,开创了中华文明。神农氏尝百草、种五谷,开启了中国科技传播的先河。

原始彩陶艺术开启了艺术传播的先河。陶器上的图案和线条传播的是原始人的自我意识或自我美感,以及自然崇拜和生命崇拜观念。生命崇拜的重要分支是生殖崇拜,在原始艺术里表现得尤其充分,通过岩画、崖刻、陶纹、文字、八卦、符号、祭祀、巫祝、婚丧、民俗和神话方式传播,构成中华民族伦理观念的基础。

中华先民实现沟通的传播媒介有三套系统:一套是符号系统,包括语言文字、绘画、音乐、舞蹈等;一套是实物系统,包括木石、牛角、陶器、青铜、玉器、墓葬、衣食等;一套是人体系统,包括人际传播、祭祀、原始战争和族群迁徙等。

在三套传播系统中,最能连接原始族群并把他们统一成一个"团体"的是图腾。图腾是印第安语"totem"的音译,意思是"他的亲族"。原始社会的人们把某种动物、植物或非生物等当作自己的亲属、祖先或保护神,称之为图腾,相信图腾有一种超自然力,会保护自己,还可以使自己获得力量和技能。

在政治传播方面,上古最早的口传政治形式,应该是金文上的诰辞。诰辞专记周王对臣下的训导言辞。第二种形式是誓词,如《汤誓》,是商汤对夏朝最后一个暴君桀的公开宣战誓师词,是自问自答的战前动员讲话。第三种形式是民众歌谣。因为歌谣以韵文形式出现,便于记忆,易于口传,是有效的传播手段,所以历代帝王都重视对民间歌谣的采集和整理。古代采风可以被认为是中国特色的"民意测验"。

(二)春秋战国时期的传播

春秋战国时期,社会动荡,口传政治不再是自上而下的训令和自下而上的采风,而是由文化人担当主角;传播方式发生很大变革,一是游说之风盛行,二是论辩之士群起,三是讲演之学开辟。

《战国策》对当时的说客有精彩描述。《论语》和《庄子》体现了典型的论辩技巧。孔子曾说:"言之无文,行而不远。"语言是一种艺术,如果没有文采,就传播不开。当时一批演说家知识渊博、词语丰富、叙事简明、论证有力,讲究谋篇布局和遣词造句,注意音韵和谐和抑扬顿挫,善于把握陈述状态和环境效果,还有严密的论证方法和熟练的论辩技巧。一大批像老子、庄子、孔子、墨子、荀子等优秀的思想家、教育家和传播家,为后世留下了宝贵的语言文献。

在教育传播方面,孔子留下了"因材施教""有教无类"的传播思想,创建了中国早期教育传播的基本模式"传—学—习"。"传"就是传播者(信源),也包括传播的信息;"学"就是受传者(信宿),也包括经过媒介环节把各种因素综合在一起的信息;"习"就是自我反馈,即受传者对收到的信息在人内传播中的积极反应,这是形成知识不可忽视的环节。

在语言传播方面,墨子强调语言传播具有论辩和进言功能。他认为,论辩的作用在于明辨是非、审视治乱、明确异同、考察名实、权衡利害和决断嫌疑。论辩的原则是不把自己的观点强加于人,也不轻易接受别人的观点,必须做到独立思考。论辩的目的是说服对方。论辩的效应是主动进言,推进朝政。

在音乐传播方面,《礼记·乐记》和《荀子·乐论》是中国先秦时期两部重要的儒家音乐典籍,两者的核心都是通过对音乐审美问题的阐述来凸显音乐的社会教化功能和在礼乐建构中的巨大作用。

在传播内容分析上,老子从生活、历史中总结出"信言不美,美言不信"的人生智慧。

(三)秦朝的传播

秦始皇统一六国后,为控制传播内容,采取了两项重大举措:统一文字和焚书坑儒。前一项给中国文化传播带来了永远的荣光,后一项则带来了深重灾难。

秦相吕不韦推动编撰《吕氏春秋》:一是传播他的思想主张,以便更好地控制秦国百姓,巩固其权力;二是通过编书,改变商人形象,塑造圣人形象,让自己的声名流传下去。书成之后,为了精益求精,也为扩大影响,吕不韦想出一个绝妙的宣传办法,他让人将书发布在咸阳城门,并且在旁边挂上千金赏钱,告诉民众如果有人能改书中一个字,赏千金。这就是成语"一字千金"的由来。

(四)西汉的传播

西汉第一位力倡儒学的思想家陆贾,因能言善辩而常出使诸侯。他稽查古今成败之理,著文12篇,编为《新语》,体现出如下传播思想。

第一,强调传播的针对性,指出"书为晓者传,事为见者明",认为传播儒学可以"节奢侈,正风俗,通文雅"。

第二,指出传播者要有大智慧、大辩术,"小慧者不可以御大,小辩者不可以说众"。

第三,受传者不要惑"美言",不要轻信谗佞,"逸夫似贤,美言似信,听之者惑,观之者冥",认为"上之化下"的关键是统治者以身作则,承认舆论的巨大导向,强调流言的可怕和谣言的危害。陆贾以赵高指鹿为马和曾子杀人两个历史故事为例,阐释了舆论传播对人认知的干扰,揭示众口毁誉的严重后果:"众口毁誉,浮石沉木。群邪所抑,以直为曲。视之不察,以白为黑。"

第四,指出感官是传播的主渠道,五官各有不同功能,要各司其职、互相配合,受传者要心思专一,才能将接收的信息牢牢记住。"目以精明,耳以主听,口以别味,鼻以闻芳,手以之持,足以之行,各受一性,不得两兼,两兼则心惑,二路者行穷,正心一坚,久而不忘。"

西汉政论家贾谊著《新书》,主张通过物化标志区分人的贵贱。服装的样式和纹饰是区别等级和地位的基本标识。标志必须醒目,使人一见服装就知道身份。"制服"这个词语沿用至今,说明它是传播一种制度文化的符号标志。

西汉哲学家和今文经学大师董仲舒阐述了传播者与受传者的关系。"物之以类动",即事物之间只有同类才能相应。传播是一种智慧活动,要讲究智慧,讲究技巧。传播通过视听符号来传递意义信息,视听符号——"名",必须跟它所指的"实"相符合。

张骞奉汉武帝之命,两次出使西域,开拓汉朝通往西域的道路,即赫赫有名的丝绸之路。张骞被誉为"第一个睁开眼睛看世界的中国人""东方的哥伦布"。张骞将中原文明传播至西域,又从西域诸国引进汗血马、葡萄、苜蓿、石榴、胡麻等物种到中原,发展与西域国家的友好关系和贸易往来,促进东西方文明交流,开启了国际传播的先河。

西汉今文《尚书》内容包括"典""谟""训""诰""誓""命"六类,有的是讲演稿,有的是命令、宣言,有的是谈话记录,反映了中国早期的传播方式和传播思想,其中有对言语传播、舆论传播的精辟论述。

《尚书》多处谈到民意、民怨,指出民众作为传播过程中的中介层,对提高执政效果有重要作用。民怨可怕,要虚心听取民众意见,把民众当作镜子,才有利于上下沟通、正确决策,有利于巩固统治。

(五)东汉的传播

东汉是中国传播史上的重要时期,科技发展,尤其是东汉元兴元年(105)蔡伦改进造纸术,极大地推动了文化传播。

在造纸术发明以前,世界各国的书写材料,有的坚硬,有的笨重,有的价格昂贵,都不是理想的书写材料,不利于文化的传播。造纸术的发明,引发了书写材料的革命。蔡伦改进造纸术,提高了纸的质量和产量,使纸成为普遍的书写材料。造纸术的对外传播,促进了文化交流和教育普及,深刻地影响了世界文明的发展进程。

东汉许慎的《说文解字》是世界上第一部字典,规范了汉字的形、音、义。文字是传播道理的根本,因为文字能揭示事物的意义,具有交际功能,能传播世界上最幽深难见的道理,对它不容许任意改变。这就强调了文字的信息功能和稳定性。

(六) 魏晋南北朝的传播

魏晋南北朝时佛教哲学的传播很成功。《百喻经》用寓言劝喻人们,以戏笑的方式来寄寓正义,把传播形式和传播内容比喻为裹药的树叶和裹在树叶里的药,用令人戏笑的寓言像树叶一样把深刻的佛理包裹起来,传播给民众,让人喜闻乐见。

南朝刘勰《文心雕龙》提出了"心生而言立"的传播思想:人有思想(心),有思想就有言语(言),有言语自然就像万物之"外饰"而产生文字或文章(文),而文章要凭道德(行)来树立,道德要靠文章(文)来传播。刘勰全面确立起传播活动的完整框架。

南朝刘义庆撰写的《世说新语》实录记载了当时士人的人际传播故事,语言生动有趣,活灵活现。

南朝梁顾野王所著的《玉篇》自序,叙述了文字传播的起源、功能和文字传播方式的演变。他将文字传播的内容和功用归纳为 10 条:

① 使古人的一些深奥道理和经验流传,让后人能探索其中的最高哲理;
② 弘扬前人的神圣训导,光大圣贤制定的规范;
③ 使文化流传,让后人了解封建体制下最高道德规范——礼乐;
④ 心中要说的话能够被记录下来,可以传播到万里之外;
⑤ 向百姓传授知识,使人们辨认事物有了标准;
⑥ 进行公共传播,可以显示威严,调动军队;
⑦ 使法律成文,达到政令一致;
⑧ 把经验和教训记录下来,让知识分子学习研究;
⑨ 刻在钟鼎上记载功绩,向神灵颂扬美德;
⑩ 当官的依靠它来管理,老百姓依靠它来监督。

顾野王还指出文字传播方式的历史流变对传播内容的影响:刻写在甲骨、玉器和钟鼎上的文字,或泰山石鼓上的文字,为了宣告社会的和平稳定;后来写在竹简和缣帛上,开始为政令服务;当出现雕版和书牍时,就可记录无穷文字,传达无限丰富的内容。如此，人们足不出户，就可以阅读古代经典藏书，不用亲身经历，也可以了解远方世风民情。

（七）隋唐的传播

隋唐佛学和唐诗取得了文化传播上的巨大成功。

1. 传播速度和传播方式空前绝后的隋唐佛学的传播特点

（1）从社会上层向下层传播。

隋文帝奉行的是崇佛政策。李唐王朝的统治者们也与佛教有着千丝万缕的联系。佛教宣扬的慈悲普度、善恶报应观认为，只要依法修行，便能脱离苦海，进入"常乐我净"的涅槃境界。这颇能满足人们的终极关怀。佛教适时传入中国，从社会上层开始传播，很好地与儒学融合，逐渐向普通劳苦大众散播。

（2）传播媒介的促进作用。

石头、纸张、羊皮、竹简、科学技术、艺术、医学等的发现发展促进了佛教的传播。因为纸具有便于携带的特性，所以佛教的教义通过纸张来传播，而印刷术的发明促进了佛教的传播。佛像的塑造便于百姓祈福，有利于形成宗教中心，便于佛教的传承。通过纸张传播佛教教义，通过译经和讲经形成宗派，无疑扩大了佛教的社会影响力。

隋唐时期在雕版印刷术，以及在壁画、石窟和彩陶的制作方面都达到极高的境界，为佛学思想的传播提供了便利的条件。此外，还有讲习经典、口授等方式的传播媒介促进了佛教的传播。

（3）与本土思想文化紧密结合。

广大知识分子接受佛教，进而运用诗词歌赋等形式传播佛教。唐诗中随处可见浓郁的佛学气息，"诗佛"王维便是一个典型例子。王维因钟爱佛教经典《维摩诘经》，便把自己的名改成"维"，把字改成"摩诘"。他的诗中多见恬静淡雅、安然处世的禅意。

诗人对佛教寺院有一种很特殊的感情。佛寺一般建于名山大川，当诗人在寺院游赏时，看到与山水景物相得益彰的景观，便会诗兴大发，一些寺院就成为赋诗的最佳场所，诗人们由此在寺院中留下了大量名篇。

一些学者将佛教的"空"与老庄思想的"无"相关联，自觉调和与儒道的关系，使得佛教思想能恰到好处地和儒道思想融合，使得儒释道三教能够同时发展。

（4）中国化佛教辐射周边和世界。

唐朝的敦煌有州、县两级地方学校，教授儒经，同时又有长安运来的汉译佛经，也有敕建的道教官观，教授道教经典。这是一个三教融会之地，又是世界各族居民杂处的乐园，往来于欧亚大陆东西方之间的商贾、僧侣、使团络绎不绝。

隋唐在吸纳异域文化的同时，又向外部世界做文化辐射。汉字、儒学、纲常律令、科学技术、中国化佛教，都对周边乃至世界产生影响。在东亚，以这些因素为共同特征，以中国为中心，形成了今天所谓的"东亚文化圈"。

2. 唐诗传播是中国文化的突出现象

唐诗传播的物质载体包括纸张、诗板、诗碑和诗屏，非物质载体主要是音乐。驿传、整个社会传抄也扩大了唐诗的传播范围。唐诗的传播渠道包括：官署与官员的汇集和播散，士人之间的互相交流，唐朝书肆经营唐人诗集，民间的传写、诵读和传唱。唐人有强大的诗歌传播意识，包括有意识传播和无意识传播。从唐人选唐诗、唐人诗序、敦煌诗文写卷可以看出唐朝的诗歌传播趣尚。唐诗传播范围包括域内以诗人为中心的诗歌传播，域内文化地理传播和域外传播。唐诗传播推动了唐诗发展，而唐诗发展具有普遍意义——诗化唐人的生活，对唐朝诗人具有激励意义——鼓舞唐人的诗歌创作热情，对唐朝诗歌艺术具有深远影响——推动唐人互相切磋诗艺，对唐朝作家具有促生意义——培养唐诗创作新人。

（八）宋朝的传播

宋词是宋朝盛行的一种文学体裁。宋词与唐诗争奇，与元曲斗艳，历来与唐诗并称"双绝"，都代表一代文学之盛。

宋词主要有四种传播渠道：一是通过歌伎演唱动态传播；二是通过抄本、刻本静态传播；三是以词为书信、离别赠言的互动传播；四是层级扩散的宗派组织传播。就传播方式而言，无论是口头传播还是书面传播，宋词都具有明显的人际交流特征。

在口头传播中，词人填词、歌伎唱词、市民消费词，词是传播的信息载体；在书面传播中，传播对象明确，酬唱应和互动明显。词人要进行成功的传播，一要进行适当的信息编码，词的内容求新求变；二要充分考虑传播对象的欣赏习惯，使词的表达力求雅俗共赏，获得满意的反馈效果。

人际交往的一个基本动机就是建立和谐的人际关系，拥有自己的社交圈子和娱乐伙伴,摆脱个人独处所产生的孤独感,寻求心理压力的释放渠道。宋词的传播即时性较强,并且具有典型的人际交流特征,两者结合,造就了一种独特的高级社交文化。

(九)元朝的传播

元曲是盛行于元朝的一种文艺形式,包括杂剧和散曲,有时专指杂剧。有人说诗庄、词媚、曲俗,其中,曲俗鲜明地体现了元曲的特点。

元曲的传播可圈可点。相比于唐诗和宋词,元曲更适合传播,更适合抒情,更贴近生活,更深刻地体现了对人生的体悟。元杂剧通过演员和作家互动、观众和作家互动、演员和观众互动,实现了传播信息的反馈,使传受双方处于同一个系统中,从而使元杂剧既有民间文学、口传文学的特征,又有传统雅文学的特征。

(十)明清的传播

明清小说创作和传播兴旺发达。古代通俗小说的发展与演进,对印刷出版技术具有较强的依赖性:雕版印刷术的推广为宋元话本及明清章回小说的兴起与流传提供了不可或缺的技术条件,源自西方的先进铅石印术则对明清通俗小说的近代传播产生了十分重要的影响。

从小说文本形态来看,明清时期通俗小说的传播形态仅有稿抄本与木刻本两种;至清代后期,随着新兴印刷技术的运用,扩增至稿抄本、木刻本、铅印本、石印本、报刊连载本五种,传播之广泛、形态之多样殊非昔时可比。

从小说文本体制来看,照相石印技术的制图优势,不仅推动了明清通俗小说图像本的近代普及,还催生了晚清画报小说的兴起和盛行。诸如《图画日报》《舆论时事报》《神州日报》等附送的白话小说,大多采用一图一文的形式,图像已经成为小说文本的有机组成部分。

然而,铅石印刷技术对明清通俗小说的传播也产生了严重的负面影响,比如盗版改题、篡改序跋、缩印过小、纸墨粗劣等。

二、中国近代传播思想与实践

(一)小说传播

晚清政府推行改革,废除科举,大批文人失去"仕进"去路,刺激了小说创作、阅读和传播群体的出现。小说成为社会改良的信息载体,提高了小说的地位。

近代商业都市形成,涌现出对小说感兴趣的市民阶层读者。大量外国小说和理论的翻译,也推动了中国小说的创作和研究。

西方新闻报纸杂志的发行方式,推动了中国传统章回小说在报刊连载,既有利于报刊促销,又有利于晚清志士通过小说艺术传播维新变革思想。小说借报刊连载的方式,迅速扩大社会传播面,发挥提高国民素质的作用。先进的印刷技术也提高了传播效率。诸多因素合在一起,使小说成为传播新文化的崭新形式而活跃于晚清社会。

同时,晚清政府对文学传播的控制十分严厉。从出版印刷到销售、租赁、阅读,甚至具体书目都开列出来,几乎把整个文学传播的各个环节都严格控制起来,其惩罚条例也十分严酷。但是,文学传播以巨大的反遏制力量在民间发挥作用,这种"地下"传播反而使这些"禁书"获得更顽强的生命力。

梁启超把文学的传播力归纳为四个字:熏、浸、刺、提。他在《论小说与群治之关系》中提出:"欲新一国之民,不可不先新一国之小说。故欲新道德,必新小说;欲新宗教,必新小说;欲新政治,必新小说;欲新风俗,必新小说;欲新学艺,必新小说;乃至欲新人心,欲新人格,必新小说。何以故?小说有不可思议之力支配人道故。"

(二) 新闻传播

中国人对新闻学的认知从西方报业的进入开始。西方传教士在中国沿海城市创办报刊,中国人很自然地把它与中国历史上出现的邸报联想在一起。

启蒙阶段的近代中国新闻学在两个结合点徘徊:维新儒士把报纸看作维护儒家道统、进行教化的工具;革命志士则把报纸看作谈论国事的舆论场地。前者使报纸在国人眼里类似于文论诗赋,文以载道,服务于教化,服务于社会政治的实用功利。后者使报纸成为革命派传播民主观点,服务于开明专制的政治工具。

自19世纪70年代起,中国人在香港、广州、上海、汉口、福州等地创办第一批中文报刊,可看作中国近代报刊的开端。

王韬创办了中国第一个政论报刊《循环日报》。他认为,报刊的作用是去塞求通、沟通中外,因此,主笔要秉笔公正,直陈时事。他主张从中央到地方设立翻译外文报刊的专门机构,同时建议开设"西文报馆",开展对外宣传。

严复提出知外情不能不"译各国之报"。他的翻译传播思想体现在三个字:

信、达、雅。信,指忠实于原著;达,指表达顺当;雅,指文辞尔雅。

梁启超认为,报刊的作用是去塞求通,成为国家的耳目喉舌。梁启超从受众心理出发,提出报刊宣传的两种方法,即浸润法和骇(煽动)法。浸润法就是让读者耳濡目染,收效缓而效力持久,影响深入。煽动法收效快,但失效也快,影响面广,但难以控制。

孙中山主张利用报刊宣传革命。孙中山在中国同盟会机关报《民报》发刊词中强调,报纸宣传是革命的武器,更是建设的动力,感化便是宣传,教便是宣传。

民国初期的新闻记者黄远生被称为"中国第一个真正现代意义上的记者",以善写新闻通讯著称。他深入现场采访,掌握第一手材料,观察细致,通讯写得须眉毕现。黄远生有一篇著名的总结记者经验的文章《忏悔录》,提出了新闻记者"四能说":脑筋能想,腿脚能奔走,耳能听,手能写。这四点是一个整体,是对记者采访素质的高要求。

创刊于1902年的天津《大公报》,以消息灵通、敢于批评和客观准确而吸引知识分子。在评说国事的同时,辅以大量新闻报道批判为实证。读者遍布中上层阶层,对统治集团决策人士尤有影响。

清末中国新闻传播法制的进步,体现在制定了《大清印刷物件专律》和《大清报律》。民国初年公布的《中华民国临时约法》及其他一系列法律和条例,建立了以言论出版自由为基本原则的新闻传播法律制度。一时间,各种报刊、通讯社和社团涌现。据不完全统计,民国初年,仅报刊就有500多家。不少报刊把监督政府、议论时政、反映民意作为主要任务。

1918年10月,中国第一个系统讲授新闻学课程并集体研究新闻学的团体北京大学新闻学研究会成立,标志着中国新闻传播教育的开端。徐宝璜作为"中国新闻教育界第一位大师",参与创办了北京大学新闻学研究会,组织出版了中国第一份新闻学刊物《新闻周刊》,编撰了中国第一本国人自撰新闻学教材及专著《新闻学》,培养了中国第一批新闻人才,开设了中国高等学府第一门新闻学课程,设计提出了中国第一个四年制大学新闻传播教育方案。徐宝璜是百年中国新闻传播教育的奠基人、拓荒者。

(三)商务传播

近代以来,西方列强入侵,中国社会剧烈分化,而"商"是变动的中心,甚至成为整个社会传播活动的交接点。

从19世纪60年代洋务运动的发生,到90年代中日甲午战争的爆发,30多年里一批早期改良思想家开始传播经济思想。郑观应是甲午战争前后风靡一时的商战理论的主要代表者。他的著作《盛世危言》贯穿着富强救国的主题。他在《商务》篇中指出通商是西方富裕强大的原因之一,同时从经济发展的内部环节指出士、农、工、商四者的传播关系。

1872年由英国商人美查创立于上海的《申报》,是近代中国发行时间最久、具有广泛社会影响的商业报纸,是中国现代报纸的开端。《申报》的办报宗旨是"将天下可传之事,通播于天下"。自1912年史量才接管之后,《申报》发展成为实力雄厚的现代化企业报纸。史良才的传播思想表现在重视新闻、言论中立、广告发达、经济独立。

1917年,姚公鹤在《上海报纸小史》中意识到商品经济的发达与报业独立的关系问题。在新闻学的创立者中,徐宝璜和任白涛同是经济学家,邵飘萍和戈公振均是出色的报业经营者。他们在著作里都谈到报业组织、广告、发行、纸张和印刷等经营问题。

（四）科技传播

晚清出现了中国历史上科技传播的一次高潮。传播主体既有西方传教士,也有洋务派人物、留学生、海员、码头工人及一般民众。受众群体上至皇上老臣,下到平民百姓。传播的深度和广度,以及对近代中国的影响都是空前的。

鸦片战争失败后,许多有识之士意识到船坚炮利的重要性,开始有意识地接受和学习西方科学技术。这是当时传播西方科学的主要原因之一。西方传教士也意识到要想在中国传播基督教教义,就必须依赖中国人认可的西方科学技术作为重要内容。如此形成了晚清时期洋务派和西方传教士共同投身中国科技传播的情景。

译书出版是晚清最重要的科技传播模式。主要有两大译书系统。一是洋务派创办的两个译书中心——京师同文馆和江南制造局翻译馆。京师同文馆于1862年成立,主要任务是培养外语人才和翻译西书。江南制造局翻译馆于1868年在上海成立,是当时最大的传播科学译书的机构。二是教会的译书机构。19世纪四五十年代西方科技著作的引进主要在墨海书馆、美华书局等教会译书机构进行。60年代后,西方科技著作的引进与传播中心才转移到江南制造局翻译馆等洋务派译书机构。统计显示,这一时期总共翻译出版西方科技图书达数百种,为近代西方科技系统地传入中国做出了基础性的贡献。

实物传播是明末清初已盛行的另一种科技传播模式。康熙皇帝看了西方传教士送的各种西洋仪器,对其产生好感才允许传教士传经布道。西洋科技实物一般由传教士、中国留学生、海员带回,诸如大炮、望远镜、西洋乐器、照相机、物理化学器物、西洋建筑等,经由多人逐次绘声绘色描述传播,进而直接或间接进入普通受众视野。

当时有两类学校对西方科学传播起了较大的推动作用。一是新式学堂书院。著名的有京师同文馆、马尾福建船政学堂、上海广方言馆、北洋水师学堂、天津武备学堂。后来,洋务派还创办了一些理工学堂,如北洋大学、天津电报学堂。这些学堂为西方科技系统地进入中国奠定了坚实的基础。二是教会学校。从最早在澳门开办的中国第一家教会学校马礼逊学堂到清政府结束统治,中国各类教会学校共培养学生数十万人。

归国留学生成为传播西方科技的生力军。从1847年容闳等三人赴美留学开始,晚清有一大批人赴美、欧学成归来。他们既有先进的现代科学理论,又有强烈的爱国热情,希望中国能像西方国家那样独立富强、民主自由。他们最大的特点是以实际行动传播现代科学技术。

通商口岸成为科技传播的桥头堡。1842年,清政府被迫开放广州、福州、厦门、宁波和上海五处为通商口岸,允许外国人在这些口岸传播宗教、开设学堂、开办医院、成立译书机构。通商口岸就成为以上几种科技传播模式的载体。

上海是晚清口岸中科技传播的中心。上海自1843年开埠通商后,西人、西物、西书源源而来,逐渐成为西学传播的中心。在江南制造局之前已有墨海书馆、美华等出版机构,晚清翻译的西方科技图书大多通过上海这座桥头堡传播到内地。

三、中国现代传播思想与实践

(一)马克思主义在中国的传播

马克思主义在中国的传播是中西文化交流历史上前所未有的大事。19世纪中期,马克思主义在整个欧洲社会产生了巨大影响,并在世界范围内广泛传播。马克思主义初入中国,是来华传教士最先选择翻译内容并结合中国文化语境将其表达出来的。

1899年4月,西方基督教会在上海设立的出版机构广学会主办的《万国公报》,连载了由英国传教士李提摩太节译、蔡尔康笔述的《大同学》一文。该文系英国哲学家本杰明·颉德所著的《社会进化》一书的前四章,文中首次提到了马克思的名字和《共产党宣言》中的一段文字。

戊戌变法失败后,资产阶级维新派领袖梁启超流亡日本。1902年10月,梁启超在《新民丛报》上发表《进化论革命者颉德之学说》,介绍了马克思。此后,梁启超在《新民丛报》上发表了一系列介绍马克思主义的文章。

20世纪初到五四运动时期,很多中国知识分子选择留学日本。明治维新以后,大量西方政治思想传入日本,马克思等人的著作也相继被译介到日本,引起中国留学生的注意。以李大钊、李达、李汉俊为代表,他们译介的日文社会主义著作在中国传播。李大钊主要宣传唯物史观,李达侧重经济学说,李汉俊则以科学社会主义见长,他们简称"三李"。所谓"三李带回马克思",是国内学术界对这一时期马克思传入中国最形象的概括。

俄国十月革命前,马克思主义在中国的传播相对零散、片面、不成体系,更多被当作一种思潮,传播效果有限。十月革命后,世界上创立了第一个社会主义国家。在救亡运动中涌现出来的中国先进知识分子坚定了对马克思主义的信仰,《新青年》等报刊一马当先,强力推动马克思主义在中国大地扎根。

李大钊在《新青年》上发表《我的马克思主义观》,系统介绍马克思主义理论。陈望道翻译的《共产党宣言》是第一本用中文出版的马克思主义的书。中国先进知识分子通过办刊物、写著述、办夜校、开讲座、做演讲等多种途径和方法,向群众传播马克思主义。

在共产国际的帮助下,1921年7月,中国共产党成立。马克思主义在中国的传播从此有了坚强的组织基础。马克思主义的传播者主要扮演着两种角色:一是思想的播种者,二是思想的践行者。

(二)新闻传播学的发展

1920年1月,北京大学中国文学系聘请徐宝璜增设新闻学课程。这是中国高等学府最早开设的正式新闻学课程。1921年,原上海《密勒氏评论报》主笔柏德生在上海圣约翰大学创办报学系。这是中国乃至亚洲第一个新闻学系。同年,爱国华侨陈家庚创办的厦门大学也设立报学系。这是中国人办的第一所新闻传播高等教育单位。

中国第一部系统叙述中国报刊历史的著作是戈公振1927年出版的《中国报

学史》。戈公振对世界新闻事业进行了三点预测：第一，"日趋于平民化"，即信息日益为最广泛的大众所普遍享受；第二，"日趋于艺术化"，即新闻事业的各个方面日益都要作为科学供人们研究；第三，"日趋于世界化"，即新闻事业日益推动世界文化的形成。

（三）印刷出版传播

上海自清朝以来就一直是中国现代出版业的最大基地，拥有全国最重要的出版社、最先进的印刷设备和最健全的发行网络，汇聚大批出版、印刷和发行方面的优秀人才。

开埠以后，上海逐渐建立自己的出版优势，并取代雕版印刷时代的出版中心，一跃而成为新书业的中心。1905年科举停废之后，上海作为全国出版中心的地位得到进一步巩固。到20世纪二三十年代，上海发展成为亚洲最国际化和最繁华的都市，上海出版业迎来了鼎盛发展时代。

上海作为全国出版中心的绝对优势地位，是由发达的私营出版业奠定和确立的。出版物中最重要的是教科书的编纂、审定和出版。当时全国规模最大、实力最强的五大书局，即"商中世大开"，全都集中在上海。"商"即1897年创办的商务印书馆，"中"是1912年创办的中华书局，"世"即1917年创办的世界书局，"大"即1916年创办的大东书局，"开"就是1926年创办的开明书店。据统计，1934年商务印书馆、中华书局、世界书局三大书局的出版物册数占全国出版物总册数的61%，1935年占62%，1936年上升至71%。若再加上上海其他书局的出版物册数，全国90%的图书均出自上海。

美国学者白鲁恂研究上海出版业时有过一个结论：抗战前夕，商务印书馆一家的图书发行总量，相当于当年美国全国的图书发行总量。

随着日军攻占上海，上海沦为"孤岛"，上海出版业的黄金时代被终结。虽然抗战胜利后一度出现短暂复兴，但紧接着内战爆发，上海出版业再度陷入困境。

综上所述，中国古代和近现代传播研究，局限于某些具体领域，如语言传播、政治传播，没能完成从特殊到一般的飞跃，失之零散，夹杂许多不科学的成分，因而构不成"学"。

凡是对传播现象的关注和探索都可被称作"传播研究"。人类对传播现象的观察和思考有着悠久的历史。早在古希腊和古罗马时代，柏拉图和亚里士多德等思想家就对辩论、对话、说服等主题进行了许多探讨，但"传播研究"不同于"传播学"。

传播研究要构成独立学科,需要自觉性、一般性、系统性和科学性。从古代初始的传播研究,到现代成形的传播学,经历了漫长的发展过程。

从主观方面看,随着社会发展,人类认识能力提高,各种新理论、新学说大量涌现,无论是自然科学还是社会科学都日趋整体化(相互关联、相互启发)。在此背景下,对传播现象的全面把握和系统、科学的认识终于成为可能。

从客观方面看,早期的传播活动比较简单,传播方式和内容都不复杂,没有独立化、职业化的传播活动,也未出现专门的传播机构。随着工业化使整个世界连成一片,传播活动日益频繁化和复杂化,报刊、广播电视等大众传播媒介的登台,给人类带来了全新的、重大的冲击。媒介的增加和媒介社会影响力的不断扩大,使许多社会科学家越来越关注信息与传播的问题,并开始从各自学科背景出发来研究这些问题。1949年,传播学终于在美国诞生。

四、传播学在当代中国的引入和发展

传播学中一些耳熟能详的基本概念或理论,如"议程设置""沉默的螺旋""刻板印象""使用满足""创新扩散"等,都是西方学者先提出来的。他们从具体的传播经验现象出发,经过抽象提炼,形成概念化的公式。长期以来,这些基本概念或理论构成了传播学体系的基石。

当代中国引入传播学,主要是在学者对传播学名词、概念的译介中逐渐发展起来的,历经引进、消化、借鉴和创新的过程。当代中国传播学研究呈现出三次浪潮。

(一)第一次浪潮(20世纪50年代至1982年)

传播学通过早期留学国外的中国学者引进,但规模较小,处于暗潮涌动阶段。1956年,复旦大学新闻系创办《新闻学译丛》,首次刊登介绍"群众思想交通"(这是当时对"大众传播"的一种不准确的翻译)。可惜,随着反右派斗争的开展,这项开拓性工作旋即中断,没有产生广泛影响。

1978年7月,复旦大学新闻系教授郑北渭发表中国第一篇传播学专业文章《公共传播学的研究》,对"传播"这一概念下了定义。此后,有关西方传播学的著作论述开始源源不断地被翻译引进。同年9月,复旦大学成为中国第一家开设传播学课程的高校。

(二)第二次浪潮(1982—1997)

1982年,美国传播学鼻祖施拉姆来华,为中国带来了美国传播学研究,刺激了传播学在当代中国的兴起,掀起了中国传播学研究的第二次浪潮。同时,经由译介,西方的传播学思想开始深入中国。

施拉姆来华由香港中文大学教授余也鲁陪同,余教授借此首次提出了"中国传播学研究"的主题。在同年11月第一次全国传播学研讨会上,余教授提出了"系统了解、分析研究、批判吸收、自主创造"的"16字方针"。这被认为是传播学中国化的一个历史起点。

1983年,由中国社会科学院新闻研究所(现新闻与传播研究所)编辑的中国大陆首部介绍传播学的著作《传播学(简介)》出版。

1989年,戴元光、邵培仁、龚炜合著的《传播学原理与应用》被认为是中国第一本传播学研究著述,该书在对西方传播理论的引进和推介上意义深远。

1997年,经有关部门批准,原新闻学由二级学科提升为一级学科,并定名为新闻学与传播学,传播学正式成为与新闻学并列的二级学科。传播学学科的官方地位自此得到确立。

20世纪90年代,部分学者聚集在"华夏传播"的旗帜下,进一步探讨中国传统文化中的传播问题,举办学术研讨会,出版论文集《从零开始》和首部由海峡两岸十多位传播学学者携手合作的概论性著作《华夏传播论》。

(三)第三次浪潮(20世纪末至今)

2001年,复旦大学新闻学院举办了由高校主导的首届"中国传播学论坛",开始与国际学术规范接轨。

2001年,复旦大学出版社推出由戴元光、童兵、金冠军主编的《20世纪中国新闻学与传播学》5大卷。其中,戴元光所著《传播学卷》全面总结了20世纪中国传播学的发展状况和学术创造,还将学术眼光一直扩展到中国有史以来的文化源头,完整系统地考察了中国传播学思想的方方面面。不仅为现代传播学的许多理论观点找到了最早的思想之"根",而且为21世纪中国传播学体系的建立找到了最可靠的文化根基。

2002年,复旦大学、中国人民大学、中国传媒大学、北京大学、清华大学、武汉大学等高校的新闻与传播院系发起成立了"中国传播学会",这是中国传播学界第一个学术共同体。

2011年之后，媒介技术发展又有了一次新的飞跃。"数字出版""全媒体""数据新闻""大数据""算法""人工智能""区块链""5G技术"等相继成为这一阶段的研究重点。

2017年11月18日，厦门大学举办的"中国新闻史学会中国新闻传播思想史研究会年会"，是现代中国首次跨学科的、比较有系统的有关传播学中国化的讨论。

2018年7月28日，由厦门大学研究所主办、中国传媒大学出版社出版的《华夏传播研究》集刊正式创刊。这个出版平台助力中国传播学界在国际传播学界发出中国声音，推动传播学"中华学派"早日形成。

21世纪，传播学研究走向两极：一极是建立一个研究传播普遍规律的学科，适合各方面、各领域，这是基础理论；另一极是将传播学细化、分支化、内容专业化，跨学科、跨专业。

构建传播学中国学派是当代中国传播学研究者的使命，大致可以做如下三点：首先，对中国丰富的传播实践和传播研究史遗产进行继承研究、验证总结、升华提炼，以期形成科学理论。其次，研究当代中国传播思想和实践，从大量传播思想和实践经验中提炼出概念和规律。最后，在全球化背景下，中国学者在持续引进、吸收、消化西方传播学时，也要突破学科壁垒与知识藩篱，努力创造出新颖、独到的概念体系、理论框架和思想体系，以独特的视角发现中国问题，解决中国问题，以期建立传播学中国学派。

复习与思考

开篇案例：《诗经》的传播

1. 哪五大要素构成传播活动？
2. 《诗经》的传播媒介有哪些？

第一节 传播的概念和类型

1. 列举"传播"概念的代表性定义。
2. 传播活动细分为哪些类型？

第二节 传播的模式和功能

1. 说说四类传播模式的代表人物并画出模式图。
2. 请从不同角度分析传播的功能。

第三节 传播学的兴起和发展

1. 传播学兴起的条件有哪些？

2. 传播学四大奠基人和一位创始人对传播学有什么贡献?
3. 传播学研究的三大学派各有什么特点?

第四节　中国人的传播思想和实践

1. 中国古代有哪些传播思想和实践?
2. 中国近现代为什么出现了新的传播类型?

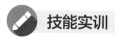 技能实训

通过对话来感受自我与他者的传播

一、实训要求

仔细阅读下面一段文字,分析文字中体现的传播思想及实践指导价值。

二、实训目的

强化学生对有实践指导意义的传播理论的认识。

三、实训组织

学生分成两人一组,讨论下面一段文字中体现出哪些传播思想及其在实践中的指导价值。在小组讨论中感受自我与他者观点的差异,以及观点的表达方式的差异。

四、阅读资料

两个人能否超越表面印象,建立更深层次的关系?

现象学指从个体自身的立场出发对日常生活进行意象分析,探索理解自我和他人经验的可能性。现象学特别强调基于自身主观经验的个体认知和诠释。对现象学家而言,个人的生活故事比任何研究假设和传播箴言更重要、更权威。

两个人能否超越表面印象,建立更深层次的关系?心理学家卡尔·罗杰斯基于多年非指导性心理咨询经验,确信个人和关系的发展的确是可能的。

罗杰斯相信,假如他为来访者创造出安全的沟通环境,他的健康状况就能得到改善。他提出让个性和关系获得改善的三个充分必要条件。来访者如果认为心理咨询师言行一致、无条件地给予肯定和尊重、以同情心来理解,他们的病情就会或将会有所好转。

虽然罗杰斯的三大充分必要条件是从治疗过程中总结得出的,但他确信在

所有人际关系中它们都同样重要。罗杰斯和现象学派其他学者的思想散见于教科书与人际传播的教学之中。他们的理论回答了两个问题：为什么建立和维持可信任的人际关系如此困难？怎样才能做到？

五、实训内容

尝试用个人生活故事在两人之间建立和维持可信任的人际关系。

第二章
传播者

教学目标

知识点
1. 传播者的概念、类型和特点。
2. 自我传播的三个认知角度。
3. 认知基模的概念和特点。
4. 群体传播的特点。
5. 集合行为的特殊传播机制。
6. 组织传播内传播的机制。
7. 核心概念：拟态环境。
8. 理解《报刊的四种理论》。
9. 懂得国际传播和全球传播面临的问题。
10. 把关理论。

技能点
1. 传播者提高传播效果的技巧。
2. 把关技能。

思政元素
1. 尊重法律法规，尊重他人隐私。
2. 不轻信流言。

重难点

1. 掌握每类传播者的特点。
2. 认知基模和框架理论的异同。
3. 群体暗示和群体感染的异同。
4. 把关理论。

开篇案例

中国古代成语故事一：三人成虎

庞葱与太子质于邯郸，谓魏王曰："今一人言市有虎，王信之乎？"王曰："否。""二人言市有虎，王信之乎？"王曰："寡人疑之矣。""三人言市有虎，王信之乎？"王曰："寡人信之矣。"庞葱曰："夫市之无虎明矣，然而三人言而成虎。今邯郸去大梁也远于市，而议臣者过于三人矣。愿王察之矣。"王曰："寡人自为知。"于是辞行，而谗言先至。后太子罢质，果不得见。

（出自《战国策·魏策二》）

庞葱要陪太子到邯郸去做人质。庞葱对魏王说："现在，如果有一个人说大街上有老虎，您相信吗？"魏王说："不相信。"庞葱说："如果是两个人说呢？"魏王说："那我就要疑惑了。"庞葱又说："如果增加到三个人，大王相信吗？"魏王说："我相信了。"庞葱说："大街上不会有老虎是很清楚的，但是三个人说有老虎，就像真有老虎了。如今邯郸与大梁的距离比我们到街市远得多，而毁谤我的人超过了三个。希望您能明察秋毫。"魏王说："我知道该怎么办。"于是，庞葱告辞而去，而毁谤他的话很快传到魏王那里。后来，太子结束了人质的生活，庞葱果真不能再见魏王了。

案例分析

三人成虎比喻说的人多了，就能使人把谗言当作事实。这个故事充分体现了群体传播谗言的威力。

中国古代成语故事二：曾子杀人

昔者曾子处费，费人有与曾子同名族者而杀人，人告曾子母曰："曾参杀人。"曾子之母曰："吾子不杀人。"织自若。有顷焉，人又曰："曾参杀人。"其母尚织自若也。顷之，一人又告之曰："曾参杀人。"其母惧，投杼逾墙而走。夫以曾参之贤与母之信也，而三人疑之，则慈母不能信也。

（出自《战国策·秦策二》）

译文

从前曾子（曾参）在费邑，费邑有与曾子同名同姓的人杀了人。有人告诉曾子的母亲说："曾参杀人了。"曾子母亲说："我儿子是不会杀人的。"照常织布。过了一会儿，又有人来告诉曾子母亲说："曾参杀人了。"曾子母亲还是照常织布。又过了一会儿，再来一个人告诉曾子母亲："曾参杀人了。"曾子母亲害怕了，丢下织布梭子翻墙逃跑了。曾子是有名的贤人，曾子的母亲也相信自己的儿子是贤人。然而，有三个人怀疑他，就连慈母也不再相信自己的儿子了。

案例分析

曾参是孔子学说的主要继承人和传播者，以贤德出名，在儒家文化中具有承上启下的重要地位。但在屡次三番的流言面前，就连最了解曾子品行的曾母也相信了儿子杀人的传闻，可见流言传播的杀伤力。李白在《答王十二寒夜独酌有怀》中感叹道："曾参岂是杀人者，谗言三及慈母惊。"

从上面两个成语故事可以看出，《战国策》的文章长于说事，个人陈述或双方辩论都善于运用巧妙生动的比喻，通过有趣的寓言故事畅所欲言，具有很强的说服力。

第一节 传播者概述

一、传播者的含义

传播者是传播行为的发起人，是利用某种传播技术和工具，以发出的信息主动作用于他者的个人、群体、组织和机构等。传播者又称传者、信源等,其基本职能是收集、处理和传播信息。

传播者处于信息传播链条的第一个环节,不仅决定传播活动的存在与发展,而且决定信息内容的质量与数量、流量与流向,还决定对信宿的作用与影响。

在人类社会传播中,传播者可以以个人形式出现,如人际传播,也可以以群体组织的形式出现,如群体传播、大众传播。

传播者这一概念是相对的,在传播过程中,它与受传者的身份可以互换。

二、传播者的分类

根据传播者的社会身份分类,有不同的职业称谓。例如,老师是知识的传播者,歌唱家是声乐艺术的传播者。

根据传播的主要内容,可以分为科技传播者、教育传播者、艺术传播者、宗教传播者等。

根据主要使用的媒介,可以分为图书编辑、影视导演、互联网论坛版主、博客大 V 等。

根据对媒介的依赖程度,可以分为直接传播者和间接传播者。

根据传播能力,可以分为普通传播者和超级传播者。例如,在公共健康领域,超级传播者专指具有较强传染性的感染者,比其他患者更容易传染其他人,从而影响疫情的扩散速度及规模等。

根据传播者的活动范围,可以分为人内传播者、人际传播者、群体传播者、组织传播者、大众传播者、国际传播者和全球传播者。

将大众传播者看作个人、组织和社会的混合体,依据小、中、大三个层次,可以分为大众传播者(个人)、大众传播媒介(组织)和大众传播制度(社会)。

根据传播者是否具有职业性,可以分为普通传播者和职业传播者。职业传播者又可分为专业传播者和非专业传播者。

三、传播者的特点

不同的传播者有与其类型匹配的特点,其中,专业传播者具有如下特点。

1. 代表性

专业传播者,特别是新闻记者,虽然也是社会大众中的一员,但是一旦从事职业传播,便具有一定的代表性,即代表一定的传播部门、传播组织、政党和阶层进行新闻传播活动。不论在哪个国家,大众传播者都是有代表性的。他们发布和传播的信息无不具有一定的倾向性和思想性,反映并代表一定阶层、集团、组织的利益、愿望和要求。

2. 自主性

虽然代表性的特点意味着传播者的言行有一定的受控性和约束性,但他们仍有较大的传播自主性。面对同一新闻事实,记者可以自主地采用他认为适当的形式和内容来写作和传播。播音员和导播在播报和处理文字新闻时,在语调、语气、语速、音量、表情和先后次序等方面都有一定的自主性。

3. 专业性

一是指新闻传播者需经过新闻传播教育的特殊训练,拥有一定的专业知识和专门技能,方有从事职业传播的资格;二是指新闻传播者需具备一定的专业观念、专业精神和职业道德、新闻敏感,才能做好新闻传播;三是指专门从事新闻传播工作并以此谋生的人的职业特点;四是指从事新闻传播工作有相关职业标准和协会组织。

4. 集体性

大众传播媒介进行信息传播往往需要集体合作。报纸、广播、电视新闻报道,看上去很像一个人的作品,实际上背后有一群传播者。正是露面的人和不露面的人一起合作,才共同组成了大众传媒的传播者。

5. 复杂性

在大众传播中,专业传播者不仅人数众多、协调性强,而且分工复杂。以电影、电视为例,它们集声、光、电于一身,聚采、编、播于一体,汇摄、录、剪于一堂,加上美术、化妆、服装、演奏、指挥等人员,其构成分工十分复杂,队伍也日益庞大。

信息传播就像接力赛,一则信息从传播者到受众,往往需要许多人参与其中,而每个参与其中的传播者,都可能在传播过程中加进一些合意内容,舍弃一些违意内容。例如,编剧、导演、演员、作词、作曲、配乐、指挥、演奏者、歌唱家在传播艺术信息时,记者、编辑、导播、播报员在传递新闻信息时,都会在自己所处的关口发挥信息把关和管控作用,从而决定信息的质量、形式和数量。

第二节 个人传播者

一、人内传播者

人内传播者,也称内在传播者或自我传播者,指接受外部信息并在人体内部进行信息处理活动的个人。人们往往意识不到这也是传播,但它无疑也是一种"传受信息的行为或过程",只不过传者和受者的角色由一个人扮演。

自我传播属于人体内部的传播,但仍然能够通过人的活动表现出来,可以从生理、能动思维和社会心理的角度进行考察。

(一) 从生理角度考察

人能够进行人内传播,与人体的生理机制分不开。人内传播一般是由感受刺激、神经传导、大脑活动和肌体反应等若干环节和要素构成,而这些环节和要素同时也是人的身体所固有的功能。这意味着人体本身就是一个完整的信息传播系统。

人的身体具有一般信息传播系统的特点:既有信息接收装置(感官系统),又有信息传输装置(神经系统);既有记忆和处理装置(大脑),又有输出装置(发声等表达器官及控制这些器官的肌肉神经);既是一个独立的有机体,又与自然和社会外部环境保持普遍联系。

事实上,每个正常人都可以说是一架集传送、接收、贮存和加工等机能于一身的无比精巧的信息处理器。作为个体系统之活动的人内传播,是一切社会传播活动的基础。

(二) 从能动思维角度考察

人内传播是个人体内的信息处理过程,是个人自我意识主导下的信息传播活动,但这个过程和活动不是孤立的,它的两端都与外部环境保持衔接关系:作为个体信息系统,它的信息输入源泉来自外部自然和社会环境,信息输出对象也是外部环境。

人内传播虽然与人的生理机制密切相关,但它在本质上是对社会实践活动的反映,具有鲜明的社会性和实践性。离开了人的社会实践,人内传播与其他动物的体内传播就没有本质区别。

人内传播不是对外部世界的消极的、被动的反应,而是积极能动的反映。这种能动性表现在人的意识和思维活动具有生产性和创造性,它不是对已有的知识、观念、思想进行简单复制,而是通过积极的精神劳动,在已知的基础上不断发现未知,创造新知识、新观念和新思想。人内传播伴随创造性思维成果,是推动人类文明发展的巨大力量。

人内传播是其他一切传播活动的基础,任何一种其他类型的传播,如人际传播、群体传播、大众传播等,都必然伴随人内传播的环节,而人内传播的性质和结果,也必然会对其他类型的传播产生重要的影响。

(三) 从社会心理角度考察

1. 米德的主我与客我理论

最早从传播的角度对人的自我意识及其形成过程进行系统研究的,是美国社会心理学家乔治·赫伯特·米德。米德从传播和社会互动的角度考察人的自我意识的形成过程,他的主要论著收录于《心灵、自我与社会》(1934)一书。

米德在研究人的内省活动时发现,自我意识对人的行为决策有着重要影响。自我可以分解成相互联系、相互作用的两个方面:一方是作为意愿和行为主体的"主我"(I),它通过个人围绕对象事物从事的行为和反应具体体现出来;另一方是作为他人的社会评价和社会期待之代表的"客我"(me),它是自我意识的社会关系性的体现。人的自我意识就是在这种"主我"和"客我"的辩证互动的过程中形成、发展和变化的。"主我"是形式(由行为反应表现出来),"客我"是内容(体现了社会关系的方方面面的影响),"客我"可以促使"主我"发生新的变化,"主我"也可以改变"客我",两者的互动不断形成新的自我。

人内传播是一个"主我"与"客我"之间双向互动的社会过程。互动的介质是信息,用米德的话来说即"有意义的象征符"。"有意义的象征符"可以是音声的,也可以是形象的。

米德因而创立了象征互动理论。该理论认为,"有意义的象征符"不但能够引起他人的反应,而且能够引起使用者自己的反应。作为人内传播的思考活动,就是通过"有意义的象征符"来进行的。

2. 布鲁默的自我互动理论

赫伯特·布鲁默,美国社会心理学家,符号互动理论的集大成者。1969 年出版《符号互动论》一书,提出人能够与自身进行互动——自我互动。布鲁默的自我互动理论,是对人内传播的社会性和互动性的一个很好的说明。

布鲁默认为,人是拥有自我的社会存在,人在将外界事物和他人作为认识对象的同时,也把自己本身作为认识对象。在这个过程中,人能够认识自己,拥有自己的观念,与自己进行沟通或传播,并能够对自己采取行动。

布鲁默指出,从本质上来说,自我互动是与他人的社会互动的内在化,也就是与他人的社会联系或社会关系在个人头脑中的反映。不过,自我互动并不是与他人的社会互动在头脑中的简单再现,而是具有独自的特点。换言之,在自我互动过程中,人脑中会出现关于他人期待的印象,这些期待具有一定的意义,个人会考虑这些期待对自己意味着什么。

然而,个人又不是原封不动地接受这些期待的。在人内传播的过程中,个人会沿着自己的立场或行为方向对他人期待的意义进行能动的理解、解释、选择、修改和加工,并在此基础上重新加以组合。

经过这个过程的他人期待已不是原来意义上的他人期待,它所形成的自我也已不是原来意义上的自我,而是一个新的行为主体。

布鲁默的自我互动理论有助于我们理解社会传播与个人的自我的关系。它告诉我们,人不但与社会上的他人进行传播,而且与自己进行传播,即自我传播。自我传播同样具有社会性,是与他人的社会传播关系在个人头脑中的反映。

自我传播对个人具有重要的意义。通过自我传播,人能够在与社会、他人的联系上认识自己、改造自己,不断实现自我的发展和完善。

3. 内省——人内传播的一种形式

内省,是人对自己的一种反思活动,是一种重要的人内传播形式。

内省可以分为两种。一种是日常的、长期的自我反思活动,以完善个人的品德和行为为目的,具有明显的长期目标性和连贯性。儒家自孔子开始就特别强调自我反省对于一个人道德修养的意义,并将之视为学习成长的一种重要途径。孔子弟子曾子在《论语·学而》中说:"吾日三省吾身:为人谋而不忠乎?与朋友交而不信乎?传不习乎?"另一种是短期的、以解决现实问题为目的的自我反思活动,称为内省式思考。

根据米德的研究,内省式思考并不是在日常生活的每时每刻都发生的,只有在一个人遇到困难、障碍等新的问题,并且难以判断既有的行为方式是否适用之际,才会活跃起来。

在面临新问题的情况下,因为个人不知道过去的习惯做法是否合适,所以通常不会立即做出行为反应。在反应滞后、行为停止期间,内省式思考就会活跃起来,通过人内传播来做出如何解决新问题、适应新情况的决策。

内省式思考的过程并不是封闭的,而是与周围的社会环境、他人有着密切的联系。在内省过程中,人的头脑中会出现他人的形象,个人会分析和推测别人是如何考虑的、别人对这个问题会采取什么态度等,只有在与他人的联系上,才能形成个人自己的态度轮廓,考虑自己应该怎么做。这也是一个重新构筑自我与他人关系的过程。因此,内省式思考的过程也是一个社会过程。

米德认为,内省式思考不仅是一个横向的社会过程,而且是一个将过去和未来联系起来的、纵向发展和创造的过程。在这种活动中,个人会把迄今为止有关该问题的社会经验和知识积累(作为有意义的象征符号而保存在头脑中的记忆信息)全部调动起来,对它们的意义重新进行解释、选择、修改和加工,在此基础上创造出与新的状况相适应的新的意义和行为。由此,内省式思考也是超越既有意义、开创新意义,超越既有行为方式、开创新的行为方式,与人的未来发展密切相关的一种活动。

内省式思考的这些特点同时也是人内传播的特点。它充分说明,人内传播在本质上是人的社会关系和社会实践的反映。这种反映不是对社会关系或实践的消极、简单的复制,而是一种能动性的创造活动。因此,人内传播也是推动社会发展的强大动力。

综上,个人能进行人内传播,与人体的生理机制分不开,与个人具有能动的意识和思维活动分不开,与个体自我具有鲜明的社会性和明确的互动性也分不开。

二、个人信息处理的基模理论

(一)基模的概念

面对扑面而来的海量信息,人们能做到有条不紊地处理,是什么机制在发挥作用呢?

对此,认知心理学提供了一种说明:我们之所以能够快速有效地认知、分析和判断新信息或新事物,是因为人类大脑中有一种被称为"认知基模"的东西在起作用。

基模的英文原词是 schema,中文也译为"图式",它是瑞士心理学家皮亚杰在研究儿童成长和认知发展过程中提出的一个概念,后来被广泛应用到教育学、信息处理和传播学研究当中。

基模,指人的认知行为的基本模式,或者叫心智结构、认知结构、认知导引结构。它是一种先入为主、自上而下的过程。当我们接触到一个新信息或新事物、遇到一个新事件或者进入一个新场景的时候,我们过去相关的经验和知识会导引我们迅速地对新的状况做出认识、推理和判断,并及时地做出态度或行为反应。

认知基模理论有神经生理学理论的支持。神经科学家发现,人脑约有1 000亿个神经元,神经元通过100万亿个突触传递指令,使大脑能够以闪电般的速度识别图案,完成记忆并执行其他学习任务。

成人大脑里有数百万个"沉默突触"——不成熟的神经元连接,在需要帮助形成新记忆之前一直处于不活跃状态。神经突触的存在可以解释大脑如何能够吸收新信息。神经突触是记忆存储的载体,突触的生成和删除构成了人类大脑可塑性的基础。

(二)基模的特点

总体而言,基模能帮助我们进行认知,是因为具有以下四个特点。

第一,基模是人与生俱来的行为模式之一,但是随着人的成长可以发展和改造。当个人遇到新的状况时,往往会启动相关基模来进行核对和处理,而每次处理的结果会使原有基模发生改变。因此,每个人的基模会随着年龄增长而变化,不同的社会化环境和文化背景也会形成基模的差异。

第二,基模是一种知识分类体系,呈层化结构,类似于一个树形图。基模具有某种程度的一般化和抽象化的性质,并有从较抽象向较具体分层的结构特点。

第三,基模是知识的集束或有机的联合。基模中包含知识、经验和对各种事物之间的关系的认识,也包含价值,甚至情感倾向。它们按照一定的关联性以有机的结构预存在大脑中。

第四,基模的功能是当我们遇到新的信息时,通过动员和组织原有的知识和经验、补足新的要素来处理新信息、对新信息的性质做出判定并预测其结果,以确定我们对新信息的反应。因此,基模具有预测和决策控制功能。

(三)基模的种类

不同类型的基模,帮助我们处理不同类型的信息。基模有各种各样的分类,最常见的类型有：

个人基模，我们对特定个体的特点和目标的看法；

自我基模，我们对自我特征的看法；

角色基模，我们根据社会身份、地位产生的期待；

事件基模，也称"剧本"，主要描述我们所熟悉的事件的程序；

与内容无关的基模，描述不同内容元素之间的关系，包括平衡基模、现行基模、因果基模、类比基模等。

基模应用在个人层面，是一个自动、无意识的过程，但确实对我们的认识、判断和行为反应起着重要的制约作用。

基模作为大脑预存的认知结构，影响每个人信息处理的全过程及其结果。基模和个人信息处理过程研究的相关成果，也应用到传播效果研究领域。

（四）基于基模理论的信息处理过程模式

罗伯特·阿克塞尔罗德（Robert Axelrod），美国科学院院士，密歇根大学政治学与公共政策教授，著名的行为分析及博弈专家，是把计算机模型运用到社会科学问题领域的权威学者。他用动态博弈研究人类社会的合作关系，著有《合作的进化》和《合作的复杂性》。

1973年，他在《美国政治科学评论》上发表《认知与信息处理过程的基模理论》一文，提出一个信息处理过程模式（见图2-1）。

当人们收到新信息时，头脑中的相关基模会被激活，会思考是否已有对该事件的解释。

当新信息与某些旧描述吻合时，人们会使用所选基模修改和延伸该事件，提升基模的可及性，提升信源可信度，提升对解释的信任度。

当新信息与认知基模不吻合时，人们会比较新旧信息的各种特征，结果是要么采用旧解释，要么采用新阐释。

新信息的处理结果对认知基模会产生两种影响：如果处理结果与原有基模相吻合，会起到强化原有基模的作用；如果处理结果与原有基模有矛盾之处，则会修改原有基模，形成新的认知基模。

每次信息处理的结果，无论是强化原有基模，还是形成新基模，都会作为分析、推理或判断的依据参与到下一个信息处理过程中。

该模型说明，在个人对信息进行处理时，基模起着核对、审查者的作用。但

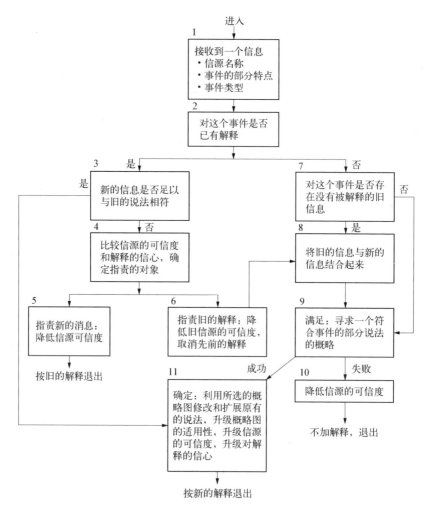

图 2-1　阿克塞尔罗德信息处理过程的基模模式

资料来源：[美]沃纳·赛佛林、小詹姆斯·坦卡德：《传播理论：起源、方法与应用》（第 5 版），郭镇之等译，中国传媒大学出版社 2006 年版，第 57 页

是由于每个信息的性质不同，信息与人们的关系不同，人们对信息处理的重视程度和参与程度不同，人们对原有基模的自信程度不同，信息处理过程是多样性的。

（五）详尽分析可能性理论

详尽分析可能性理论是由心理学家理查德·E. 佩蒂和约翰·T. 卡乔鲍在 1986 年提出的。

该理论认为,每个人都会以两种不同方式处理信息:一种是详尽方式,用严谨思考来处理信息,称为沿"中心路线"处理信息;一种是简单、粗略地处理信息,称为沿"边缘路线"处理信息。

中心路线与信息的详述有关。详述是"一个人在以说服为目的的沟通中仔细思考与议题相关的论据的程度"①。在理性加工新信息的尝试中,采用中心路线的个体将仔细审核信息中的论据,试图弄清楚它们的真正含义,并反复琢磨其中的暗示。详述需要高水平的认知努力。图 2-2 呈现了详尽分析可能性模型。模型左端代表对论据的努力推敲,模型右端代表对无关内容线索的无意识依赖。绝大多数信息会得到位于两级之间中等程度的注意力,权衡总是存在。

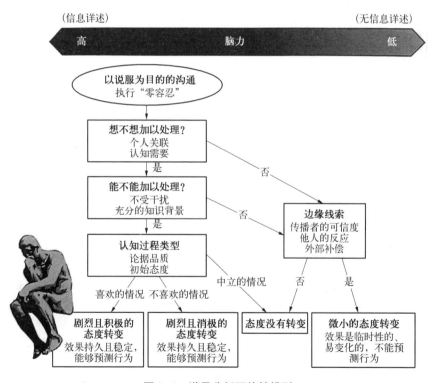

图 2-2 详尽分析可能性模型

资料来源:[美]埃姆·格里芬:《初识传播学》,展江译,北京联合出版公司 2016 年版,第 207 页

---

① Richand E. Petty & John T. Cacioppo, *Communication and Persuasion: Central and Peripheral Routes to Attitude Change*, Springer-Verlag, 1986, p.7.

边缘路线提供一条"无须主动思考议题特性或目标"[1]就迅速拒绝或接受某个信息的心理捷径。信息接收者不进行大量的认知努力,而是借助一些线索帮助他们快速决定。

中心详尽分析发生的概率主要与当事人的动机和能力有关。当个人与信息涉及的问题关系密切、有较强的认知需求或较强的责任感,并且具备相应的认知能力时,个人会沿着中心路线来处理信息;反之,沿着边缘路线来处理信息。

在同一问题的处理过程中,上述两条路线也许同时存在。如果对信息的某些特征、环节、细节比较关注,个人会沿着中心路线来处理信息;如果对一些特征、环节或细节没有兴趣或参与动机,则沿着边缘路线来处理信息。

沿边缘路线处理信息是迅速的基于基模的信息加工。沿中心路线处理信息则是系统的、深思的、注重细节的判断过程。一般认为,由中心路径的详尽信息处理所引起认知结构和基模的变化更深刻。

(六)安德森的信息整合理论

安德森在1981年提出信息整合理论。该理论聚焦传播者如何积累和组织有关人、事物、情境或思想的信息,并且在此基础上形成态度。

该理论将态度改变描述为新信息与旧信息的结合过程,用以解释人类如何将不同的信息整合于一体。旧信息由当前的态度组成,而新信息由说服性消息组成。

每条信息都有两个评估指标:等级值和重量值。等级值指接收者对信息的喜好程度,重量值则指信息对接收者的重要程度。态度的改变过程,实质是包括两个认知变量(等级值和重量值)的函数式,用数学公式来表示。在实践中,不同的变量可能导致非常不同的结果。

三、人际传播者

人际传播者指在两个及以上的行为主体间进行信息交流的人,是社会生活中最直观、最常见、最丰富的传播角色。人际传播的场景丰富多彩,人际传播者的形象因此而千差万别。

---

[1] Richand E. Petty & John T. Cacioppo, *Attitudes and Persuasion: Classic and Contemporary Approaches*, Wm. C. Brown, 1981, p.256.

（一）人际传播者的传播动机

第一，获得信息。这里所说的信息是狭义的，即关于生产、生活和社会的有用情报。人们据此不断调节自己的行为，以适应新的变化，保障生存发展。在人际传播中，这种信息交流有正式的，如个人之间的咨询和解答；也有非正式的，如聊天、闲谈等。

第二，与他人建立社会协作关系。社会协作是广泛的，既包括一般意义上的角色分担，也包括各种活动中的行动协调。要谋求与他人合作，就必须积极进行说明、解释、协商等各种各样的人际传播或沟通活动。

第三，自我认知和相互认知。个人要与他人建立有效的社会协作关系，一个基本前提是既要了解自己，又要了解他人，还要让他人也了解自己。一个人社会成就的高低，在很大程度上受到他的自我意识的影响，而自我意识是在与他人的社会交往和传播中形成的。

除自我认知外，相互认知也是确立有效的社会协作关系的重要条件。协作伙伴具有什么样的人品和性格，是否值得信赖，其能力和实力如何，与对方合作可以到什么程度，如此等等，都是合作双方希望了解的问题。而这一切都离不开大量的人际传播。

第四，满足人的社会性精神和心理需求。包括建立和谐的人际关系，拥有自己的社交圈子和娱乐伙伴，与周围人保持融洽关系，保持良好的精神状态，有利于人的身心健康。社会心理学的研究成果表明，调节个人的心理状态是人际传播的一个重要功能，它能够帮助人们摆脱个人独处所产生的孤独感、逃避日常生活中的烦恼、寻求心理压力的释放渠道等。

综上所述，寻求关于生产、生活和社会的有用信息从而进行环境适应决策，建立与他人的社会协作关系，自我认知和相互认知，满足人的社会性精神和心理需求，是健全、有理性的人从事人际传播的基本动机。

当然，正如社会生活是复杂多样的，人际传播的动机也是复杂的，甚至会有各种异常动机。

（二）人际传播者的特点

人际传播者大致可分为两类，一是面对面的传播者，二是借助某种物质媒介的传播者。

面对面的人际传播者，有以下三个重要特点。

第一,可使用多种方式传播信息。不仅可以使用语言,而且能够运用表情、眼神、动作等多种渠道或手段来传达和接收信息。

第二,可及时反馈,高频互动。传受双方都可以随时根据对方的反应把握自己的传播效果,并相应地修改、补充传播内容或改变传播方法。在说服和沟通感情方面,传播效果更好。

第三,传播行为具有自发性、自主性和非强制性。人际传播主要是建立在自愿和合意基础上的活动。双方都没有强制对方的权利,也没有接受强制的义务。

借助某种物质媒介的人际传播者,具有以下三个重要特点。

第一,虚拟性强。网络人际传播者的虚拟性与匿名性紧密相连。匿名性既给信息传播者说假话的方便,也打消了说真话的顾虑。网络人际传播者匿名设定的化名、符号,其虚拟性、间接性和隐蔽性,也给网络欺诈提供了方便。

第二,具有现实性。满足人的现实需要的电子邮件、电子商务、网络直播、网络教学等人际传播者,跨越时空实现直接交流,免去了现实中人际传播的多重中间环节。

第三,传递和接收的信息量大,具有可选择性。

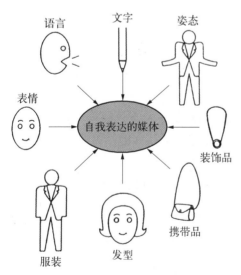

图 2-3　自我表达的媒体

资料来源:郭庆光:《传播学教程》(第二版),中国人民大学出版社 2011 年版,第 75 页

(三)人际传播者的自我表达

自我表达,即传播者将自己的意志、感情、意见、态度和身份等向他人表达的活动。自我表达是否准确,表达方式是否合适,直接影响人际传播的效果。

1. 语言是核心表达媒体

人际传播本质上是人与人之间交换信息和意义的活动。交换的质量如何在很大程度上取决于它的媒体(符号载体)。在这里,媒体可以理解为任何能够传递信息的手段和渠道(见图 2-3)。

人际传播的核心媒体无疑是语言。语言分为声音语言和书写语言。

声音语言是人际传播和自我表达的最基础的媒体。人们不仅用语言传递讯息内容的本义,还通过声调、速度、音量、节奏等传递与说话者相关的背景信息。因此,即便是同一条讯息内容,音量的大小、语气的软硬、声调的高低、节奏的快慢、韵律的有无等,都会引起听话者的不同反应。

书写语言是在文字发明的基础上产生的。在不能或不便使用声音语言的场合中,书写语言便成为人际传播最常用的沟通工具。书写语言不仅用来写文章,也是自我信息表达的重要手段。例如,在手写的文字中,字的大小、笔画的粗细、工整或潦草等,都在传递书写传播者的个性、素养等重要信息。

2. 身体是自我表达的重要媒体

除了有声口语和书面语之外,体态、表情、眼神、身体接触、服装、发型等,都是自我表达的重要媒体。

美国社会学家欧文·戈夫曼指出,在若干人相聚的场合,人的身体不仅是物理意义上的工具,还能够作为传播媒体发挥作用。

姿态是自我表达的有效媒体之一。姿态在狭义上指手势和身体的各种活动姿势,在广义上把面部器官活动构成的表情、神色等包括在内。

行为心理学的研究证明,人的很多姿态,如打哈欠、交臂胸前或改换坐姿等,是为了满足生理需求而进行的,有些姿态则是人的心理的无意识流露。在许多情况下,姿态也是人积极地进行自我表达的重要手段。

日本学者船津卫认为,在传播和自我表达活动中,体态至少有以下五种功能。

第一,强调语言。例如,讲话中配合挥手握拳、上身前倾等动作,以加强语言的力量。

第二,补充语言。在语言表达不充分的时候,起到补足语言的作用。例如,话说了一半,而后半部分用摆手、点头、摇头等加以补充。

第三,代替语言。在使用语言困难或不便明说等情况下,使用动作来传达意义。例如,用耸肩表示无可奈何,用撇嘴表示蔑视,用眼神传达其他较为隐秘的含义等。

第四,控制语言。人可以利用体态所形成的情境对语言的效果加以限制和制约,眼神、表情和动作都可以起到这种作用。例如,一个人嘴里说着"我很高兴"时却板着面孔,那么这句话的效果是要大打折扣的。

第五,表达超语言的意义。在许多场合,体态或动作比语言本身更具雄辩力。高兴的人表示理解和同意的时候,深深的点头可能比直接的语言表达效果更好。

总之，单纯的语言表达有一定限度，将手势、表情、眼神、动作等体态与语言有机地进行结合，能够表达更丰富的意义，也能传达一个更丰富的自我。

3. 外观形象与自我表达

每个人都有自己的外观形象。外观既包括身高、体形、脸型、发型等身体特征，也包括通过服装、饰物、随身携带品的使用等形成的氛围特征。自古以来，人就非常重视自己的外观，现代人尤其如此。外观形象是自我表达的重要手段，它所传达的信息形成人际传播中的第一印象。

任何一种外观特征都具有特定的意义。服装不仅具有遮体御寒等实用功能，也是一个人的性别、年龄、职业、地位、文化的象征。在工作之外，不同的装束也体现了人的不同个性。

发型的象征意义更加丰富，它可以显示一个人的风度、个性、教养、素质等。

不仅是服装和发型，各种各样的化妆品和随身携带品等，也都可以起到自我表达的作用。对个人来说，现代社会是一个风格传播和个性传播的时代，利用外观形象来展现与众不同的风格和个性是现代时尚大潮的主流。

4. 自我表达与社会价值规范

个人进行自我表达活动，是为了使他人能够充分认识和评价自己。不进行自我表达便不可能得到这种认识和评价。

自我表达是以他人为对象和在特定的社会、文化环境里进行的，如果不顾及他人和社会价值与规范，一味地以自我为中心，那么这种表达不但不会收到好的效果，反而会招致误解和被社会孤立。

展示个性是自我表达的一个重要方面，但这种展示如果超出普遍认可的社会准则和价值规范，甚至达到伤风败俗的程度，同样会遭受蔑视而使自己陷于孤立。因此，自我表达应该符合社会普遍认可的真善美价值尺度。

第三节 群体传播者

一、群体传播者的概念

（一）群体的含义

群体的概念是广义的。它不仅包括由面对面的互动所形成的具有亲密的人际关系的家庭、朋友、近邻街坊和娱乐伙伴等初级群体，也包括具有某种共同社会属性的间接社会集合体（次级群体），如因性别、年龄、职业、阶层等形成的群体；既包括联系松散、自发形成的社会群体，也包括有制度化严密分工和严格纪律的职能群体（组织），如政党、军队、团体、企业等。群体成员在性别、年龄、文化程度、社会观念、兴趣爱好、心理特征等方面如果有大致相同的特点，很容易发生相互作用。

在传播学中，用"群集"（cluster）概念描述由临时参加或卷入事件、活动的人们组成的群体。例如，人们外出旅游、观看现场演出，会不自觉地加入群集中。

（二）群体传播者的含义

群体传播者指参与群体传播的个体或机构组织。群体传播是一定数量的群体成员按照一定的聚合方式，在一定的场所进行信息交流，从而连接并实现共同目标和协作意愿。

群体传播会形成群体意识、群体规范，产生群体压力，还会引起遵从心理和从众行为。虽然不同的群体传播者具有不同的个性特点，但在传播活动中都要受群体形成的规范的调节和群体压力的制约，保持大致统一的行为目标和认知结构。

二、群体意识与群体规范

群体意识，指参加群体的成员所共有的意识，包括：关于群体目标和群体规范的合意；群体感情，不仅指由各成员的密切接触和协作而产生的成员间的个人感情，更指群体成员主观境界的融合（精神上的一体化）所产生的"我们"感情；群体归属意识，即群体成员从群体活动中得到某种程度的需求满足而对群体产生的认同感。越具备这几个要素，群体意识就越强；越欠缺这几个要素，则群体意识越薄弱。

群体意识是在群体信息传播和互动中形成的。这种意识一旦形成，就会对群体传播产生重要影响。这种影响主要体现在对成员个人的态度和行为的制约作用上。

群体规范指成员个人在群体活动中必须遵守的规则。群体规范是群体意识的核心内容。广义的群体规范包括群体价值，即群体成员关于是非好坏的判断标准。

一般认为，群体规范的功能包括以下几项：协调成员的活动、规定成员的角色和职责以促进群体目标的达成;通过规范的共有来保证群体的整体合作;通过指示共同的行为方式以维持群体的自我同一性;为成员个人提供安全的决策依据。

在群体传播中,群体规范的主要作用在于排除偏离性的意见,将群体内的意见分歧和争论限制在一定范围内,以保证群体决策和群体活动的效率。群体规范的维持通过群体内的奖惩机制来保证。群体成员的群体归属意识越强,就越倾向于积极维护群体规范。

三、群体压力与趋同心理

在群体内部,传播活动经常是在"一对多"或"多对一"、"少数对多数"或"多数对少数"的场合下进行的。在这种情况下,无论是传播者还是受传者,都会感受到某种程度的群体压力。

群体压力,即群体中的多数意见对成员中的个人意见或少数意见所产生的压力。在面临群体压力的情况下,个人意见和少数意见一般会对多数意见采取服从态度。"个人服从集体,少数服从多数"是群体活动的一个基本原则。它不仅是群体保持协调统一的前提,也是人的社会合作性的体现。人为了进行有效的社会合作,需要对多数人的意见做出一定程度的妥协和让步。

然而,对多数意见的服从决定并不是在任何情况下都是基于理性判断做出的。在不少场合,群体压力也会带来错误的判断,形成对多数意见的盲从。一般认为有两个原因导致这种情况:一是信息压力,二是趋同心理。

信息压力,指一般人在通常情况下会认为多数人提供的信息的正确性概率要大于少数人提供的信息,基于这种信念,个人对多数意见会持较信任的态度。趋同心理,也叫遵从性,指个人希望与群体中多数意见保持一致,避免因孤立而遭受群体制裁的心理。在很多情况下,个人被迫接受多数意见,正是出于这种担忧。

这种个人的观念或行为,由于真实的或想象的群体的影响或压力,而往与多数人一致的方向变化的现象,又被称为从众效应或羊群效应。羊群是一种很散乱的组织,平时在一起也是盲目地左冲右撞,但一旦有一只头羊动起来,其他羊会不假思索地一哄而上,全然不顾前面可能有狼或者不远处有更好的草。

羊群效应表现为对特定的或临时的情境中的优势观念和行为方式的采纳(随潮),或者表现为对长期性的占优势地位的观念和行为方式的接受(顺应风俗习惯)。羊群效应被经济学家用来解释恶性的盲从行为,从众效应被社会学家用来解释社会中的追风现象。

多数意见的支配地位在任何场合并不都是绝对的。群体中少数意见的中坚人物的作用也不可忽视。当少数意见可以对多数派产生有力影响时,甚至可以改变群体已有的合意并形成新的合意。在群体传播中,还有另一种并不基于群体压力和趋同心理的合意形成机制,接下来将讲到。

四、集合行为及其传播机制

在一个社会中,有常态的群体行为,也有非常态的群体行为——集合行为。研究集合行为及其特殊的传播机制,对提高一个社会的传播理性、建设和谐社会具有重要意义。

(一)集合行为的定义及发生条件

集合行为,指在某种刺激条件下发生的非常态社会聚集现象,比如火灾、地震后的群众骚乱,出于某种原因的自发集会游行、种族冲突,物价上涨的流言引起的抢购风潮等。集合行为多以群集、恐慌、流言、骚动的形态出现。

集合行为的产生是有条件的。一般认为,集合现象的产生需要三个基本条件。

第一,结构性压力。例如,在自然灾害、经济萧条、失业、物价不稳、社会不公、政治动荡、种族关系恶化达到临界点等危机状况下,社会上普遍存在不安、不满、焦虑和紧张情绪,这些结构性因素是集合行为发生的温床。

第二,触发性事件。集合行为一般都是由某些突发事件或突然的信息刺激引起的。例如,在人们普遍对经济萧条感到担忧的社会气氛中,一条"某某银行可能要倒闭"的消息便可能引起挤兑风潮,而一条"今晚可能地震"的流言也会引发大量居民露宿街头。近年来频发的网络"人肉搜索"等网民集合行为,也多是由刺激性的网帖信息所引发的。

第三,正常的社会传播系统功能减弱,非常态的传播机制活跃化。例如,在大众传媒公信力丧失、政府信息封锁严重或公开度极低的情况下,人们不太愿意相信报纸、电视等大众传媒的新闻报道和主渠道发布的正式信息,而更倾向于相信来路不明的流言等。

可以看出,在集合行为产生的三个条件中,至少有两个条件与信息传播有直接关系。即便是第一个条件,即人们感受到社会的危机状况和结构性压力,也是社会传播的结果。因此,信息传播贯穿于集合行为的始终。集合行为容易引发破坏性的社会后果。治理集合行为的根本,在于消除它产生的温床或发生的条件。

(二) 集合行为中的特殊传播机制

集合行为中的信息传播与正常的社会传播有很大的不同,它受到一些特殊传播机制的制约。说它特殊,主要指与人类正常的、有理性的传播行为相比,它更具非理性。这些特殊的传播机制主要有以下几种。

1. 群体暗示与群体感染

集合行为中的传播可以分为两个方面,一是信息本身的传播,二是与此相伴的情绪或感情的传播。这两种传播都摆脱不了暗示与感染机制的支配。暗示指不是通过直接的说服或强制,而是通过间接的示意使人接受某种观点或采取某种行为。

暗示在人际传播中是常见的,但接不接受暗示通常基于受传者的理性判断。集合行为中的暗示更接近于临床医学中的催眠暗示。集合行为通常是大量人群聚集于狭小的物理空间,人们保持高密度的接触,参加者通常处于亢奋、激动的精神状态。这些情境状态容易使人们对周围的信息失去理智的分析批判能力,表现为一味地盲信和盲从,周围人的话语、表情、动作,乃至现场的氛围,都成为有力的暗示刺激,使人们的信念、思维和行为方式迅速与现场的人群融为一体。

与群体暗示相联系的另一种机制是群体感染。群体感染指某种观念、情绪或行为在暗示机制的作用下,以异常的速度在集合人群中蔓延开来的过程。传播的速度快,主要原因是在现场亢奋的氛围中成员失去理性的自控能力,而对来自外部的刺激表现出一种本能的反应。

集合行为中的信息和情绪的传播,主要受到暗示和感染机制的制约。在这两种机制下形成的集合行为,往往会对正常的社会秩序造成破坏性的后果。

2. 群体模仿与匿名性原理

群体模仿是解释集合行为中传播机制的另一种理论。模仿是法国社会心理学家塔尔德提出的概念。他在1890年出版的《模仿律》一书中认为,社会上的一切事物不是发明就是模仿。模仿分为无意识模仿和有意识模仿,前者是个人在不自觉状态下对他人行为的反射性仿效,后者则是基于一定动机或目的的自觉仿效。人在社会化过程中的各种学习是一种自觉的模仿或有意识的模仿。

在集合行为,特别是高密度聚集的人群中的模仿,更多表现为无意识、条件反射式的模仿。心理学认为,在具有高度不确定性的突发事件中,每个人都希望与在场的多数人保持一致,并把它作为最有效的安全选择,于是便出现了相互模仿。但是,这种失去理性的相互模仿所带来的结果又可能是最不安全的。例如,在电影院失火时,一个人向出口跑去,其他观众跟着蜂拥而上,极易造成出口堵塞。

匿名性原理可以用来解释非理性模仿的发生。匿名性指个人在去个性化的群体中隐藏自己的一种现象。匿名性原理指人们因为自己的姓名和身份不被知晓而处于一种丧失社会约束力和个人责任感的状态。这种状态往往会导致原始本能冲动行为的发生。

3. 流言现象与流言传播的特点

流言是自古以来社会生活中常见的信息传播现象。一方面,在现实生活中,流言或小道消息最后被证实为事实的事例并不少见。另一方面,流言由于其暧昧性和不可靠性,不容易与谣言相区别,常常引起不良社会后果,故而人们对流言的评价一般是负面的。

美国心理学家奥尔波特与波斯特曼为流言下过一个定义:流言,是一种以口头形式在人们中间流传、涉及人们的信念而目前没有可靠证明标准的特殊的陈述或话题。

流言有四个特点:第一,流言总是以"传播真相"的形式出现,其目的是让人们"确信"或"相信"所传播的言论或消息是"事实";第二,流言传播的渠道主要是人际的口头传播;第三,流言的内容往往涉及一些特殊的事件或敏感的话题,容易唤起人的重视、关心或兴趣;第四,流言是一些没有确切证据的信息,或者说至少在其流行期间缺少可靠的证据。

在网络技术日益普及的情况下,流言传播的渠道、形态和特征有很大变化。在传统社会,流言传播的渠道主要是私下的人际关系口头传播,而在媒介竞争白热化的今天,有些媒体为迎合受众兴趣,有意道听途说、捕风捉影地报道事件,使得"媒介流言"也成了引人注目的现象。网络传播使得流言传播的速度达到实时程度。网络言论主体多样化和匿名性特点,使人们更难判断信息的可靠性,从而使流言这种"信息病毒"有了同时大面积传播的可能。实时大面积传播是当代社会流言传播的特征。

4. 流言发生和传播的条件

在一个社会中,流言的发生和传播受到哪些条件制约?

对此,奥尔波特提出了一个著名的流言流通量公式,认为流言的流通量与问

题的重要性和涉及该问题的证据暧昧性之乘积成正比,即公式:

$$R = I \times A（流言流通量 = 问题的重要性 \times 证据的暧昧性）$$

这个公式指出了流言发生的两个特点:第一,流言通常围绕人们关心的问题、涉及切身利益的重要问题发生;第二,来自正式渠道的、有证据的信息不足,状况的暧昧性、不确定性增加,会推动人们去通过流言渠道寻求信息。换言之,涉及的问题越重要,真相越是含糊不清,流言传播活跃的概率越大。

在后来的研究中,研究人员发现上述两个变量还不足以更准确地阐释流言传播的条件,又对该公式做了进一步的修正。例如,印度心理学家巴萨德在1934年对地震流言的研究中发现,"不安感"是流言发生和传播的重要推动力。美国学者苏姗·安索尼1973年对高中生的试验结果也证明了"不安程度高的人更倾向于传播流言"的结论,并且得到了其他学者同类研究的肯定。因此,目前考察流言的发生与传播通常采用下述公式:

$$R = I \times A \times U（流言流通量 = 与问题的关联度 \\ \times 社会成员的不安感 \times 环境的不确定性）$$

在这里,"关联度"指社会成员与流言信息所涉及问题的关联程度。人们与该问题关系越密切,越有卷入流言传播的可能,并且在通常情况下,流言是从关系最密切的群体中滋生和蔓延开来的。"不安感"强调的是流言发生和传播的心理条件,包含对事件未来发展的解释或忧惧。"不确定性"既指环境的不稳定状态,也指权威信息渠道不畅通或公信力缺失所导致的信息紊乱。

总之,流言总是在一定的社会环境条件、心理条件和信息传播条件下发生和蔓延的。消除流言产生的各种条件,才是治理流言的根本。

5. 集合行为中的信息流

流言是集合行为中的主要信息形态。流言可分为非紧急事态下的流言和紧急事态下的流言。集合行为中的流言属于紧急事态下的流言。

在集合行为中,信息的流动也呈现出一种异常状态。美国社会学家赫伯特·布鲁默认为,集合行为的初步形态是循环反应。循环反应,即一方的刺激成为另一方的反应,而另一方的反应又反过来成为这一方的刺激的循环往复过程。集合行为中的信息流呈现出如下三个特点。

第一,流言信息快速增殖。常态下的流言(小道消息等)通常通过私下的人际渠道传播,流传速度比较慢。而在集合状态下,流言的散布大多以演讲的形式进行,使流言信息连同它携带的情绪异常迅速地弥漫到人群当中。

第二,流言信息变形和奇异回流。在集合行为中,每个人都可以根据自己的意愿改造流言内容。人们不必确认信息的来源。这就导致同一个流言在经过若干人的传递之后,又重新传回它的发布者那里,而这时由于流言增添了许多新的内容,连发布人也很难辨认它的原貌,往往会把它作为新的信息而加以接受。

第三,流言中伴随大量谣言。流言有自然发生的,也有人为制造的,但大多与一定的事实背景相联系;谣言则是有意凭空捏造的消息或信息。

在集合状态下,人们不再具备识别谣言的能力,而谣言能随着流言快速扩散,不断把人的行为引向极端,直至造成破坏性的后果。

在集合行为中,总有一些别有用心的煽动者和利用者,通过散布谣言来操纵人群。沃顿商学院市场营销学教授乔纳·伯杰在《疯传:让你的产品、思想、行为像病毒一样入侵》一书中指出,愤怒和惊奇的情绪会促进人们分享。令人惊奇的文章成为最常被转发文章的可能性比普通文章要高30%。这就是为什么很多谣言一开头就加上"震惊""可怕"这样的词汇。

综上所述,引起社会骚动的集合行为中的信息传播是受到许多异常的、非合理的机制制约的。传播学应该探索诸多非常态传播现象,揭示其中的成因,并提出解决问题之道。

第四节 组织传播者

一、组织传播者概述

(一) 组织的含义

什么是组织?广义来看,任何由若干不同功能的要素按照一定的原理或秩序组合而成的统一整体,都可以被称为组织,如细胞组织、人体组织、企业组织等。狭义来看,组织指为了实现共同目标,在统一意志之下,在分工合作基础上构成的人的集合体。

组织是人们为了高效率地完成分散的个人或松散的群体所不能承担的生产或社会活动而结成的协作体。凡是具有中枢指挥或管理系统的群体,如政党、军队、政府机构、企业、社团等,都属于组织的范畴。

组织是人类社会协作的群体形态之一,与非群体组织一样属于社会系统的中观系统。

(二) 组织的分类

按照组织规模的大小,可分为小型、中型、大型和巨型等不同类型,例如联合国就是一个巨型社会组织。

按照组织成员之间的关系的性质,可划分为正式组织和非正式组织。正式组织中组织成员之间的关系由正式的规章制度做出详细和具体的规定,如军队、政府机关;非正式组织中组织成员之间的关系则无这种规定,比较自由、松散,如业余活动团体。

按照组织的功能和目标,可分为生产组织、政治组织和整合组织。这是美国社会学家塔尔科特·帕森斯的分类法。

按照组织目标和获利者的类型,可分为互利组织(如工会)、私有者的营利组织(如商业组织)、服务组织(如医疗组织)、公益组织(如政府机构)。这是美国社会学家彼得·布劳等人的分法。

按照组织对成员的控制类型,可分为:强制性组织,即运用权力和权威强制要求成员执行的组织,如暴力传销组织;功利组织,即以金钱或物质控制其成员的组织;规范组织,即通过将组织规范内化为成员的伦理观念或信仰来控制成员的组织;混合性组织,即组织混合了强制、功利、规范等权力应用特点。

中国有些学者根据人们社会结合的形式和人们之间社会关系的表现,将组织分为经济组织,政治组织,文化、教育、科研组织,群众组织,宗教组织等。

以上对组织类型的划分都是相对的,人们可以从研究和分析的需要出发,选择恰当的分类标准。

(三) 组织传播者的概念

组织传播,是为了稳定、密切组织成员之间的关系,协调行动、减少摩擦、维持和发展组织的生命力,或为了疏通组织内外渠道,应对外部环境的变化,决策应变、达成共识而产生的信息传播行为。

组织传播者指利用一切媒介,包括语言、文字、复印设备、传真机、印刷品、会议、活动及各类大众媒介,通过文件、指令等正式组织形式,或通过座谈会、汇报会、广告等方式,以及面对面的人际沟通方式等,进行信息沟通交流的传播主体。

二、组织内传播

组织内传播的过程,是组织维持其内部统一、实现整体协调和整体运作的过程。组织内传播有多种形式。从传播方向和流通走向上看,主要有三种形式。

(一)自上而下的传播

自上而下的传播指透过组织内部的各个层面,组织上层决策信息向下传递的过程。组织的规范、传统、领导者的权威大多是靠这种自上而下的传播来维持和发展的。这种传播一般是管理层发布指令,争取组织各层次员工的合作与支持,并使员工获得采取行动的依据。

自上而下的传播一般是通过一定的媒介来进行信息交流。例如,以文件、会议、指令、指示的形式进行。有时也以公众传播方式进行,如演讲等。

(二)自下而上的传播

自下而上的传播指在组织中,下级人员向上级表达意见和态度、反映情况、汇报工作的过程。良好的自下而上的传播能向决策者与管理者及时传递具体工作中的各项问题,便于领导及时掌握组织的工作进展情况,了解组织成员的内心世界,针对具体情况再度实施或调整组织的各项方针、政策。

为了减少信息传递过程中的失真现象,自下而上的传播最好尽量减少和避免中间层次,以提高信息传递的精确度,提高传播的质量。

(三)横向传播

横向传播指组织内部机构之间、成员之间的同级同类的横向信息交流。这种交流是协调关系和行动、解决实际工作中的问题的有效渠道。与前两种传播相比,这种传播有简化办事手续、节省交流时间的优点,亦可提高工作效率,并有助于培养组织的集体主义精神和建立组织成员之间的亲密关系。

在实际工作中,组织内传播的三种形式时常交替进行,共同构成组织的有机信息传播网络。三种传播形式相辅相成、互为反馈,对组织既定目标的实现和发展前途产生直接影响。

三、组织外传播

组织外传播的过程,是组织与其外部环境进行信息互动的过程,包括信息输入、信息输出和信息共享三个方面。

(一) 信息输入

信息输入是组织为进行目标管理和环境应变决策而从外部广泛收集和处理信息的活动。

以企业组织为例。现代社会已经进入信息时代,在市场竞争激烈、环境瞬息万变的背景下,拥有一个迅捷可靠的信息系统是企业组织健康发展的关键。许多先进企业大力开发或采用将组织智能和计算机智能相结合的新型信息系统,如 DSS(决策支援系统)、MIS(战略信息系统)、POS(销售数据系统)等。

总之,建立具有快速反应机制的高性能信息采集和处理系统,是传播技术的发展和社会的信息化对一切组织提出的时代要求。

(二) 信息输出

组织的信息输出活动也是多方面的。广义来看,组织任何与外部有关的活动及其结果都带有信息输出的性质。例如,企业组织生产和销售的产品,员工的形象、精神面貌,甚至公司的建筑物等,都携带并输出丰富的信息。

从有目的、有计划地开展信息输出活动(组织宣传活动)的角度看,现代企业组织的信息输出大致可以分为公关宣传、广告宣传和企业识别系统三种主要形式。

1. 公关宣传

公关即公共关系。最早使用公共关系概念的是 20 世纪初美国记者艾维·李。1904 年,艾维·李使用"public relations"这个词来描述公共关系的概念。后来,人们把它简称为 PR。

公关宣传,指组织为了与其所处的社会环境建立和保持和谐关系而进行的各种宣传活动,其形式多样。例如,捐助社会公益事业、发新闻稿、公共关系广告、印刷内部刊物和资料、演讲和表演、举行会议和举办大型公共活动以引起大众传媒的宣传和报道,都是现代公关宣传的重要手段。

2. 广告宣传

"广告"一词是英文"advertising"的译名。最初的意思是吸引人注意,带有通知、诱导、披露的意思。后来,其含义拓宽为"使某人注意到某件事"或"通知别人某件事,以引起他人的注意"。17 世纪中后期,英国大规模的商业活动开始,广告一词开始流行。20 世纪初,广告一词被翻译、引入中国。

广告宣传能促销,还能极大抬高商品价格,因此,广告宣传是社会组织,尤其是企业组织广泛采用的一种信息输出方式。戴比尔斯钻戒高昂的价格,就是一个成功的广告宣传策划案例。

1870年,南非矿工意外发现了一个大钻石矿。按照当时的工业能力,每年可以产几吨。当时垄断钻石生意的英国商人害怕照这个开采速度钻石要变"白菜价",于是,他们成立了世界上最大的钻石公司戴比尔斯公司,做的第一件事就是垄断钻石矿,控制钻石产量。第二件事是在电影等媒介中植入"钻石的恒定代表永远的爱情"观念,导致在中西方婚礼上,全都执着追求一颗钻戒。第三件事是构思出闻名于世的广告语"钻石恒久远,一颗永流传",同时,减少市面上二手钻石的流通量。一通炒作下来,钻石戒指就有了今天这高昂的价格。

3. 企业识别系统

企业识别系统(corporate identity system, CIS),指企业有意识、有计划地将自己企业的各种特征向社会公众主动地展示与传播,使公众在市场环境中对某个特定的企业有一个标准化、差别化的印象和认识,以便企业更好地被识别并留下良好的印象。

企业识别系统一般分为三个方面,即企业的理念识别、行为识别和视觉识别。

企业理念指企业在长期生产经营过程中形成的企业共同认可和遵守的价值准则和文化观念,以及由企业价值准则和文化观念决定的企业经营方向、经营思想和经营战略目标。

企业行为识别是企业理念的行为表现,包括在理念指导下的企业员工对内和对外的各种行为,以及企业的各种生产经营行为。

企业视觉识别是企业理念的视觉化,通过企业形象广告、标识、商标、品牌、产品包装、企业内部环境布局和厂容厂貌等媒体及方式向大众表现、传达企业理念。

企业识别系统的核心目的是通过企业行为识别和企业视觉识别,传达企业理念,树立企业形象。在现代社会,除了企业,其他机构、团体等社会组织也都普遍发展了形象识别系统。

(三)信息共享

组织间实现信息实时共享,能够保证协调联动,避免牛尾效应。

牛尾效应指信息在传播过程中被若干传播者层层过滤，会产生信息扭曲，这种信息扭曲还有放大作用，这种放大作用从图形上看很像一根甩起的牛尾。一旦牛尾根部不停抖动，传递到牛尾末梢端，就会出现很大的波动。

经济学最先用牛尾效应来描绘信息流从最终客户端向原始供应商端传递时的信息扭曲现象。几乎任何行业都存在牛尾效应。要控制牛尾效应，需要组织间通过数据平台实现数据和信息实时共享，减少信息流通环节。

第五节 大众传播者

一、大众传播者的含义和特点

（一）大众传播者的含义

大众传播是组织化的传播机构及其从业人员，利用大众传播媒介和产业化手段，向社会上的一般大众受传者进行的大规模信息生产和传播活动。

大众传播者是大众传播活动中从事信息生产和传播的组织化、职业化和专业化的媒介组织及其从业人员。

（二）大众传播者从事传播活动的特点

第一，传播活动组织化、职业化和专业化。

第二，懂得运用大众媒介，尤其是先进的传播技术和产业化手段进行信息生产、复制和传播。

第三，传播活动公开，传播对象是社会上的一般大众。

第四，传播的信息既具有商品属性，又具有文化属性。

第五，传播活动纳入社会制度的轨道，是一种高度社会化、制度化的传播。

二、大众传播者提示信息环境

（一）施拉姆概括的大众传播模式

施拉姆认为，大众传播媒介（机构）就像一个大喇叭扩音器（见图2-4），大众传媒组织在获取或接到信息源发出的信息后，经过译码者（记者）、释码者（编辑）和编码者（编辑）的加工和整理，变成众多相同的信息和可以被传播出去的符号。每个受传者都扮演译码者、释码者和编码者的角色，每个受众都从属于群体，在群体内,信息得到再解释和加工。受传者也可能给媒介组织以反馈。因此,大众传播是双向循环的过程,每个成员既是传播者也是受传者。每个受传者和传播者都扮演译码者、释码者和编码者的角色。

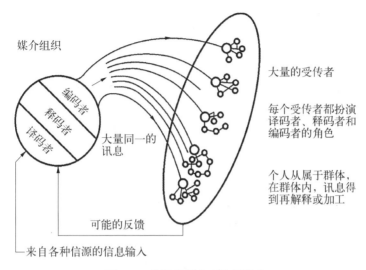

图 2-4　施拉姆的大众传播模式

资料来源:郭庆光:《传播学教程》(第二版),中国人民大学出版社 2011 年版,第 53 页

(二)大众传播者提示的信息环境

大众传播者嵌入人们的日常生活,对人的行为产生特殊的作用机制:它指导人们去认知和理解事物,塑造人们对现实世界的看法。

大众传播媒介组织作为信息环境的主要营造者,在形成信息环境方面有两个优势。

第一,通过信息的大量生产、复制和大面积传播,能在短时间内将同类信息传遍整个社会,造成普遍的信息声势。

第二,能够通过各种表现手法凸显某类信息,使其成为社会瞩目的焦点。大众传播的信息具有公开性、权威性、显著性和直达性,在社会上流通,直接抵达受众个人。这比来路不明的流言和小道消息更能得到人们的信赖。因此,在信息环境形成过程中,大众传播者拥有其他类型的传播者不可比拟的强大力量。

不过,由于受大众媒介组织结构和活动规律制约,大众传播者向人们提示的环境,并不简单等同于客观环境本身,而是提示的一种信息环境。信息环境,指一个社会中由个人或群体接触可能的信息及其传播活动的总体构成的环境。

构成信息环境的基本要素,是具有特定含义的语言、文字、声音、图画、影像等信息符号。一系列信息符号按照一定的结构相互组合,便构成具有完整意义的讯息。大部分讯息传达的不仅是消息或知识,还包含特定的观念和价值。它们不仅是告知性的,而且是提示性或指示性的,因而对人的行为具有制约作用。当某类信息的传播达到一定规模时,便形成该时期和该社会信息环境的特色潮流。因此,信息环境具有社会控制的功能,是制约人的行为的重要因素。

三、大众传播者营造拟态环境

早在20世纪20年代,美国新闻工作者李普曼在《舆论学》等论著中便提出现代人"与客观信息的隔绝"的问题。

他认为,现代社会越来越巨大化和复杂化,人们由于实际活动范围、精力和注意力有限,对超出自己亲身感知范围的事物,只能通过各种"新闻供给机构"去了解。

这种由传媒机构提供的信息环境就是"拟态环境"。拟态环境并不是现实环境的镜子式的再现,而是传播媒介通过对象征性事件或信息进行选择和加工、重新结构化后,向人们提示的环境。

李普曼指出,大众传播形成的信息环境——拟态环境,不仅制约人的认知和行为,而且通过制约人的认知和行为来对客观的现实环境产生影响。这种机制使得现代环境越来越信息化,信息环境也越来越环境化。也就是说,大众传播提示的信息环境越来越有演化为现实环境的趋势。

日本传播学者藤竹晓较早指出信息环境的环境化趋势。1968年,他在李普曼的观点的基础上明确提出"拟态环境的环境化"问题。他指出,许许多多的"拟态事件",包括语言、观念、价值、生活或行为方式等,最初并不见得有代表性或普遍性,一旦进入大众传播渠道,很快就会演化为社会流行现象,变成随处可见的社会现实。

藤竹晓认为,虽然大众传播提示的是拟态环境,与现实环境之间有很大的距离,但由于人们是根据媒介提供的信息来认识环境和采取环境适应行动,这些行动作用于现实环境,便使得现实环境越来越带有拟态环境的特点,以致现代人已经很难对两者做出明确的区分。

第六节 国际传播和全球传播主体

一、国际传播主体

（一）国际传播概念

广义的国际传播，是一种古已有之的传播活动，包括所有的国与国之间的外交往来，例如首脑互访、双边会谈、地区间峰会，以及其他国与国之间政治、经济、军事的交流、谈判和协商等。

狭义的国际传播，指随着大众传媒的出现和发展、信息全球化的逐步展开而兴起的在大众传播基础上进行的国与国之间的传播，例如开设国际广播电台、向其他国家发送广播节目等。

（二）国际传播分类

国际传播包括两个部分：由外向内的传播，将国际社会的重要事件和变化传达给本国民众；由内向外的传播，把有关本国政治、经济、文化等方面的信息传达给国际社会。

（三）国际传播主体

国际传播主体是国际传播信息内容的发出者。受传播技术手段的限制，在很长一段时间里，国际传播的主体是国家，是代表国家行使管理职能的各国政府。

互联网的出现丰富了国际传播主体。只要具备上网条件，任何人都可以摆脱相对封闭的信息环境，走入开放的信息空间。政府之外的其他机构与个人也摆脱了依附地位，成为国际传播主体，如职业工作者（记者、编辑）、特定的社会集团、媒介组织、社会组织、企业等。不过，国际政治传播的基本主体仍然是国家政府。

二、全球传播主体

（一）全球传播主体的含义

全球传播是国际传播的扩大和发展。如果说国际传播是指不同国家社会系统间的传播,是与国际政治密切相关的传播,基本主体是国家,还有国际机构、超国家机构、同盟或地区集团、跨国组织或运动、国内各种集团或组织和个人,那么全球传播是指将国内传播与国际传播融为一体,以整个世界为范围的传播,既包括传统的国际传播主体,又拥有全球信息化进程中的许多全新主体。

(二)全球传播主体的发展

1. 全球性信息传播系统的形成

卫星通信技术、跨国广播电视、互联网等新媒介的发展和普及,形成了一个全球性的信息传播系统,使不同国家、民族和个人之间跨国界信息交流普遍化和日常化。具备多种媒体功能的互联网成为全球传播的大平台。全世界因此成为一个由川流不息的信息所连接起来的多重有机体。

2. 传播主体日益多元化

在传统的国际传播中,传播主体主要是国家及其代表,以及各种各样的政府间国际机构。在全球传播中,国家和政府间机构继续扮演重要角色,同时,传播主体出现了多元化,既包括各种各样的跨国活动团体,也包括以开拓世界市场为目的的企业,还包括活跃在互联网上的众多个体。

3. 国家政府仍然处于传播主体地位

尽管政府传播主体的强势地位受到全球传播多元化主体的挑战,但因为政府是国家权力的执行机构,全球传播与国家主权、国家利益密切相关,带有浓重的政治色彩,所以国家政府依然是强势传播主体,并对其他主体的传播行为进行把关控制。

4. 社会组织是全球传播的活跃主体

作为营利性的社会组织,跨国企业受经济利益的驱动,在占领国内市场的同时,必然要开辟国际市场,为向外输出自己的产品、服务或技术,必然会进行全球广告、公关宣传,积极从事全球传播活动。

非营利社会组织包括:国际机构,以国家为单位建立的政府间常设机构,如联合国等;超国家机构,指其决策在某种程度上或在一定范围内对成员国政府拥有约束力的国际机构,如欧盟、世界贸易组织等;同盟或地区集团,主要以条约或共同声明形式结成的具有期限性的联盟组织,如北大西洋公约组织、东南亚国家联盟等;跨国组织或运动,指非政府的跨国组织或团体,如教会、国际红十字会、国际奥委会、世界环保组织、世界妇女大会等；国内各种集团或组织，如政党、工会、各种利益集团。这些团体、组织或集团直接或间接对国家对外政策和各种国际问题产生重要的影响。

这些团体、组织或集团均有明确的目标与宗旨，或是为了协调国家利益，或是为了唤起人们对某个问题、某种事物的普遍关心，公正处理国际问题，或是力求推动某项社会事业的发展。

5. 个人成为全球传播主体中的一员

个人参与国际传播古已有之。早期个人参与国际传播是以人际传播的形式进行的。在传统媒体时代，因为媒体机构受控于政府，个人尚不能成为国际传播的主体。

互联网创造了全新的、没有中心和强权的信息空间，那些在国际上拥有广泛影响的社会活动家、知名专家学者或意见领袖，通过互联网成为引人注目的全球传播主体。理论上，任何人只要拥有个人主页或建立个人网站，就可以和全世界网民进行信息交流，个人化的"全球媒体"应运而生。

6. 地球村意识的崛起

在国际传播中，不同国家之间的双边关系和多边关系是人们关注的焦点，而在全球传播中，许多全人类的共同问题受到人们的重视，比如人口问题、资源问题、环境问题、健康问题、和平与发展问题等。这表明人们不再将关心的对象与范围局限于本国和本民族，而是作为地球村的一员在思考和行动。

7. 跨文化交际占据越来越重要的位置

全球传播具有很强的政治性。国际政治和国际关系依然占据核心地位，但与此同时，跨国界、跨文化的交往和信息传播日益频繁，不同国家、民族之间的文化接触、摩擦、碰撞和融合，以及由此产生的世界影响等问题，越来越占据重要的位置。文化输出和文化传播的比重增大，是当今时代全球传播的一大特色。

三、国际传播和全球传播主体面临的问题

（一）国际报道中的新闻价值问题

在流通于世界的众多信息中，新闻是一种最基本的信息。人们通过新闻了解环境和周围世界的变化，形成对事物的印象和态度，并在此基础上做出行为决策。因为国际问题领域经常超越人们的经验范围，所以人们对媒介新闻报道依

赖程度更高。

新闻并不是一种纯客观的信息，作为对新近发生的事实的报道，它必然包含人的认识和判断。这里的认识和判断包括两个方面：一是新闻的选择，即在众多新近发生的事实中挑选哪些事实来报道；二是新闻的加工，即从什么角度来报道事实，或者赋予事实以什么样的意义。

因此，一件事实能否成为新闻，并不出于纯粹的偶然性，而是基于一定标准或尺度的选择和加工处理的结果。这些标准或尺度，通常被称为新闻价值。

构成新闻价值的因素是复杂的，既包括某些客观要素（如 5W），也包括记者或编辑的社会背景和个人心理因素，还包括传媒组织的政治、经济和文化的目标和利益。新闻价值体系决定传播媒介选择和加工新闻的立场、态度和方针，不同的价值体系形成报道活动不同的倾向性。

国际新闻通常体现传播媒介的政治立场和态度。例如，有人曾就《纽约时报》对俄国十月革命的报道进行统计分析，发现在《纽约时报》的报道中，列宁曾经 2 次"死亡"、3 次"患病"、2 次"下落不明"、6 次"逃跑"、2 次"入狱"。这些捏造性的新闻显然与该报对十月革命的敌视态度是分不开的。

国际新闻的选择和加工具有一定的价值标准很正常，问题在于，在国际报道存在垄断和控制结构的状况下，国际新闻的主要提供者是少数几家西方大媒体和通讯社，流通于世界的国际新闻的绝大部分都是根据少数西方发达国家的新闻价值标准而选择和加工出来的，它们服务于少数发达国家的利益和目标。

在西方传媒的报道中，发展中国家不但存在感弱，而且往往受到歪曲性的报道。不少学者指出，西方传媒往往把发展中国家与动乱、战争、落后、愚昧、专制等消极的概念和印象联系在一起，它们通常挑选发展中国家的"坏新闻"进行报道，而对这些国家的政府和人民为社会发展所做的努力及其成果视而不见。许多发展中国家的传播媒介只能从这些外部信源那里"选择"或"翻译"新闻，仅仅起到"二次把关"的作用。这对发展中国家是不公平的，也是有害的。

在国际传播和全球传播研究中，新闻价值一直是一个备受关注的领域，有着丰富的研究积累。大量研究成果揭示，西方资本主义媒介并不是"公正""客观"地报道国际新闻，而是有着自己的一套新闻价值体系。新闻信息的传播，不仅是少数发达国家维护自己现存的支配地位和利益的手段，而且是它们推行新的全球战略的工具。

（二）信息与国家主权问题

在少数发达国家支配世界信息的生产和流通的情况下，大多数传播弱国受到的不仅是形象的伤害，严重时，它们甚至面临国家主权受到干涉的危险。

这种危险产生的根源，在于世界上还存在霸权主义和强权政治。冷战时期结束后，个别超级大国并没有放弃争霸全球的战略，反而加快了实施这一战略的步伐。

在跨国传播技术十分发达的今天，信息手段成为个别强权国家干涉别国内政的最廉价、最常用的手段。在跨国传播时代，信息与国家主权的关系已经密不可分。信息就是力量，跨越国界的数据流通也可能导致国家主权的丧失。

跨越国界的信息传播技术飞速发展，为传统的国家主权概念赋予新的内容。传统的国家主权的行使，一般局限于一国的领陆、领海和领空范围之内，边防和海关在维护国家的政治、经济和文化主权的完整方面起着重要作用。按照国际法的一般原则，外国人入境、外国商品和物质形态的文化产品进口，必须经过边防和海关的检查和许可，否则便被视为偷渡、走私等违法行为。跨国的卫星直播广播电视、计算机互联网等新的媒介使这一切发生了重大变化：外国信息可以不受限制地穿越国界，对一国的政治、经济、文化、社会秩序甚至国家安全产生重要影响，而国家和政府对此缺乏有效的管理和控制手段，迄今为止的国际法体系也没有提供普遍公认的规则。这种状况导致一个新的主权概念"信息主权"的诞生。

信息主权，是卡拉·诺顿斯登和丹·席勒在1979年的《国家主权和国际传播》中提出的概念，简言之，即一个国家对本国的信息传播系统进行自主管理的权利，是信息时代国家主权的重要组成部分。

一般来说，信息主权包括三个方面的内容：第一，对本国信息资源进行保护、开发和利用的权利；第二，不受外部干涉，自主确立本国的信息生产加工、储存、流通和传播体制的权利；第三，对本国信息的输出和外国信息的输入进行管理和监控的权利。其中，第三个内容直接涉及跨国界传播，其功能包括保护国家机密和排除危及国家安全的有害信息等方面。

信息主权是在信息全球化背景下国家主权面临新的威胁因素条件下提出来的。信息化使各国国内信息系统与全球信息系统连成一体，国内系统受到国外因素更直接的影响。来自外部的信息干扰，有可能使一国的信息系统遭到破坏，使国家失去危机管理能力而陷于混乱。同时，在世界上还存在强权政治的情况下，个别传播大国有可能凭借自己的技术优势，通过"劫持"他国电信系统、阻断信息和数据往来等手段来达到其政治目的。

信息主权同样是一个与建立新世界信息秩序密切相关的问题。广大发展中国家认为，在世界信息单向流通的不平衡结构下，传播弱国的信息主权没有任何保障，这种状况使它们在政治、经济、文化各个领域处于极为不利的状态。发展中国家的学者主张，与拥有领陆、领空、领海、资源和社会制度的主权一样，一个国家对自己的信息传播资源和传播制度同样应该拥有主权，这是在信息时代保障国家主权完整的重要条件。

对信息主权的重视和保护，已经成为世界各国规划和建设本国信息系统的重要指导思想。

（三）文化帝国主义问题

美国传播学者赫伯特·席勒 1969 年在《大众传播与美利坚帝国》一书中提出"文化帝国主义"概念，用来指在某个社会步入现代世界系统过程中，在外部压力的作用下被迫接受该世界系统中的核心势力的价值，并使社会制度与这个世界系统相适应的过程。这里的外部压力主要是西方发达国家，特别是美国的信息和文化产品单向汹涌而入的状况。

"文化帝国主义"概念是在反对"新帝国主义"的国际环境下诞生的。新帝国主义，指在战后许多殖民地国家获得民族独立的条件下，帝国主义的扩张战略从以军事手段和直接的殖民统治为主转向以经济和文化控制为主的变化。如果说传统的帝国主义属于军事帝国主义，那么新帝国主义则属于经济帝国主义和文化帝国主义。

概括起来说，文化帝国主义有三个特点：第一，它是以强大的经济、资本实力为后盾，主要通过市场而进行的扩张过程；第二，它是一种文化价值的扩张，即通过含有文化价值的产品或商品的销售而实现的全球性文化支配；第三，由于信息产品的文化含量最高（或者说信息本身就是文化产品），那么很明显，这种文化扩张主要是通过信息产品的传播而得到实现的。

在文化扩张的过程中，由于大众传播媒介是一种最有力的制度化手段，因此，不少学者也把文化帝国主义称为"媒介帝国主义"。在探讨媒介帝国主义之际，人们更关注两个极为现实的问题：一是跨国传播媒介的高度集中和垄断；二是由这种垄断体制形成的信息单向流通所产生的文化后果。

世界传播媒介集中垄断的程度仍在加剧。媒介集中和垄断的加剧，意味着在世界上确保文化的丰富性和多元性的条件在继续恶化。在全球性文化产品市场形成和跨国传播领域越来越大的状况下，信息的单向流通所产生的文化后果不是各民族多元文化的共同繁荣，而是以一种文化吞并或取代其他文化，从而对人类多元文化的健康发展带来危害。

世界上任何一个国家和民族都拥有自主选择自己的文化制度、道德和价值体系、生活方式的权利，文化的整体性和统合性也是维持一个国家或民族生存和发展的前提条件之一。但是，在跨国界传播技术飞速发展的时代，由于世界信息流通的单向性，许多国家和民族的文化统合性面临严重的威胁和挑战。

信息主权，也是一个与文化主权密切相关的问题。发展中国家并不一概地反对信息自由，但主张自由最先应该表现为对各国各民族的传播权利和机会的尊重和保障。在信息的生产和流通结构不平衡、少数发达国家对信息技术和媒介保持高度垄断的现状下，所谓"自由流通"也只能是少数传播大国的特权。因此，呼吁建立公正、平衡的世界信息秩序，依然有它的现实意义。

不过，发展中国家争取平等的传播地位也不是靠呼吁来实现的。加速自己的经济和社会发展，增强自身的文化与传播实力，才是切实可靠的解决办法。

随着中国综合国力的大幅提高，中国参与国际事务的能力显著提升，日益走近世界舞台的中央，需要增强国际传播和全球传播能力。

第七节 传播者控制研究

一、传播者控制研究主要涉及的三个内容

传播者在信息传播活动中能控制信息达到受传者的数量和质量。传播者是信息的数量和质量的把关人。因此，传播者是传播学控制研究的主要对象，对传播者的分析也被称为控制分析。

控制研究主要涉及三个内容：第一，与传播者相关的所有概念和理论；第二，对媒介组织进行管理、规范和约束；第三，媒介与政治权力和商业资本之间的关系。

二、控制研究对传播者权利和责任的分析

传播者的角色是搜集信息、筛选信息、加工信息、实施传播、收集和处理反馈信息。传播者在传播活动中，既有相应的权利，也承担相应的责任。

（一）传播者的权利

传播者的权利可以分为一般性权利和专业性权利两种。

一般性权利指普通公民都享有的传播权利，如言论自由权、出版权、著作权、通信自由权等。它通常由国家宪法和民法加以认定。

专业性权利指专门从事传播活动的人员应享有的权利，文化传播界、教育传播界、经济或广告传播界等都享有一定的专有传播权利。例如，文化传播界享有作品传播者的版权保护，经济界享有专利知识产权带来的经济收益。从事信息传播工作的新闻传播界人员主要享有以下四种权利。

1. 采访权

采访权指记者为采集新闻而进行的合法的调查或访问活动。任何组织或者个人不得干扰、阻挠新闻机构及其新闻记者合法的采访活动。

2. 报道权

报道既是采访新闻和搜集信息的继续和延伸，也是真正传播活动的实施与展开。报道权指记者有传送、报道公众所关心的消息情报的权利。

尊重和维护报道权，意味着传播者具有通过不同的符号、形式和媒介、渠道自由地对外传播和发出符合事实真相的信息的权利，也意味着传播者同时拥有制作权、著作权、编辑权、导播权、出版权等权利。

3. 专业保密权

专业保密权又叫新闻来源守密权，是指记者和新闻媒介有对新闻提供者的情况，包括单位、职务、住宅及提供的文件、资料等，实行保密的权利。

4. 安全保护权

在世界范围内，新闻记者被认为是仅次于工兵、警察的最危险职业。对此，《日内瓦公约》和国际传播问题研究委员会的文件规定：各国都要把新闻工作者视为平民百姓，并加以特殊保护。

（二）传播者的责任

传播者在享受传播权利的同时，要承担四种责任。

1. 社会责任

由于传媒自由主义理论自身的缺陷及传媒滥用自由带来的负面社会影响，大众传媒的社会责任问题早在20世纪中叶就已引起人们的关注。1947年，以美国芝加哥大学校长罗伯特·梅纳德·哈钦斯为主席的新闻自由委员会发表报告《一个自由而负责任的新闻界》,标志着传媒社会责任理论的提出。

弗雷德·西伯特、西奥多·彼得森、威尔伯·施拉姆在1956年出版的《报刊的四种理论》中,专门撰写了"社会责任论"一章。他们针对自由主义者认为报纸可以发表伪善、虚假的意见和观点等指出,自由与责任同在,大众媒介在宪法的保障下享有特殊的权利,相应也须承担社会责任,对超乎常人抵御能力的诱惑应该做适当的处理。

被誉为"媒介伦理之父"的克利福德·G.克里斯琴斯教授,基于全球传播的新媒体时代提出,"真实、人性、非暴力"仍然是具有普适价值的道德标准。

2. 契约责任(职业责任)

大众传播者的职业责任来自其身份和契约。人的责任来源于其在社会分工体系中的身份地位。公众对于大众传播者的身份期待是要求传播者传播公正客观的信息。传播者与其所在媒介组织的契约也会要求传播者自律,传播内容不能无中生有。

追求准确公正、避免利益冲突、禁止隐私侵犯、回避争议性报道手法,是传播者的职业伦理和责任。履行责任既来自传播者的自觉自律,也靠法律的约束和社会大众的监督。

3. 法规责任

传播者的传播活动是在国家法律法规框架下进行的。如果侵犯他人隐私,或侵犯他人知识产权,要承担民事赔偿责任。如果传播损害社会公共利益或者国家利益的信息,要承担行政责任,情节严重的要承担刑事责任。

例如,当下一个有关侵权者责任的热点讨论问题是,平台算法推荐引发版权侵权,平台需不需要承担法律责任?

平台的算法推荐很难符合技术中立要求。如果平台对算法具有现实的把控能力,算法推荐的中立性一般来讲是难以成立的。技术的应用,特别是市场化、大规模的应用,永远不可能具有真正意义上的中立性。我们所能见到的商业化、市场化的技术应用,都具有商业主体明确的目的性,是精准的利益计算和取舍的结果,体现了使用主体鲜明的价值追求。

算法技术在设计研发阶段就存在主观色彩,其中就包含设计者的选择偏见和价值观。算法推荐从诞生之日起就带有强烈的价值判断,并非技术中立的产物,其根植于具体的利用场景之中。内容平台对算法推荐的利用已明显涉及作品的信息网络传播。

算法推荐使得平台信息服务发生了很大转变,过去是人找信息,平台是被动的,现在是信息找人,平台是主动的。在角色上,平台过去是信息的中立者,现在却成为比较积极的内容参与者。

利用算法推荐技术向用户提供作品的行为,属于 ICP(互联网内容服务商)的服务范畴。如果未经权利人许可就是直接侵权行为,不能适用"避风港原则",因为只有间接侵权行为才适用"避风港原则"。

算法推荐所产生的内容侵权责任,更宜分配给作为收益获得者和风险制造者的平台承担。使用算法推荐的平台不能因为自己使用了这种信息推送技术,就理所当然地豁免自己在信息网络传播中的版权注意义务。

区块链版权跟踪技术的出现,把人类带入价值传播的新时代,也为科学界定传播者的权利和责任提供了具有公信力的技术支撑。

4. 国际责任

社会责任、契约责任、法规责任,都是传播者承担国际责任的题中应有之义。例如,在全球面临新冠肺炎这种高传染性疾病的威胁时,民众产生焦虑和恐慌的心理是自然的,也是必然的。如果有国际专业的、权威的、负责任的疫情和卫生防护信息提供给民众,就能极大地缓解民众的不安和焦虑。如果故意传播虚假恐怖信息,就会构成故意传播虚假恐怖信息罪。

三、把关理论

(一)把关的提出

在第二次世界大战中,传播学奠基人之一卢因进行了如何调整公众饮食习惯以解决战时食物短缺问题的研究。1943 年,他在给政府的报告中提到"把关"和"渠道理论"。

他在论述如何改变人的饮食习惯时提出,社会变革要把关注点放在对家庭食物选择最有决定权的人身上。食物进入渠道,进入每个环节,都会遇到关卡,关卡前后存在多种作用力。"作用力"概念是卢因理论的核心:作用力贯穿于整个渠道,强度范围从正到负,并且极性可变。此外,物品不同,作用力强度也不同。作用力决定一个物品能否通过关卡。卢因相信,这一理论框架具有普适性。但在该报告中,他没有把把关过程与传播联系起来。

1947 年 11 月,卢因生前撰写的最后一篇论文《群体动力的前沿 II. 群体生活的渠道:社会计划与行为研究》发表在《人际关系》杂志上。在这篇文章中,

"把关"和传播第一次同时出现。

卢因的研究助理怀特是首个把卢因的渠道和把关人理论用于传播研究的人。怀特说服了一位小城报纸的电讯编辑(怀特称他为"关先生")保留 1949 年 2 月某一周来自美联社、合众社和国际新闻社的所有电讯,并给每条拒绝采用的电讯写出理由。大约 90% 的电讯都没有被采用。用这些材料,怀特比较了那一周采用和未采用的电讯稿。

根据怀特的研究,选择是非常主观的,大约三分之一被拒的电讯稿是"关先生"自己的价值标准,特别是根据他自己对真假新闻的判断。其他三分之二被拒是因为版面不够,或者被报道过。

图 2-5 是怀特的把关模型图示。讯息(N)向媒体把关人发送信息,后者拒绝其中一些(如 N_1^1 和 N_4^1),采纳另外一些(如 N_2^1 和 N_3^1,上标表示讯息通过关卡时已被修改)并发往读者(M)。该图示可解析为一个或一组把关人的协同行动。

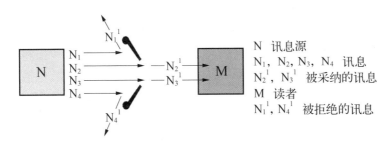

图 2-5　怀特的把关模型

资料来源:[美]帕梅拉·J. 休梅克、蒂姆·P. 沃斯:《把关理论》,孙五三译,中国人民大学出版社 2022 年版,第 9 页

怀特模型的不足在于,认为把关主要是新闻编辑基于个人主观判断的取舍选择活动,没有意识到把关也可能是一种组织行为。同时,当存在多个把关人时,每位把关人在收集、整理和发送新闻时,可能角色和职司不同。此外,怀特模型也没有说明新闻把关的标准。

1959 年,麦克内利发表文章《国际新闻流动中的中介传播者》,建立了一个模型(见图 2-6),展示了国际新闻如何从新闻源通过多个个体把关人到达受众。

麦克内利模型显示了事件 E 被写成报道 S 的过程。报道从把关人 C 传递

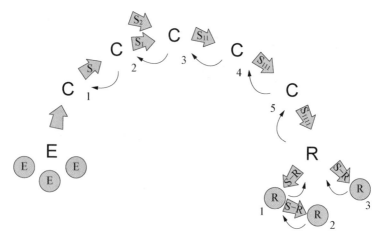

图 2-6　麦克内利模型

资料来源：[美] 帕梅拉·J. 休梅克、蒂姆·P. 沃斯：《把关理论》，孙五三译，中国人民大学出版社 2022 年版，第 12 页

给另一个把关人。在最终到达接收者 R 之前，每个把关人都可以对 S 进行删减、重组或与其他报道合并。驻外记者、通讯社编辑、文字编辑、广播和电视新闻编辑重重把关。一个发生在其他国家的事件，要越过一系列障碍，包括记者错误或偏见、编辑选择和加工、翻译、传送困难，以及可能的外来压力或审查制度，才能抵达受众。

麦克内利模型的另一个创新是揭示了后续的信息如何通过关卡（如图中的 S_2），以替换现有新闻或与之合并。弯曲的细线箭头代表反馈信息。

巴斯也认同个人是重要的把关人，但在他的研究中，个人在机构中的职务才是重要的，而不是人本身。他制作了一个两段式内部新闻流模型（见图 2-7），以说明把关人的两个主要功能。在把关过程中，有两类人最为重要——新闻采集者和新闻加工者。

新闻采集者将来自各种渠道的信息转化为新闻稿。在报纸行业，这些人的身份是撰稿人、记者、在地新闻编辑。根据巴斯模型，在第二阶段的把关中，新闻加工者修改并集成新闻稿，制作成可以传送给观众的成品。新闻加工者包括编辑、校对和翻译。巴斯把怀特对个别新闻把关人的研究扩展为对两类多个把关人的研究。

如今，新闻把关人这个头衔已经不限于新闻采集者、信息源和新闻加工者，

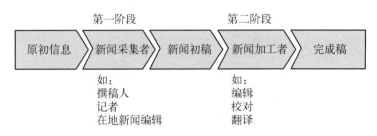

图 2-7　巴斯模型

资料来源：[美]帕梅拉·J. 休梅克、蒂姆·P. 沃斯:《把关理论》,孙五三译,中国人民大学出版社 2022 年版,第 12 页

公关从业者和其他试图影响媒体内容的利益集团代表也加入了进来。

把关理论不仅用于新闻传播,也用于人际沟通研究。1966 年,希基在对机构内正规传播渠道与权力的研究中发现了三类信息控制方式：讯息传递管理,控制机构内的讯息传递;渠道管理,控制信息通过的渠道或网络;内容管理。第三类不仅要执行前述两项任务,还要决定内容。内容管理是三类控制方式中权力最大的。希基在他的网络研究中,设计了一个五人小组去解决一个问题,其中一人处于网络中心位置,扮演为周边四个人把关的角色。希基的研究表明,位于中心地位的人（被视为控制信息的人,即把关人）,被认为地位最高、权力最大。

把关理论还被用于信息扩散研究。把关人既可以促进信息的扩散,也可以限制它。因为把关人有权决定哪些信息可以通过关卡,哪些不行。因此,他们是信息扩散过程中的重要行动者。由于存在人际和媒体两种扩散渠道,任何受众都可能同时在为其他人把关。不过,并不是所有个体把关人都有同等权力。在大众媒体任职的人控制数以百万计的人的信息传播,这相当于被赋予了巨大的政治和社会权力。

（二）把关存在的原因

第一,信息的差异性。客观世界的信息作用有差别,需要依其作用进行过滤筛选。

第二,传播者的差异性。每个传播者目的不同,需要选择满足目的的信息进行传播。

第三,受众的差异性。受众的需要有心理差异,需要选择不同信息满足不同需要。

（三）把关的过程

第一，搜集信息。寻求适合传播的、有传播价值的信息。

第二，过滤信息。根据传播目的及受众情况，筛选、过滤收集到的信息。

第三，制作信息。将确定要传播的信息符号化（编码），加工成信息。

第四，传播信息。将制作好的传播内容通过媒介发布出去，到达受众。

（四）网络中的把关

网络传播时代的到来给把关人理论带来了新的诠释与挑战。

网络把关主体包括个人层面网民的自把关、媒体工作者的主动把关、媒介组织的选择性把关、通过网站结构与页面的设计来进行框架把关。

由于网络去中心化、没有集权，网络把关人角色泛化，但交互性强，反馈及时，受众主动性增强，传者和受者界限模糊。同时，海量信息增加了把关难度，网络操作简单导致把关非组织化，把关趋于弱化，网民权力强化，网民可以采集、制作、发布，编辑权力弱化。版主在网民与网编之间，靠人格魅力、影响力控制。

作为网络平台的把关人，将传统把关与新技术相结合，在网络传播范围似乎没有边界的情形下，也要探索出新形式的把关，做到对整个社会负责。作为文化传播的把关人，要传播正能量，规范信息传播。

四、把关——层级分析

休梅克和沃斯将大众传播的把关分为五个层级，分别是个体传播者、媒介机构、媒体机构、媒体机构以外的社会机制、社会系统。

（一）个体传播者

个人是把关过程中最具影响力的要素。"关先生"遵循专业的价值判断，兼及雇主的好恶，同时，他自己的偏好也常常在决策中发挥作用。个人的特性、知识、态度和行为影响把关程序。

思维模式、二次评估、认知框架和决策理论有助于分析数以百万计的事件是如何被选中成为当天的新闻的。

把关人个体的背景、价值观、社会秩序、职业角色观、工作类型等，都会影响把关选择。

如果把关人认为所接收的信息可能有错,而此信息又要求高度准确性时,会发生二次评估。对信息准确性要求越高,把关人付出的额外努力越大。1989年,休斯和格雷厄姆制作了二次评估模型(见图2-8)。在模型中,椭圆代表认知过程,圆角矩形代表因果变量,方角矩形代表退出点。细箭头代表认知结果被带入下一个阶段,宽箭头则代表变量和认知的因果关系。

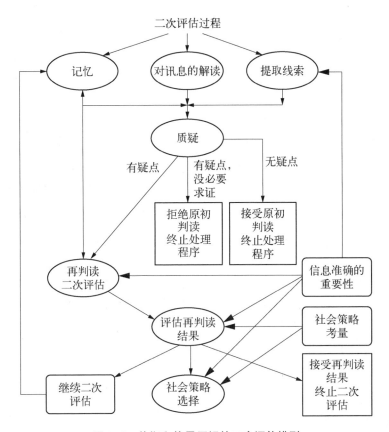

图2-8 休斯和格雷厄姆的二次评估模型

资料来源:[美]帕梅拉·J. 休梅克、蒂姆·P. 沃斯:《把关理论》,孙五三译,中国人民大学出版社2022年版,第35页

二次评估将把关人视为一个积极的信息处理器。二次评估导致认知过程延长,只有把关人满意了,二次评估才会终止。如果把关人不满意,二次评估还会继续。最终,把关进入第四阶段——社会策略选择。在这个阶段,把关人可能会

寻求更多的信息来验证或否定一些不同的解读结果。

关于把关,各机构都有一些或明或暗的规则。影响个人执行把关规则的变量包括:应用规则的意识或习惯,个人同时处理多任务和做多维度决策的能力,个人对以往类似决策的成功程度的了解,保证该决策在未来始终合规的确定性,对帮助形成决策的信息的依赖,以及对外部信息源可靠性的把握。

(二) 媒介机构的传播常规

媒介机构的传播常规中包含大众媒介的新闻选择标准。有三种传播常规来源:新闻工作者对消费受众的定位,新闻记者依赖的外部信息源,新闻机构的文化和背景。

(三) 媒体机构

常规分析研究的是跨机构的传播实践共性。在机构层面的分析中,要描述机构之间的差异导致的把关结果的不同,以及群体决策对把关结果的影响。

机构是有边界的社会系统。一些媒体以经济市场为导向,追求利润最大化;而另一些媒体以意见市场为导向,追求宣传或公共服务的目标。媒体的规模可能是把关过程中一个起作用的因素。媒体机构的性质会造成新闻内容选择的差异。

影响机构决策的一个因素是媒体工作者的群体动力。从众思维会影响把关选择。从众思维有三种表现:一是群体成员高估了群体的力量和道德水准;二是拒绝思想的开放;三是群体会对个人施加压力。从众思维的发生还需要三个条件:第一,群体都相对独立,缺少选择性的信息源和评估依据;第二,群体的领导者利用手中权力和个人威望影响群体中的其他人;第三,决策标准缺失。

(四) 社会机制

如果将把关定义为传媒机构和传媒人的活动,那么传媒机构是与众多社会机制共存于社会中的。以下社会机制都能够影响把关。

第一,市场。对营利性机构来说,把关是收益最大化整体过程中的一部分。只要媒体寻求的是利润最大化,媒体内容就一定听由市场摆布。

第二,受众。受众被认为既是市场又是商品。受众的规模和构成对媒体把关人很重要。

第三,广告商。对于主要靠商业广告支持的大众媒介而言,广告商对其内容,包括内容选择和报道方式都有实质性的影响。

第四,金融市场。媒体机构的资金不仅来自广告商,也来自股息、销售和融资。媒体公司很多是上市的大型企业集团的一部分。公司和企业集团的首要目标是为股东赚更多钱,收购其他公司也是一种方式。如果兼并涉及借款,需要财政支持,就要求保持良好的信用评级。机构的偿债能力越差,金融机构对媒体的影响力越大。

第五,信息源。媒体是信息从信息源到受众的传递渠道。必须看到,信息源自身的既得利益会影响它们对媒体工作者提供的信息。对政府官员或专家等精英信息源形成依赖后,把关人很容易受到精英议程的影响。

信息源可以推动或限制信息在它们控制的渠道中流动。信息源和记者的沟通形式取决于双方观念的契合程度。

第六,公共关系。公关部门及其工作人员是信息源和机构最常使用的通往媒体的工具。各种各样的机构都以大众媒介为目标开展公共关系活动,包括提供新闻稿和宣传资料、安排采访或新闻发布会、组织活动、提供照片或视频、维护网络新闻编辑部和博客,以及能够生成供媒体使用的宣传资料等任何手段。

第七,政府。政府既从事新闻管理工作、开展公共关系活动,也制定和实施各种针对媒体的法律、政策和规定。

第八,社会团体。人们相信,集结起来发声,声音更为响亮。涉及媒体把关的社会团体可以分为三类:推销自己立场的人、试图改变媒体内容的人、兼两者而为之的人。

第九,其他媒体。在一个竞争的媒体市场上,有多种方式决定新闻内容的生产。媒体之间争夺受众、信息源和广告商。竞争压力促使把关人互相紧盯。在其他影响因素作用不突出时,竞争媒体对把关的影响就显得特别重要。

(五)社会系统分析

社会系统对媒体内容很重要。新闻工作者必须遵守国家、政府和社会的要求。弱政党的社会和强政党的社会对新闻媒体有不同的要求。媒体在不同社会系统中的作用和功能,使得媒体选择特定的内容。

五、传播者把关研究的未来方向

第一,持续关注外部环境的变化如何影响把关。

第二,如果要在社会系统层面研究把关,需要做更多的比较研究,因为不同的社会生产不同的媒体内容。必须展开跨文化研究,一方面寻找不同社会的差异,另一方面发现相似之处。

第三,很多跨文化研究现在遇到了更复杂的情况,即把关的全球化。全球性新闻机构的不断出现,导致来自某个社会系统的机构常被输出到其他社会系统中,而这些社会有着完全不同的政治、经济环境,以及不同的影响媒体操作的外部环境。这种碰撞没有得到充分描述。同样没有被充分认识到的还有,全球化创造了新闻机构跨国连接。为了实现跨国交换,全球化新闻机构建立了一套适应多国把关人的决策机制。这种跨国机构如何解决体制和社会系统问题,建立新的媒体常规,值得学术界关注。

第四,把关研究应该更多地将新闻内容作为研究对象。

第五,应该有更多跨层级的研究,以测度各种因素的相对影响力。

第六,研究个体把关人有多大的自主权,什么条件会导致个人判断凌驾于结构性约束之上。

第七,用一些新的统计程序,对把关场域进行研究。例如,用分层线性模型评估多个层级的定量数据。

第八,关卡本身及周边作用力还有很多值得研究的问题。例如,关卡前后新闻的数量是否影响作用力的方向和强度?作用力会改变方向吗?关卡上的新闻是总向一个固定方向流动,还是说有些新闻能回流?如果回流,是什么原因?关卡有没有级别的高低?

第九,对讯息的特性也应该做更多研究。把关研究的信息分析不能总是停留在信息分类上,应该开发一系列可用于度量信息的连续变量。这可以大大增强我们预测信息能否通过关卡,以及何以通过关卡的能力。

第十,比较互联网和网络媒体、电视联播台和地方台、报纸、广播电台、广告公司、公关公司、杂志社等各类传播机构的把关行为。这些机构的传播常规有何不同?机构的不同目标如何影响信息的输入和输出,包括取舍和制作?

复习与思考

开篇案例:三人成虎和曾子杀人
1. 为什么三个人谎报街市里有老虎,魏王就信以为真了?
2. 为什么曾子母亲相信了儿子杀人的传闻?

第一节 传播者概述
1. 传播者的含义和分类。
2. 专业传播者的特点。

第二节 个人传播者
1. 人内传播过程的主要环节或要素。
2. 什么是认知基模？它有哪些特点？
3. 人际传播的基本动机有哪些？
4. 在自我表达的媒体中，你如何塑造理想的个人形象？

第三节 群体传播者
1. 流言发生和传播的条件有哪些？
2. 集合行为中的特殊传播机制包括哪些内容？

第四节 组织传播者
1. 组织内传播的过程与机制。
2. 组织外传播的形态有哪些？

第五节 大众传播者
1. 大众传播的含义是什么？它有什么特点？
2. 短视频平台上的自媒体作者是大众传播者吗？为什么？

第六节 国际传播和全球传播主体
1. 全球传播的主体构成。
2. 国际传播和全球传播主体面临的问题有哪些？

第七节 传播者控制研究
1. 简述传播者的权利和责任。
2. 画出巴斯的把关模型。
3. 在麦克内利关于国际新闻把关的模型中，R 代表什么？

技能实训

一、实训要求

社交媒体时代，智能手机都有摄像头和麦克风，在镜头前表达，成为必然。要成为人气主播，必须要有镜头前表达的网感。

请仔细阅读资料，结合个人在社交媒体镜头前表达的现状，分析存在的问题,不断训练改进。

二、实训目的

通过实训,强化训练学生在镜头前自然表达的技巧。

三、实训组织

学生分成3人一组,每人录制一段演说视频。观察和讨论小组成员在镜头前表达的特点和存在的问题,提出改进建议。

四、阅读资料

训练在镜头前自然表达

你是否拿起镜头拍自己的视频时就傻眼了?

讲话磕巴、眼神飘忽,显得很呆板、不自然,哪怕平时的你思维清晰、口齿伶俐,在镜头前却像变成了另一个人。

镜头表达,是演说的一种形式,也是有技巧和有规律的,需要大量练习才能提升能力。新媒体业内称之为网感、运镜力。

有些在日常生活中很普通,甚至看起来有些木讷的人,站在镜头面前就像变成了另一个人,浑身发着光,可以轻松、自如、流畅地表达,显得很有魅力,一下就能拉近与用户之间的距离,建立一种信任感。这种人天生就有网感,更适合"生活"在镜头里,可以很放松、真实、坦然。让他们面对真实的人群,他们反而会紧张。

如何在镜头前自然表达?下面给大家分享四个知识点。

1. 忘记镜头,把镜头当作一个人

镜头就是手机或者相机,第一时间要找的是镜头焦点,这样眼神就不会飘忽。盯着镜头,就像对面站着一个人,你是和这个人在交流,而不是对着冷冰冰的镜头。怎么办呢?

你可以先让一个人站在你对面,你看着他,和他解说你要在视频中录制的内容,就像聊天一样。进入热身状态以后,你让人离开,独自面对镜头,重新讲述。这样整个人的适应力就会变强,慢慢会找到那个人面对你的记忆。人的身体都会有记忆,这就是沉浸式学习。

2. 忘记自己,你创造的内容是给别人带去价值

忘记杂念,不要有心理包袱,不要担心自己会出丑,因为你的初心、出发点、终极目的是在创造内容,是希望这条内容可以帮助有需要的人,给人带去知识、

力量和信念,你是在以言布施,你的动机是利他、至善、光明的。因此,忘记自己,不要紧张。

3. 调整姿势,站着比坐着好,用正确的发声姿势

找个合适的背景墙,如书柜、大白墙、教学电视屏幕,能站着就不要坐着,站着会更精神,坐着如果腰背不直,容易显得人的气场不足。站着看起来人很端正,还有一个好处是可以用丹田来发声,而不是扯着嗓子喊,录制起来不会那么累。

4. 提前写好稿子,要讲大白话,不要用书面语去读

临场发挥需要有知识沉淀和演讲技巧。大部分普通人由于缺乏经验,刚开始最好提前写好稿子,或者有腹稿,自己记熟,用听众可以听懂的大白话讲出来,就像和朋友聊天一样。慢慢摸索到这种感觉,反复练习,心理素质和镜头演讲技巧就会越来越自然。

第三章 传播内容

教学目标

知识点
1. 符号的概念、功能和分类。
2. 意义的概念和分类。
3. 象征性社会互动与传播的关系。
4. 信息的概念、分类、特征。
5. 传播内容的四种生成方式。
6. 内容分析的框架理论。
7. 文本分析的多种范式。
8. 传播内容把关。

技能点
1. 从符号、意义和文本视角分析传播内容。
2. 用框架理论分析传播内容的倾向性。

思政元素
1. 传播文明、友善的内容。
2. 平等、公正、法治。

重难点

1. 符号、意义、信息三个概念的异同。

2. 传播内容生成方式和框架分析。
3. 社交媒体时代内容把关的方法。

开篇案例

《小猪佩奇》的传播内容

英国动画片《小猪佩奇》自上映以来，实现了全球年销售额超10亿美元的奇迹。这个奇迹与《小猪佩奇》的传播内容有密切关系。

引人注目的传播符号

1999年，三个英国男人开始频繁地在伦敦大街小巷的酒吧里聚会，不停地想创意。在一次次讨论中，三人分析了当前动画界的流行趋势：英国电视上流行的动画片有《邮递员派特叔叔》(Postman Pat)、《消防员山姆》(Fireman Sam)，这些动画片大多以人物为主题，主要角色都是男性，充满浓浓的英雄主义气息。

三人决定另辟蹊径，制作一个以动物为主题的动画片，并且将主要角色设定为女性。他们最终选了猪这个看起来有点笨笨的动物作为主角，并且为她取了一个听起来有点聪明、有点酷、有点辣的名字——"Peppa"。

佩奇是一只可爱的粉红色小猪，脑袋长得像长长的猪拱嘴，也有点像吹风筒，是一个引人注目的传播符号。佩奇穿红色的裙子，代表她热烈的性格。简单的配色表现出佩奇生活的环境，有一种清新、干净的整体效果。低幼的绘画风格，使孩子更易理解，年幼的孩子也可以照着画出来。

《小猪佩奇》的主要受众是2—5岁的儿童，它的故事特别简单。每集动画片大约五分钟，讲述小猪佩奇和她的弟弟乔治，以及猪妈妈、猪爸爸和好朋友之间的故事，围绕她与家人的愉快经历，通常会以一家人躺在地上哈哈大笑作为结尾。

佩奇符号的意义

最初想出"佩奇"这个角色的是编剧马克。三人在酒吧里头脑风暴时，马克想起一个大学同学的小女儿。这个小女孩在看动画片时，发现许多动画片里的角色都没有父母陪伴。她感到疑惑伤心。正是"爸爸妈妈去哪儿了"这个悲伤的疑问，确立了此后风靡全球的《小猪佩奇》的价值观基调。

《小猪佩奇》在价值观上以家庭为核心，几乎在每一季、每一集里，猪爸爸、猪妈妈都会出现，猪爷爷、猪奶奶也很少缺席。它的整体色调阳光温暖，既有天真的童趣，又有温馨的亲情，也许有小小的挫折和挑战，但绝无暴力与黑暗、破碎与悲伤。很少有动画像《小猪佩奇》一样塑造出一个堪称榜样的家庭。

基于孩子们不喜欢笑话自己，却非常喜欢笑话父母，在《小猪佩奇》中，佩奇很少是被取笑的对象，猪爸爸成为全剧的最大笑点。

《小猪佩奇》的价值观非常正，故事中没有对抗情节，没有是非观的灌输，每个形象都温和无害。它通过一个个故事情节及其中的讨论、对话和解决方式，为孩子们的交往，以及爸爸妈妈对孩子的教育提供了教科书式的模式。

动画片承载的信息内容

在孩子们身上发生的每件小事，都能成为《小猪佩奇》故事的一部分。孩子们能真正理解这些故事。它给孩子快乐，也给大人重新审视家庭、友情和生活的机会。

《小猪佩奇》颠覆了男性角色掌握绝对领导力的传统，女性不需要以牺牲家庭为代价来实现自我价值。猪爸爸和猪妈妈总是非常恩爱。猪爷爷、猪奶奶既能带着孩子看星星，又不会插手子女的生活。这种生活的平衡让《小猪佩奇》中的亲密关系接近完美。平等、亲密且相互尊重的关系，或许是猪爸爸和猪妈妈给孩子们最好的家庭教育。

《小猪佩奇》恰到好处地呈现了一种年轻家长所认可的生活方式。因此，它一出现就快速占据了亲子群体的心灵。对于动画从业者而言，它让人反思什么才是孩子们真正喜欢的作品。

案例分析

IP 变现的困难在于 IP 本身是一个 0 和 1 的东西，要么爆红，要么默默无闻。头部爆款价值是 1，中腰部的 IP 价值会大跌至 0。因此，打造头部 IP 本身就是一个高风险的产业。如何面对这个挑战，IP《小猪佩奇》给出了自己的答案：传播对特定人群有价值的内容，它才会值钱，才有可能成为爆款。

第一节 符　　号

一、符号概述

（一）符号的含义

符号是人们共同约定用来指称一定对象的标志物，包括以任何形式通过感觉来显示意义的全部现象。在这些现象中，某种可以感觉的东西就是对象及其意义的体现者。

例如，"＝"在数学中是等价的符号，"￥"是人民币的简写符号。医药界使用的红十字、绿十字分别是体现慈善救援、环境保护等意义的标志符号。

在一种认知体系中，符号既可以是图形图像、文字组合，也可以是声音信号、建筑造型，甚至可以是一种思想文化、一个时事人物。

在20世纪初诞生的符号学的定义中，社会生活中如打招呼的动作、仪式、游戏、文学、艺术和神话等的构成要素都是符号。总之，能够作为某一事物标志的都可被称为符号。符号伴随人类的各种活动，人类社会和人类文化借助于符号才得以形成。

在传播学中，符号具有极其广泛的含义，它是传播过程中为传达讯息而用以指代某种意义、方便人们称呼辨认的中介。英文单词 number、denotation、emblem、expression、title、sign 和 symbol，从不同角度表达了符号的内涵。

（二）符号的特征

符号是一种用来指称和代表其他事物的象征物。例如，"紫禁城"在政治上是中国古代皇权的象征。符号还是一种承载交流双方发出的信息的载体。例如，虎符是中国古代皇帝调兵遣将用的兵符，铜制、虎形、分左右两半，右符留存中央，左符在将领或地方官吏之手。只有两半虎符合并使用，持符者才能获得调兵遣将权。

符号与被反映物之间的联系是通过意义来实现的。符号总是具有意义的符号，意义也总是以一定符号形式来表现。符号与意义之间的指代关系，是通过约定俗成的传统，或是通过某种语言法则建立的。

一方面，符号是意义的载体，是精神外化的呈现；另一方面，符号具有能被感知的客观形式。符号中既有感觉材料又有精神意义，两者统一不可分。

准确理解符号的象征意义离不开符号情景。从符号学的意义上说，人类的交际行为是指人们运用符号传情达意，进行人际信息交流和信息共享的行为协调过程。在这一过程中，不同的符号具有不同的编码和解码规则。符号情境是人们运用符号进行认知和交际的具体情境，在交际中主要起限制作用和解释作用。

（三）符号的建构作用

符号的建构作用是指在知觉符号与其意义之间建立普遍联系，并把这种联系呈现在人们的意识之中。建立普遍联系的过程，是人类通过由特殊到普遍的抽象思维实现的。例如，十字路口红绿灯的符号在路人的意识中经过抽象思维，就建构起一种交通规则的普遍意义。

语言是最重要、最复杂的符号系统。"符号学之父"、瑞士著名语言学家索绪尔认为，一个语言符号包括两个不可分割的组成部分：能指（语言的一套表述语音或一套印刷、书写记号）和所指（作为符号含义的概念或观念）。语词符号是任意性的，除了拟声法构词，语词的能指与所指之间没有固定的天然联系。

二、符号的分类

在符号学思想史上，符号学家们以自己独特的视角，按照各自不同的标准对符号进行了形形色色的分类。下面介绍索绪尔和皮尔斯的分类法。

（一）语言符号和非语言符号

索绪尔将符号分为语言符号和非语言符号两大类。这两大符号在传播过程中通常结合在一起。语言是人类最重要的符号系统，非语言符号同样在日常传播活动中扮演不可或缺的角色。无论是语言符号还是非语言符号，在人类社会传播中都能起到指代和交流作用。

非语言符号大致可分为三种类型。

1. 语言符号的伴生符

语言符号的伴生符包括声音的高低、大小，速度的快慢，文字的字体、大小、粗细、工整或潦草等，它们不仅对语言起辅助作用，而且本身也具有意义。例如，音调的高低、语气的生硬和蔼起着加强语言符号意义的作用，或传递语言以外的信息。文字的笔迹也反映出传播者的许多背景材料,比如书写人的个性、受教育程度、修养及写字时的心情等。

2. 体态符号

体态符号包括动作、手势、表情、视线、姿势等非语言符号。体态符号既可以独立使用,也可以与语言并用,在形成传播情景方面起着重要作用。

3. 物化、活动化、程式化、仪式化的非语言符号

仪式和习惯、徽章和旗帜、服装和饮食、音乐和舞蹈、美术和建筑、手艺和技能、住宅和庭院、城市和消费方式等都包含其中。这些符号以个体方式或组合方式出现。象征性和体系性是这类符号的显著特点。

(二) 图像符、指索符和象征符

美国符号学家皮尔斯把符号分为图像符(icon)、指索符(index)和象征符(symbol)三大类。这种分类体现了符号的不同表征方式,因而最有价值、最为实用。

1. 图像符

图像符,就是这种符号与描述对象之间具有一定的相似性。图像符又可分为三类:映象符(image)、拟像符(diagram)和隐喻符(metaphor)。映象符是近似的映现关系,诸如山水画、人物画;拟像符通过一个事物的各个部分进行类比,描写它们之间的关系,如地图、模型;隐喻符是因为所喻与能喻之间的相似特征而借用的能喻符号,例如动画片《小猪佩奇》中借用小猪符号隐喻快乐的小女孩佩奇。

2. 指索符

指索符是指符号形体与被表征的对象之间构成某种因果或时空的连接。指索符分为自然指索符和人工指索符。例如,通向某地的道路是该地的自然指索符,而路标又是这条道路的人工指索符。指索符的认知方式是推理。例如,一些高层建筑物屋顶上的指示灯是指索符号,因为它们示意夜航的飞机注意这里有高层建筑物。与之类似,道路施工现场的"前方施工,请绕行"的牌子,以及路标、站牌、风向标、商标、招牌等,都是相关事物的指索标记,都属于指索符。总之,只要某物能够预示或标志某时、某地、某物或某事的存在或曾经存在(如考古、踪迹等),并且该规律被人们掌握,该物就可以被看作指索符。

3. 象征符

象征符的符号形体与符号对象之间没有相似性或因果相承关系,它们的表

征方式仅仅建立在社会约定的基础之上。一些抽象的概念、情感等,很难找到可以模仿或直接联系的感性特征,因而多用象征符号来表征。例如,在许多地方,玫瑰花是爱情的象征,鸽子是和平的象征,红色是喜庆的象征,白色是纯洁的象征,图腾是氏族的象征。龙是中华民族的象征,无论是汉朝石应龙(见图3-1),还是清朝青花应龙纹(见图3-2),均以昂扬奋发的面目示人。

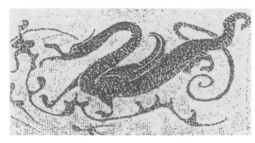

图 3-1　汉朝石应龙图

资料来源:河南南阳英庄县汉画像

图 3-2　清朝青花应龙纹盘纹饰

资料来源:长沙博物馆馆藏

其他诸如姿势、表情、动作、衣着、服饰、方位、数字等,只要把它们与另一事物人为地绑定在一起,并得到一定社会群体的认可,它们都有可能成为象征符。象征符是一种社会文化现象,同一个象征符在不同社会里会有不同的解释,即便在同一个社会里,随着时代的变迁也会发生意义的变化。

语言是一种典型的象征符体系。人类能够使用象征符,是人类区别于动物的信息活动的一个重要特点。人类信息传播活动可以作为象征性社会互动来把握。考察人类如何通过象征符的传播来实现社会互动,是传播学研究的重点。

三、符号的基本功能

交际是符号的基本功能。符号的交际功能赋予了符号世界强大的生命力。符号有三个基本功能:一是表述和理解功能;二是传达功能;三是思考功能。

1. 表述和理解功能

人与人之间传播的目的是沟通交流信息和意义,但信息和意义是无形的,只有借助某种可感知的形式才能表现出来,这种可感知的形式就是符号。因此,人与人之间的传播活动表现为符号化编码和符号化解码的过程。符号化编码,是传播者将自己所要传递的信息和意义转换为语言、文字、声音或其他符号的活动。符号化解码,是传播对象对接收到的符号进行阐释和理解,读取其意义的过程,甚或伴随传播对象对接收到的信息进行再次符号化的活动。

2. 传达功能

作为精神内容的信息和意义,需要被转换为符号进行传达,才能在时空流转中长期保存。如果没有《论语》记载孔子的思想,今天的读者就无从接触孔子的精神世界。

3. 思考功能

思考功能即引发思维活动。人在思考之际,先要有思考的对象和关于思考对象的知识,而这些都是以形象和概念等符号形式存在于人脑之中。人的思考过程是一个操作符号并在各种符号之间建立联系的过程。

第二节 意 义

一、意义的概念

"意义"是一个抽象概念,在不同学科领域有不同定义,在日常生活中也有多种理解。意义是人的社会存在和社会实践的产物,体现了人与社会、自然、他人、自己的种种复杂交错的文化关系、历史关系、心理关系和实践关系。

从传播学角度可将"意义"界定为:人对自然和社会事物的认识,是人类为对象事物赋予的含义,是人类以符号形式传递和交流的精神内容。

人类在传播活动中交流的精神内容包括意向、意思、意图、认识、知识、价值、观念等,大到历史事件、自然现象、科学理论、文化产品,小到一句话、一个动作、一个表情甚至一个眼神,在人类传播活动中无不具有意义。

人在与自然、社会和人类自身打交道的过程中,不断了解和把握认识对象的性质和规律,并从中抽象出意义。意义本身是抽象的和无形的,但可以通过语言和其他符号被表达和传递。意义传播活动是人类的基本活动。人与人之间的社会传播就是意义的交流。

二、意义的分类

1. 明示性意义和暗示性意义

从语义学角度,符号意义可分为明示性意义和暗示性意义。明示性意义是符号的字面意义,属于意义的核心部分,具有相对稳定性。暗示性意义是符号的引申意义,属于意义的外围部分,较容易发生变化。明示性意义是某种文化环境中多数社会成员共同使用和有着共同理解的意义。暗示性意义中有多数成员共同使用,也有特定个人或少数人基于自己的联想而在小范围内使用,因此,人们对它的理解未必一致。

例如,中国古代诗人创作,可以直抒其情,明言其事,也可以情附物上,意在言外,言在此而意在彼。例如,用松、菊、梅、竹、兰等暗示高洁情操,用南山、幽居、禅寺等表达隐逸情怀,古人称之为"寄托",即是语言的暗示性意义。

2. 外延意义和内涵意义

从逻辑学角度看,符号一般被称为概念符号。逻辑学中概念符号的意义分为外延意义和内涵意义。外延意义是概念符号所指示的事物的集合,内涵意义是对所指示事物的特征和本质属性的概括。

在语言学中,词语的意义通常也可以分为外延和内涵两种。外延指一种语言基本的概念性的意义,内涵指与外延意义相关的情感意义的总和(文化、感情、态度和信仰等方面)。例如,amaze 和 astound 这两个词的外延意义相同,表示"使惊讶",但在内涵意义上有细微差别,前者指"难以相信",后者指难以相信的程度更高。

3. 指示性意义和区别性意义

这是从符号学角度的分类方法。指示性意义是将符号与现实事物联系起来进行思考的意义。区别性意义是表示两个符号含义之异同的意义,主要通过分析符号间关系来展示。

三、意义的暧昧性

符号是人类沟通交流的工具,但是,符号传达的意义并不总是很清晰,有时甚至很模糊,让受传对象在很多场合难以做出明确判断。这种意义的暧昧性是以多重意义为基础的,因而被称为意义的多义性。意义的暧昧性主要体现在两个方面。

1. 符号意义的模糊

从语言学角度来说,符号的暧昧性和多义性是不可避免的。因为语言是为了表达世间万物和各种复杂心理状态,而世间万物是无限的,虽然语言符号理论上也可以无限多,但人脑承载能力有限,有些词语自身的内涵和外延难以分清,有些现象还没有找到准确的符号来表达，一些新出现的词语和流行语在意义上也具有暧昧性，或者传播者本身就想用一个符号表达复杂多重的感受和感觉。

在理解知觉上，暧昧性是一个重要概念，因为它显示出在感觉层面的单一符号可能导致在知觉层面的多重解读。剧作家皮蓝德娄是现代戏剧暧昧手法的先驱，他喜欢用怪诞情节和戏中戏来引导观众进入多重艺术时空。在电影中，暧昧性的产生来自影像、剧情、剪辑、声音和表演等元素，有时也建立在这些元素的对比关系上。当代艺术在创作中的偶然性和不确定性，也使艺术作品在解读过程中呈现出暧昧性和模糊性。凡此种种，导致符号意义本身具有模糊性。

2. 符号的多义性

符号的多义性指一种符号具有两种以上的意义，有时判断不准应该属于哪一种。在语言学中，符号的多义性是常见的，一个单词或词组、一个句子都可以有多种意义和理解。此外，同音异义词汇的存在，也是造成语言符号多义性的一个重要原因。在网络交流中用于传情达意的网络表情符号，使用了比喻、双关、悖论、夸张等多种修辞方式，用来模拟人的面部表情、神态、姿态和肢体动作。有些表情包没有对其界定的文字，更增加了表情包的多义性。

多种因素叠加产生的符号意义的不明确性、暧昧性、多义性等特性，容易造成人们理解符号的障碍，从而带来沟通交流的困难。解决方案之一是在具体的语境中消除歧义；方案之二是利用符号的暧昧性和多义性，创造和表达新的意义，例如中国民间的谐音歇后语巧妙地利用同音异义来进行生动活泼的意义交流。

四、意义存在于人类传播的全过程中

符号本身具有意义，但意义并不只是存在于符号本身，还存在于人类传播的全过程中。在人类传播活动过程中，参与或介入进来的不仅是符号本身的意义，还有传播者的意义、受传者的意义和传播情境形成的意义等。

1. 传播者的意义

传播者用符号传达意义的能力有高有低。传播者使用的符号系统（文本）未必完全表达传播者本意，"词不达意"经常发生，由此，在符号本身的意义之外还会新增传播者的意义。这样一来，符号本身的意义与传播者的意义未必是一回事，这是很明显的。

2. 受传者的意义

对同一个或同一组符号构成的信息，不同时代的人有不同的理解，同一时代不同个人也会有不同的理解和解释。这说明符号本身的意义与受传者理解的意义也未必是一回事。产生这种差异的原因，一是符号本身的意义会随时代发展而变化，二是每个受传者根据自己的经验、经历及与对象事物的利益关系等社会背景来理解和解释符号的意义。这些因素不同，每个人对同一符号意义的理解就不同。

3. 情境意义

语言学家雅各布森曾指出，语言符号不提供也不可能提供传播活动的全部意义，交流的所得有相当一部分来自语境。语境在传播学中被称为传播情境，指对特定的传播行为直接或间接产生影响的外部事物、条件或因素的总称。狭义的传播情境是具体传播活动进行的场景，广义的传播情境包括传播行为的参与人所处的群体、组织、制度、规范、语言、文化等较大的环境。在很多情况下，传播情境会形成符号文本自身所不具有的新意义，并对符号文本的意义产生制约。

总之，符号表达意义，但意义不仅存在于符号本身，还存在于传播活动全过程中，存在于符号之外。

五、象征性社会互动

（一）象征性社会互动的含义

象征性社会互动是指人与人之间通过传递象征符和意义而相互作用、相互影响的过程，也称符号互动、意义互动。它是一种通过象征符来交流或交换意义的活动。

（二）象征性社会互动理论

象征性社会互动理论创始人是美国社会心理学家米德。米德以符号互动论闻名。人与人之间的互动是以符号为媒介的间接沟通方式，以此方式进行的互动即为符号互动。

该理论提出，人类是具有象征行为的社会动物，象征活动是人类创造文化的一种活力，研究象征行为不仅能够揭示人的本质，而且有助于理解现实的社会生活。意义、社会互动、解释是象征性社会互动理论的三个主要概念。该理论的核心问题是考察以象征符为媒介的人与人之间的互动关系。它有三个基本前提：

人是根据"意义"(对事物的认识)来行动的;意义是在"社会互动"过程中产生的;意义是由人来"解释"的。

（三）象征性社会互动与传播

象征性社会互动是揭示传播这一社会过程的一个基本概念。传播过程中的意义在本质上只有通过交换才能成立,才能产生社会互动的效应。象征性社会互动通常具有赋予行为动机和确定行为取向的功能。

共通的意义空间是意义交换的前提。共通的意义空间有两层含义:一是对传播中所使用的语言、文字等符号含义的共通的理解;二是大体一致或接近的生活经验和文化背景。意义的交换或互动只能通过共通的部分进行。作为社会互动过程的传播的重要功能之一,就是扩大传播双方共通的意义空间,加深双方的了解和相互理解。

意义交换作为互动性传播活动,在社会生活中起着重要的作用。库利认为它是人与人关系赖以成立和发展的机制,米德认为它是个人与社会之间相互作用的纽带。根据米德的观点,人的自我意识就是伴随着意义的传播活动而形成的。

第三节 信 息

一、信息的概念与分类

（一）信息的概念

"信息"是传播学的核心概念之一。从词源看,"信息"来源于拉丁文,原意指解释、陈述。在英语、法语、德语中均为"information"。从英语语源上看,"in"是接收到消息,"formation"是编队,信息是指接收到各种消息后,将知识弄清楚后理顺,再传递给其他需要的人。据《牛津大词典》记载,information 在 14 世纪被解释为传播行为,在 19—20 世纪则被解释为传播内容。

作为科学术语,"信息"一词最早出现在哈特莱(Hartley)于 1928 年撰写的《信息传输》一文中,哈特莱谈到控制危机需要信息。

如今,有关信息的定义多达 200 余种,被广泛接受的主要有三种。

第一,信息是物质的一种属性,是事物运动的状态与方式。

在这里，"事物"泛指一切可能的研究对象，包括外部世界的物质客体和主观世界的精神现象；"运动"泛指一切意义上的变化，包括机械运动、化学运动、思维运动和社会运动；"运动方式"指事物运动在时间上所呈现的过程和规律；"运动状态"则是事物运动在空间上所展示的形状与态势。

在这个概念中，一切表述或反映事物内部与外部互动状态或关系的东西都是信息。自然界的刮风下雨、电闪雷鸣，生物界的扬花授粉、鸡叫蛙鸣，人类社会的语言交流、书信往来，都属于信息的范畴。

第二，信息是与物质、能量并列，构成人类生存环境的三大基本因素之一。

这是控制论创始人维纳的观点。他首次将信息与物质、能量相提并论。根据维纳的说法，物质、能量和信息是相互区别的：世界由物质组成，能量是一切物质运动的动力，信息是人类了解自然及人类社会的凭据。世界上一切物质和能量互变的消息、被人习得的知识、被人类应用后的经验，包括人类通过科学手段将其量化后得出的数据，就构成信息。

第三，信息是用来消除不确定性的东西。

这是信息论奠基人香农给出的定义。信息的本质是不确定程度减少的量。在香农看来，一个东西信息量的大小，在于它克服了多少不确定性。这个随着通信理论和控制论思想的出现而产生的信息概念，被视为经典定义而被广泛引用。

香农的信息论对传播学的巨大贡献，是把信息概念引进传播学领域，提高了传播学理论表述的科学性和严谨性，拓宽了传播学的视野，使它能够把人类社会的传播活动放在更大的系统和环境中进行考察。

（二）信息的分类

信息的内涵非常丰富，可按照多种标准对信息进行分类。这里介绍一些分类标准和角度。

从信源的角度，可分为自然信息和人工信息，或者称为非人类信息和人类信息。

按信息存在的方式，可分为内储信息和外化信息。

从认知方式看，可分为直接信息（原始信息）和间接信息（加工信息）。

从认知程度看，可分为未知信息和冗余信息。

按价值，可分为有用信息、无害信息和有害信息。

按作用，可分为有用信息、无用信息和干扰信息。

按携带信息的信号性质,可分为连续信息、半连续信息和离散信息等。

按事物的运动方式,可分为概率信息、偶发信息、确定信息和模糊信息。

按时间,可分为历史信息、现时信息和预测信息。

按应用部门,可分为农业信息、军事信息、政治信息、科技信息和市场信息等。

按空间状态,可分为宏观信息、中观信息和微观信息。

按载体,可分为文字信息、声像信息和实物信息。

按生成领域,可分为自然信息、社会信息和思维信息。

按系统和作用机制,可分为物理信息、生物信息和社会信息。

二、信息概念与其他相近概念的异同

(一) 信号、消息(讯息)与信息

信号(signal)是消息(message)传递的形式,如电信号、光信号等,信号是载体。消息(讯息)指信号传递的内容,是本质。讯息原意为音讯、文电、文告、消息等。在传播学中,讯息指由一系列有序性符号(语言、文字、图像等)组成的表达特定信息的符号系统。这个系统包括信息和符号两个部分。传播者通过编制有序性符号(编码)传输信息,受传者则通过译读有序性符号(译码)还原信息。

信息是包含在讯息中的抽象量,消息是信息的载荷者。消息是具体的,信息是抽象的,信息能消除某些不确定性。

(二) 信息、数据与知识的异同

信息、数据与知识都是记录客观事物的可以鉴别的符号,这些符号不仅指数字,而且包括字符、文字、图形等。

数据需要进行处理并解释。只有经过解释,数据才有意义,才成为信息。因此,信息是经过加工以后对客观世界产生影响的数据。信息是对客观世界各种事物的特征的反映,经过提炼可以上升为知识。知识是反映各种事物的信息进入大脑,对神经细胞产生作用后留下的痕迹。

数据、信息和知识都是社会生产活动中的基础性资源,都可以用数字、文字、符号、图形、声音和影视等多媒体表示,都具有客观性、真实性、正确性、价值性、共享性和结构性特点,共同构成对客观事物感知和认识的三个连贯阶段。

第一阶段，数据的组织。数据是一种将客观事物按照某种测度感知而获取的原始记录，可以直接来自测量仪器的实时记录，也可以来自人的认识，大量数据多是借助数据处理系统自动地从数据源进行采集和组织的。数据源指客观事物发生变化的实时数据。

第二阶段，信息的创造。信息是根据一定的发展阶段及目的进行定制加工而生产出来的。信息系统就是用于加工、创造信息产品的人机系统。根据对象、目的和加工深度的不同，可以将信息产品分为一次信息、二次信息直至高次信息。

第三阶段，知识的发现。知识是知识工作者运用大脑对获取或积累的信息进行系统化的提炼、研究和分析的结果。知识能够精确地反映事物的本质。

数据的组织、信息的创造和知识的发现三个阶段是螺旋上升的循环周期。人们运用信息系统，对信息和相关知识开展规律性、本质性和系统性的思维活动，创造新的知识。之后，新的知识又开辟需要进一步认识的对象领域，然后补充获取新的数据和信息，进入新一轮的上升式循环周期。

（三）传播学中的社会信息

传播学中所说的信息概念，主要是指社会信息。社会信息，指除人的物理信息和生物信息以外的与人类的社会活动有关的一切信息。物理信息和生物信息并不是传播学考察的主要对象。尽管传播学也不断汲取物理信息和生物信息科学的研究成果，但作为一门社会科学，传播学所关注的始终都是人类的社会信息及其传播活动。社会信息与自然界的其他信息既有联系又有区别。

（四）社会信息与其他信息的异同

社会信息作为信息的一种类型，也是以质、能、波动的形式表现出来的。这就是说，无论是语言、文字、图片、影像，还是声调、表情、动作，精神内容的载体都表现为一定的物质讯号。这些讯号作用于人的感觉系统，经神经系统传递到大脑，得到处理并引起反馈。因此，社会信息也具有物质属性（至少就精神内容与载体的不可分离性而言）。这是社会信息与其他信息的共同点。

社会信息又有独特性质，即它伴随着人的精神活动。自然信息的传播通常表现为一定的物理或生物条件的作用和反作用，满足了一定的条件必然会引起相应的反应。社会信息则不同，它并不单纯地表现为人的生理层面的作用和反作用,还伴随着人复杂的精神和心理活动,伴随着人的态度、感情、价值和意识形态。

因此,社会信息是符号和意义的统一。在传播过程中,传播者发出的全部讯息由各种符号构成。对受众而言,讯息中有助于他消除某些事物不确定性的部分,即信息。

三、信息的基本性质和传播特征

（一）信息的基本性质

作为既非物质又非能量的第三态,信息有哪些性质呢?

第一,事实性。任何信息总是客观地反映某一事实。从本质上说,信息是附着于事实的,离开了事实,信息就失去存在的可能性。《朗文英汉双解词典》将词条"information"解释为:"facts or details that tell you something about a situation, people, event, etc."

第二,传递性。没有传递就没有信息,更谈不上信息的效用。信息总是处于一定的流动过程中,即信息流。信息流有很强的渗透力,能冲破种种非自然的束缚,通过多种渠道和传输手段不断扩散。

第三,时效性。信息的效用有一定期限,一旦超过期限,效用就可能减少,甚至丧失。

第四,系统性。在信息流的流程中,信息的表现形式有着统一的规则。同时,事物的各种信息又是相互关联的。通过一定的法则,对各种信息进行系统的分析,不但可以比较事物变化前后的情形,也可以找出不同事物之间的区别与联系。

第五,指代性。信息可集中、综合和概括各种消息和知识,可使人们间接地认识更为广阔、复杂的环境。在某种情况下或在某种程度上,信息可"取代"物质与能量,可发展和延伸物质资源。这种愈益明显的趋势,让高度信息化成为当今所有国家和地区追求的目标,成为经济、文化发展的强劲助推力。

（二）信息的传播特征

第一,依附性。物质是具体的、实在的资源,而信息是抽象的、无形的资源。信息必须依附于具备一定能量的物质载体才能传递。信息不能脱离物质和能量而独立存在。

第二，可再生。物质和能量资源只要使用就会减少，而信息在使用中却不断扩充、再生，永远不会耗尽。当今世界，一方面是能源危机、水源危机，另一方面却是信息爆炸。

第三，可识别性。信息是可以识别的。识别又可分为直接识别和间接识别。直接识别指通过自己的感官识别，间接识别指通过各种测试手段识别。不同的信源有不同的识别方法。

第四，可传递性。没有传递，就无所谓有信息。信息传递的方式很多，如口头语言、身体语言、手抄文字、印刷文字、电讯号等。

第五，可压缩。人们对大量的信息进行归纳、综合，就是信息浓缩。例如，总结、报告、议案、新闻报道、经验、知识等都是在收集大量信息后提炼而成的。缩微、光盘等则是使信息浓缩贮存的现代化技术。把海量信息浓缩到小小的芯片上，使流转的速度、质量和保真度大大提高。

第六，可贮存。信息可以贮存，以备它时或他人使用。贮存信息的手段多种多样，如人脑、电脑、书写、印刷、缩微、录像、拍照、录音等。

第七，可转换。信息在流动过程中，形式和内容皆不断有变动。形式的变动通常指信息的表达符号（如语言、文字、图像、实物）之间的组合、转换。信息可以由一种形态转换成另一种形态。例如，百度公司的科技发明"跨模态通用可控AIGC"，实现了文生图、图文转视频、高精度数字人生成，大幅提升内容生产效率。

第八，可共享。不同于物质资源，信息可以转让，大家共享。信息越具有科学性和社会规范，就越有共享性。信息只有共享性强才能产生普遍效果。

第九，可预测。可预测即通过现时信息推导未来信息形态。信息对实际有超前反映，反映出事物的发展趋势。这是依据信息进行判断、决策的价值所在。例如，智能终端和5G的商用使信息传递的视频化没有障碍。因此，可以推测，人工智能将进一步推动信息载体从文字向视频转换。

第十，有效性和无效性。信息符合接收者需要为有效，反之则无效；此时需要则有效，彼时不需要为无效；对此人有效，对他人可能无效。

信息传播的效果研究可以确定出信源变量（如可信度）、信息变量（如使用恐惧呼吁）、信道变量（如大众媒体与人际信道）和接收者变量（如受众个体的可说服性）。用这些传播因变量对效果进行测度，诸如接收者一方的认识变化、态度变化（说服），或购买一种新产品的明显行为变化。

四、信息革命、信息社会和信息主权

（一）人类传播史上的六次信息革命

1. 第一次信息革命：语言的产生

这次信息革命解决了信息分享问题。因为发明了语言，信息可以分享，原始人对世界的认知不再是一个人自己的认知与理解，而是可以把众多人的认知与理解收集起来，进行分享。这大大提升了原始人在劳动中的相互支持力度和共同协作水平，加快了从猿到人的进化。

2. 第二次信息革命：文字的出现

这次信息革命解决了信息不能记录的问题。口语传播的信息稍纵即逝，靠人脑无法进行较为精准的记忆，也难以传承，因而必须要记录。文字的出现是人类文明的一个基础。没有文字就没有历史，没有文化，没有传承，也难有人类文明。

3. 第三次信息革命：纸和印刷术

这次信息革命解决了信息远距离传输的问题。如果信息只能近距离传输，人类文明的传播速度就慢。印刷术的出现，让大量信息可以远距离传播，加快了人类文明的发展速度，创造了古代文明的高峰。发展较快的文明，用更快的速度向其他地方进行渗透。各种文明相互交融，相互借鉴，相互促进，共同发展。

4. 第四次信息革命：无线电的发明

这次信息革命解决了信息远距离实时传输的问题。虽然纸和印刷术使得信息能够远距离传播，但它们效率低、速度慢。信息能够实时传播得很远，这是近代信息革命的课题。无线电的发明实现了这个目标。电报、广播让全球的信息传播效率大大提高，能力大大加强。

5. 第五次信息革命：电视的出现

这次信息革命解决了信息远距离多媒体传输的问题。电报和广播虽然实现了远距离实时传输信息，但信息量小，媒体形式单一，广播以声音为主，电报文字信息简短。人类渴望实时多媒体传输。电视终于出现，成为现代文明的标志物。它信息量大，媒体形式丰富，是20世纪50年代至21世纪初主流的媒体平台，大大改变了社会政治、经济、文化，改变了人们的日常娱乐和生活模式。

6. 第六次信息革命：互联网

这次信息革命解决了信息双向或多向交互传输的问题。1969年诞生的互联网,是当代最有创造性的信息技术。它不仅能远距离、实时、多媒体、双向或多向交互传输信息,而且产生了很多全新的商业模式和业务模式,大大改变了世界政治经济格局和人们的思维方式,同时也带来了信息爆炸。

互联网应用历经从"只读 Web"的 Web 1.0、"参与式社交 Web"的 Web 2.0,到"读、写、执行 Web"的 Web 3.0 的演变。万维网发明者蒂姆·伯纳斯李最初称 Web 3.0 为语义网,并设想了一个智能、自主和开放的互联网,它使用人工智能和机器学习充当"全球大脑"。

经过几十年的发展,传统互联网在一定程度上走到了瓶颈,未来将是全新的智能互联网时代。传统互联网最核心的力量是信息传输,智能互联网增加了对世界的认知和感应,在此基础上可以建立起越来越有价值的服务能力。传播是传统互联网的核心,服务是智能互联网的核心。

高速、实时和泛在的网络,是智能互联网的基础。在智能互联网的世界里,云存储记录一切网络行为,对网络行为大数据进行整理、挖掘、分析具有巨大的价值。智能互联网不仅传输信息,还完善与补充了人的感知能力。以手机为代表的智能终端和大量的智能穿戴设备,让智能感应成为可能。在智能互联网时代,所有的智能互联网服务渗透到传统行业中,形成有价值的服务,提升传统服务的水平和能力。

(二)高度信息化社会的到来

1. 信息社会的概念

信息社会,就是信息成为与物质和能源同等重要,甚至更重要的资源,整个社会的经济、政治和文化以信息为核心价值而得到发展的社会。在信息社会中,经济、政治、文化、日常生活和社会变迁,都愈来愈依赖于信息的开发、利用和共享。

使"信息社会"这个概念在全球范围内产生普遍影响的是美国社会学家和未来学家丹尼尔·贝尔的《后工业社会的来临》(1973)和阿尔文·托夫勒的《第三次浪潮》(1980)的出版。

贝尔在书中把人类社会的发展进程分为"前工业社会"(农业社会)、"工业社会"和"后工业社会"三大阶段。在前工业社会里,多数劳动力从事包括农业、林业、渔业、矿业在内的采集作业,生活主要是对自然的挑战。工业社会是生产商品的社会,生活是对加工的自然的挑战。后工业社会是以服务业为基础的社会,最重要的因素不是体力劳动或能源,而是信息,因此,后工业社会与信息社会、知识社会或专业社会是近义词。

托夫勒的观点与贝尔大致相同,他在描述由工业社会向信息社会的巨大变革时使用了"第三次浪潮"的形象比喻。在《第三次浪潮》中,他将人类发展史划分为第一次浪潮的"农业文明"、第二次浪潮的"工业文明"和第三次浪潮的"信息社会"。托夫勒是第一位洞察到现代科技将深刻改变人类社会结构及生活形态的学者。

1990年,托夫勒出版《权力的转移》,深入而精辟地阐述知识经济的作用,宣告知识力量的崛起,知识降低了生产过程中一度高昂的成本,新的信息技术把多样化的成本推向零。新知识还创造出从飞机的复合材料直到生物制品等种种崭新的材料,增强了我们用一种材料代替另一种材料的能力。

2. 信息社会的技术起源

1986年,美国传播学者詹姆斯·贝尼格在其代表作《控制革命:信息社会的技术与经济起源》一书中指出,信息社会肇始于19世纪日益复杂和加速变迁的物质、能量过程和经济社会系统中广泛存在的控制危机,正是这些危机所提出的跨地域控制、实时控制、科学管理等要求,导致整个社会对通信技术的需求与日俱增。贝尼格的控制理论,透过信息传播新技术的发展,透视社会发展的信息化动向的由来,探索"信息社会"的起源。

传播媒介是社会发展的基本动力。每种新的媒介的产生,都开创了人类交往和社会生活的新方式,甚至带来信息传播革命。语言造就了人类,文字创造了人类文明,纸和印刷术使古代文明达到最高峰,无线电创造了近代文明,电视标志着现代文明,互联网是当代文明高峰。媒介的极大丰富和发达进一步增强了信息和信息传播在社会发展中的重要性,信息社会正是在这个基础上产生的。

媒介发达带来的最为直观的社会结果是信息量的增加。互联网时代,信息量正以指数级的速度急剧增长,信息爆炸的洪流以前所未有的力量冲击社会的政治、经济和文化,改变人类社会的结构和形态,并迎来一个全新的社会——信息社会。

人类传播的发展史就是人类在生产和交往活动中不断创造和使用新的传播媒介,使社会信息系统不断走向发达和完善的历史。

3. 信息社会的发展

信息社会的发展有一个过程。从媒介普及角度看,第二次世界大战后的社会信息化进程分为两个阶段,即初级信息化阶段和高度信息化阶段。

初级信息化阶段是从 20 世纪 50 年代到 80 年代中期。在这个阶段,报刊、广播、电视等大众媒介得到高度普及,个人用的媒介也日趋多样化,例如电话、录音、录像、摄影、传真等都达到相当高的普及程度。

高度信息化阶段从 20 世纪 80 年代末直到今天。这个阶段的特点是大众传播媒介进一步发达,广播电视进入数字化多频道和卫星跨国传播时代。微型电脑普及到家庭,并迅速成为个人进行综合信息处理的媒介。以计算机、互联网和多媒体为代表的新传播的发展,使不同媒介的功能出现了融合的新趋势。

4. 信息社会的主要特征

第一,信息成为重要的生产力要素,和物质、能量一起构成社会赖以生存的三大资源。社会经济的主体由制造业转向以高新科技为核心的第三产业,即信息和知识产业占主导地位。信息社会的核心资源是信息,知识社会中知识、创新成为社会的核心。拥有信息和知识的国家将是富有的国家。

第二,劳动力主体不再是机械的操作者,而是信息的生产者和传播者。1967 年,美国国民生产总值的 25% 来自信息商品和信息服务的生产、处理和分配,21% 来自由公私机构从事的纯粹属于国际用途的信息生产和服务。到 1970 年,美国劳动力的近半数属于信息产业的从业者。1977 年,美国商务部的报告证明了这种变化:美国的经济以信息为基础。根据经济合作与开发组织的调查,到 1982 年,在几乎所有的发达国家中,信息产业的劳动力都达到总劳动力的三分之一以上。

第三,信息在提高人们生活质量方面扮演了主角。交易结算不再主要依靠现金,而是主要依靠信用。贸易不再主要局限于国内,跨国贸易和全球贸易将成为主流。数字化生存使整个世界成为"地球村"。

第四,传统学科框架不断被突破,新的交叉学科不断涌现,科技与人文在信息、知识的作用下更加紧密地结合起来。

经过 20 世纪八九十年代的发展,到 21 世纪,信息社会以上的特点已经逐渐变成社会现实,并呈现出信息社会迈向知识社会的趋势。

(三)全球化信息时代的信息主权

1. 全球性的信息传播系统

20 世纪末,全球传播问题成了举世瞩目的新焦点。如果说全球传播的终极目的是实现全人类的共同繁荣和发展,那么每个国家和民族、每种文化都应该拥有均等的传播机会,这种传播应该是双向的、对等的。

然而,当今世界的信息生产、提供和流通系统存在严重的失衡状况。少数发达国家,尤其是美国,凭借信息技术优势,控制和垄断着当今世界的信息生产和流通。由于互联网的发展从美国开始,在全球互联网格局中,美国一直掌握主导权。1998年10月,互联网名称与数字地址分配机构(Internet Corporation for Assigned Names and Numbers,ICANN)成立时,美国商务部授权 ICANN 管理 13 台根服务器,但在协议备忘录中强调,美国拥有随时对这一管理权的否决权。

在互联网通信协议第四版(IPv4)体系内,全球只有 13 台根服务器,美国有 10 台,英国、瑞典、日本各有 1 台。因此,美国一直保持对互联网域名及根服务器的控制。美国控制了域名解析的根服务器,也就控制了相应的所有域名。理论上说,如果美国不想让人访问某些域名,就可以屏蔽掉这些域名,使它们的 IP 地址无法解析出来,那么这些域名所指向的网站就相当于从互联网的世界中消失了。

另外,凭借在域名管理上的特权,美国还可以对其他国家的网络使用情况进行监控。美国不仅通过信息技术优势维护自己的政治、经济和军事利益,而且在进行大规模的文化扩张。

世界信息生产和流通的不平衡、不平等结构,不可等闲视之。信息和传播上的劣势,意味着在国际竞争中的劣势,意味着处于受控制和受支配的地位。从 20 世纪 70 年代开始,日益觉醒的发展中国家开始发出要求改变现状、建立"公平、合理的新世界信息秩序"的呼吁。斯诺登曝光美国"棱镜门"全球监控计划震动各国,迫于压力,美国于 2016 年 10 月放弃了根域名解析服务器的管理权。

2. 保护国家信息主权

信息主权是与国家主权、文化主权密切相关的问题。在跨国传播时代,由于发达国家,特别是美国的信息和文化产品单向汹涌而入,许多国家和民族的文化统合性面临严重威胁和挑战。重视和保护信息主权,是中国规划和建设本国信息系统的重要指导思想。为了保护全球化信息时代的国家信息文化主权,中国在做多方努力。

例如,2013 年,中国抓住 IPv6(互联网协议第六版)在全球开始普及的历史机遇,联合日本、美国相关运营机构和专业人士,提出以 IPv6 为基础、面向新兴应用、自主可控的一整套根服务器解决方案和技术体系,2015 年正式发布"雪人计划"(Yeti DNS Project)——基于全新技术架构的全球下一代互联网(IPv6)根服务器测试和运营实验项目。

2016年8月,中国实施新的互联网络域名体系,代表中国的国家域名".cn"的域名解析不再需要通过美国的根服务器,直接在国内服务器上就可以解析。2017年,"雪人计划"已在全球完成25台IPv6根服务器架设,中国部署了其中的4台。除了新部署的根服务器,中国大陆还有6个镜像服务器。目前,在中国根域名解析中,约六成可实现对国内已引入根镜像服务器的就近访问。

再如,20世纪后期,中国开始探索适合国情的卫星导航系统发展道路,逐步形成了"三步走"发展战略:2000年年底,建成北斗一号系统,向中国提供服务;2012年年底,建成北斗二号系统,向亚太地区提供服务;2020年,建成北斗三号系统,向全球提供服务。北斗卫星导航系统作为中国面向全球提供公共服务的重大空间基础设施,秉承"中国的北斗、世界的北斗、一流的北斗"发展理念,通过融合人工智能和5G通信所构成的技术共同体,与其他产业深度融合,可催生出更大的产业应用,不仅可以对传统行业进行赋能与拓展,还可以对新兴产业进行辅助与提升。

第四节 传播内容的生成与分析

一、传播内容的生成

(一)传播内容的含义

传播内容是传者和受者进行意义协商的平台,也是承载于各种符号之中的信息。作为社会生活最敏感的传感器,各种类型的大众传播媒介日夜不停地生产各种类型的内容产品,包括新闻、言论、知识和娱乐等,传播内容成为人类文化的重要组成部分。

互联网的出现带来了传播内容的爆发式增长,以下讨论网络传播内容的四种生成方式。

(二)网络传播内容的生成方式

1. 用户生成内容

用户生成内容(user generated content,UGC,也称 user created content,

UCC)的主体是一般用户,即某平台的一般用户创造的内容。该概念源自互联网社交平台,体现了用户与平台之间的一种关系。平台提供功能,一般用户可以通过平台发布传播自己生成的内容给其他用户看。平台通过给予话语权、提供平台功能,让一般用户能够自主创造内容,增加平台的活跃度,平台从而越做越大,吸引更多用户。

平台拥有大量用户还不够,还得留住大量用户。从"拉"到"留",需要大量优质的内容。仅仅靠 UGC 是不够的,还需要更加专业化、有公信力、有价值的内容。

2. 专业生成内容

专业生成内容(professionally generated content,PGC)的创作主体是拥有专业知识、内容相关领域资质、一定权威的舆论领袖。如果说 UGC 的主体是一般用户,那么 PGC 是专业用户。

UGC 内容质量参差不齐,而 PGC 是从根源上(传播者)就杜绝低劣的内容。从 UGC 获得优质内容可能需要筛选。

"留"住用户,用的一定是 PGC,而非 UGC。UGC 体现的是平台活跃用户基数的量级,PGC 体现的是平台的内容质量、内容核心价值。

显然,PGC 是稀缺的,无论是以内容提供见长的新闻站点、视频网站,还是以互动服务见长的社区、社交站点,都努力争取更多的 PGC。

3. 职业生成内容

职业生成内容(occupationally generated content,OGC)有两类生产主体:一类是新媒体从业者、新闻工作者、传媒行业创作者;另一类是某些行业的精英、专业人士,与 PGC 一样。

OGC 的创作主体与 PGC 的区别在于是否有目的性、营利性。PGC 的创作动机更多的是个人兴趣、个人表达需求的满足,而 OGC 的创作动机是获得报酬。

UGC、PGC 和 OGC 三者是可以转化的。随着互联网的发展,从 UGC 中细化的一个分支是 PGC,如果内容有报酬,就转化为 OGC。

4. 人工智能生成内容

目前,对于人工智能生成内容(artificial intelligence generated content,AIGC)这一概念尚无统一规范的定义。国内对于 AIGC 的理解是"继专业生成内容和用户生成内容之后,利用人工智能技术自动生成内容的新型生产方式"。

结合人工智能的演进路径,AIGC 的发展历程大致可以分为三个阶段。

早期萌芽阶段(20 世纪 50 年代至 90 年代),受限于当时的科技水平,AIGC

仅限于小范围试验。1957年,莱杰伦·希勒和伦纳德·艾萨克森完成历史上第一支由计算机创作的弦乐四重奏《伊利亚克组曲》。1966年,约瑟夫·魏岑鲍姆和肯尼斯·科尔比开发了世界上第一款可人机对话的机器人Eliza。20世纪80年代中期,IBM创造了语音控制打字机Tangora。

沉淀积累阶段(20世纪90年代至21世纪前十年),AIGC从试验性向实用性逐渐转变。2006年,深度学习算法、图形处理器、张量处理器等都取得了重大突破。2007年,世界上第一部完全由人工智能创作的小说 1 The Road 问世。2012年,微软公开展示了一个全自动同声传译系统,可以自动将英文演讲者的内容通过语音识别、语言翻译、语音合成等技术生成中文语音。

快速发展阶段(21世纪前十年至今),深度学习模型不断迭代,AIGC突破性发展。2014年,生成对抗网络GAN出现。2021年,CLIP模型出现;OpenAI推出DALL-E,主要应用于文本与图像交互生成内容。2022年,深度学习模型Diffusion扩散化模型出现。

新模型下的AIGC所向披靡。过去,互联网的内容都是由用户生成、上传,AI只能协助人类完成一部分最简单、最基础的工作,无法独立生成内容,更不用提优质内容。但这一状况因Diffusion扩散化模型的开源应用而被打破,AIGC成为继UGC之后又一大内容生成方式。

相较于UGC,AIGC的最大不同是新技术驱动了机器智能创作内容,使得AIGC具有独特的技术特征,包括数据巨量化、内容创造力、跨模态融合、认知交互力等。正是这些独有的技术能力,让AIGC成为不可替代的新一代内容生成方式。

(1) 数据巨量化。

AIGC丰富的"想象力"和惊为天人的"创作能力",是在海量数据的基础上由计算机学习和模拟生成的。卷积神经网络和Transformer大模型的流行,成功地使深度学习模型参数量跃升至亿级,由此带来的数据巨量化推动了AIGC发展的进程。

例如,知名的计算机视觉项目ImageNet在众包任务中有超过25 000人参与,标准图片超过1 400万张;OpenAI更是收集了4亿个文本图像配对数据进行预训练。在零样本学习成熟之前,AIGC通过巨量数据实现内容创作的发展路线仍难以撼动。

(2) 内容创造力。

正是有了海量数据的加成,AIGC在创作方面有着无限的"灵感",也成为最吸引用户的特色。借助海量的语料库,AI 工具像超级画手、作曲家或导演一样生成指定风格的图像、音乐或视频。

与人类创作过程相比,AI 创作具有时间短、规模大、风格多等特点,在艺术创作、插画、影视编辑等领域正在产生变革效应,人们开始担心 AIGC 会占据传统艺术创作者的工作岗位。

(3) 跨模态融合。

跨模态融合是 AIGC 区别于 UGC 和 PGC 的显著特征。AI 能够分别提取文本特征和图片特征进行相似度对比,通过特征相似度计算文本与图像的匹配关系,从而实现跨模态的相互理解。

2022 年 9 月,百度发布"2022 十大科技前沿发明",位列第一的就是"跨模态通用可控 AIGC"。跨模态生成的本质是文本、视觉、听觉乃至脑电等不同模态的知识融合,覆盖图文、视频、数字人、机器人等更多场景。

在未来,随着国内外多家科技公司发布多模态 AI 大模型,AIGC 的跨模态融合趋势将进一步加强。

(4) 认知交互力。

拥有一定程度的认知和交互能力,是 AIGC 发展的重要趋势。

对于开发者而言,代码的输入输出是人与计算机交互的底层逻辑;对于用户而言,人们使用智能终端和网络平台实现人机交互和互联通信。在人工智能场景中,人们通常利用自动问答、视觉识别、姿态识别等实现人机交互。AIGC 的出现为人与机器的沟通带来了更多可能,在感知和交互上具备其独有的特色。

(三) AIGC 在传媒行业的应用

在不知不觉中,AIGC 已经渗入人们生活中的每个角落,从导航软件中的人声指路,到直播卖货中的虚拟主播,都隐藏着它的身影。目前,AIGC 技术已经率先在传媒、电商、娱乐等领域实现大规模落地。

人机协同,能大幅提高传媒行业一些基础工作效率。

AIGC 与传媒工作者协作,为媒体内容生产全面赋能。写稿机器人、采访助手、字幕生成、语音播报等相关应用不断涌现,深刻地改变了媒体生产内容的方式,大大提高了行业生产效率。

在采编环节中,语音转写技术大大提高了传媒人的工作效率。借助语音识别技术,可以将一段采访稿快速以文字的形式进行输出,同时兼顾准确性与时效性。2022年北京冬奥会期间,科大讯飞的智能录音笔便可完成跨语种的语音转写,助力记者快速出稿。

智能视频的剪辑提升了视频内容的价值。通过使用视频字幕生成、视频集锦等视频智能化剪辑工具,可高效节省人力、时间成本。2022年北京冬奥会期间,央视视频通过使用AI智能内容生产剪辑系统,高效生产与发布冬奥冰雪项目的视频集锦内容,为深度开发体育媒体版权内容价值创造了更多可能性。

在传播环节,AIGC技术为社区生态注入了新的活力。以百度为例,"创作者AI助理团"已在百家号平台上线,作为百度移动生态AIGC应用的"先遣部队",除AI作画、图文转视频技术外,还推出了数字主持人,为创作者实现更多场景的应用体验,给予用户全新的浏览体验。

《中国青年报》和中国青年网短视频品牌"青蜂侠",依托百家号平台推出了数字主持人"青小霞"(见图3-3),率先实现了"数字主持人自由"。"青小霞"能高度复刻真人主播的声音及表情动作,实现高质多量的内容生产和播报,降低媒体运作和内容生产成本,为内容传播形式注入科技创新力。

图3-3 青蜂侠的数字主持人"青小霞"

由AI驱动的虚拟主播拥有多变的形象、媲美真人的声音和多种直播场景。在沉浸式传播场景中,虚拟主播有三大优势:一是可以代替真人直播,为用户提供更灵活的观看时间,还可以与真人主播相互配合,提供24小时无缝对接的直播服务;二是虚拟主播可塑造多变形象,拉近与用户的距离;三是虚拟主播稳定可控,不会出现"人设崩塌"的情况。

借助AIGC技术,通过趣味性图像、音视频、虚拟偶像等方式,传媒行业快速扩展边界,获得全新的发展动能。AIGC能够快速生成各种类型的内容,具有高效率、低成本、创造性和高品质的优点。未来，AIGC 技术将继续发展，注重自我学习、多媒体内容生成、可解释性、商业化应用，为企业和社会带来更多的价值和贡献。但同时要注意潜在风险和道德问题，以确保 AIGC 技术可持续发展和对人类社会的贡献。

二、传播内容分析的框架理论

（一）传播内容分析法概述

内容分析是传播学研究的一个重要领域。它包括对传播过程中的讯息内容的各种特性进行整理、分类、概括、解释、推测、评价的各种活动，如文章讲评、文艺评论等。

最早产生于传播学领域的内容分析法，始于第二次世界大战中的情报研究。第二次世界大战期间，拉斯韦尔等人组织了一项名为"战时宣传研究"的工作，以德国公开出版的报纸为分析对象，获取了许多军政机密情报。这项工作使内容分析法显示出明显的实际效果，并且在方法上形成一套模式。

第二次世界大战后，新闻传播学、政治学、图书馆学、社会学等领域的专家学者与军事情报机构一起，对内容分析方法进行了多学科研究，使其应用范围大大拓展。

伯纳德·贝雷尔森对内容分析的吸纳是在 1941 年参与联邦通信委员会对外广播情报部分析德国舆论之时。就在这份工作中，贝雷尔森认识了拉斯韦尔，并向他学习了内容分析法。贝雷尔森出版权威著作《内容分析：传播研究的一种工具》，确立了内容分析法在传播学中的地位。贝雷尔森认为，内容分析法是一种客观地、系统地、定量地描述交流内容的研究方法，是一种对文献内容做客观系统的定量分析的专门方法，其目的是弄清或测验文献中本质性的事实和趋势，揭示文献含有的隐性情报内容，对事物发展做情报预测。内容分析法的基本做法是把媒介上的文字、非量化的有交流价值的信息转化为定量的数据，建立有意义的类目分解交流内容，并以此来分析信息的某些特征。

世界著名的未来学家约翰·奈斯比特使内容分析方法系统化。他在自己创办的都市研究公司里，使用自创的内容分析法来研究美国社会。公司订了 200 份美国各种报纸，他每天对这些报纸的内容进行分类编排，建立索引，进行分析比较。经过几年的积累，他从中归纳出美国社会的十大趋势，包括：从工业社会过渡到信息社会；从强迫性技术向高技术与高情感相平衡的转变；从国家经济到世界经济；从短期到长期；从集中到分散；从机构帮助到自助；从代议制民主到参与制民主；从等级制结构到网络状结构；从北到南；从非此即彼到多种选择。1982年10月，奈斯比特出版的全球畅销书《大趋势：改变我们生活的十个新方向》，正是对这十大趋势的总结。

（二）分析传播内容的框架理论

"框架"的概念最早见于1955年人类学家 G. 贝特森发表的论文《一项关于玩耍和幻想的理论》中。在这篇文章中，贝特森提出了"元传播"（meta-communication）的概念。贝特森认为，人类传播活动包含两种类型：一种是意义明确的言语传播，另一种是意义含蓄的"元传播"。

"元传播"是一种抽象层面的传播，依赖于传播双方的关系和所传递的信号——通常是意义不明确的隐喻信息的辨识和理解。"元传播"包括对所传递符号的定义及其诠释规则的约定。他认为，任何一种传播活动同时在传递由三个元素构成的信息组合：感官刺激的符号、该符号的指代和区别性指代、传受双方围绕该符号产生互动行为的规则。在这里，"框架"指的是就如何理解彼此符号，传受双方相互约定的诠释规则。

1974年，社会学家欧文·戈夫曼出版《框架分析》一书，将"框架"定义为人们用来认识和阐释外在客观世界的认知结构，人们对于现实生活经验的归纳、结构与阐释都依赖一定的框架，框架使得人们能够定位、感知、理解、归纳众多具体信息。

戈夫曼的定义赋予"框架"双重含义：第一，框架（frame）作为一定的知识体系或认知定式预存在大脑中，它来自人们过去实际生活的经验；第二，人们根据既有框架来"建构"（framing）对新事物的认识。

由此可见，戈夫曼的"框架"概念与皮亚杰的"基模"概念高度类似，两者都用"认知结构"这一核心词来界定自己的概念，都认为它们既是过去的经验或知识的积累，又是人们处理新认知信息、认识新事物的一种导引机制或者"建构"机制。

"框架"概念可理解为名词和动词复合体。作为动词，是界定外部事实，并心理再造真实的框架过程；作为名词，就是形成了的一种基模、脚本、原型和类别等。

（三）框架的类别

1. 个人框架和组织框架

与基模可分为个人基模和组织基模一样，框架同样可分为个人框架和组织框架。个人框架，指每个人在关于存在、发生和意义这些问题上进行持续不断的选择、强调和表现时所使用的准则。组织框架，指一个组织信息处理的认知结构或定性准则，根据认知结构或准则对信息处理的结果体现了一个组织对该信息性质的基本判断，以及其动机、立场、倾向和态度。

例如，一个记者选择新闻素材、判断新闻价值、凸显新闻视角、确定报道立场，在较大程度上取决于新闻记者的个人框架，而这篇新闻稿在编辑部根据媒体的编辑方针、新闻立场和其他原则进行把关、修改、加工和版面处理后，则体现媒介的组织框架。

2. 媒介框架和新闻框架

20 世纪 80 年代，框架理论开始引进到新闻传播研究领域，并由此诞生了媒介框架（media frame）和新闻框架（news frame）两个学术概念。

媒介框架即媒介机构信息处理的组织框架，它适用于多种类型的媒介信息生产和传播过程的研究。换言之，媒介框架就是进行选择的原则，是强调、解释与表述的符码。媒介生产者常用媒介框架构建媒介产品与话语，不管是文字的还是图像的。这个概念应用于新闻的选择、加工、新闻文本和意义的建构过程的研究，则称为新闻框架。新闻框架能使新闻记者对错综复杂、常常矛盾的大量信息进行迅速而例行的加工处理。

在大众传播的所有信息中，新闻是公共性、公益性最强的信息，因为新闻是人们判断环境变化并采取环境适应决策的主要信息依据。但新闻报道并不是对现实的镜子式反映，而是根据一定的新闻立场和新闻价值标准对各种事实进行取舍选择和加工的过程。这个过程实际上也是对现实世界及其意义的一种重构。在新闻报道中，框架的存在是一种必然。

3. 文本框架

传播学中的"文本"与"讯息"的意义大致相同，指由一定的符号或符码组成的信息结构体，这种结构体可采用不同的表现形态，如语言的、文字的、影像的等。

文本框架就是通过运用句法结构、情节结构、主题结构和修辞结构等将故事整理为一个有中心意思的整体。

三、传播内容分析的着重点

在传播学研究史上,研究者们以考察传播效果为目的,从事过大量的内容分析,其分析重点大致可以概括如下。

不同时期传播内容的纵向比较分析——用于揭示社会的政治、经济和文化的历史变迁。

同一时期传播内容的横向比较——用于揭示不同国家、社会、地区、民族、群体或个人信息传播的共性与个性。

特定时期的传播内容分析——从传播内容特色来推断时代精神或潮流,以及社会成员的态度、关心的内容和价值观。

不同媒体间的比较——考察不同媒体讯息内容的特点、结构和作用方式。

分析传播内容与传播者的关系——通过内容来判断传播者的意图、主张、倾向或社会背景特点。

分析传播内容对传播效果的影响——考察内容的主题、观点和表达方法或技巧对说服效果的影响等。

分析传播内容与受传者的关系——分析特定社会群体经常接触的媒体内容,分析他们的兴趣、关心的内容和需求,以及讯息接触和解读的过程、结构和特点等。

考察传播内容与宏观的社会结构之间的关系——考察传播内容中体现的意识形态及其与社会的政治、经济和文化制度的联系等。

四、传播内容分析的程序和技术

内容分析的程序由"确定课题→选定对象→实施调查→整理分析→提出结论"等环节和步骤构成。

(一)分析对象的选定

内容分析可以分为全数分析和抽样分析两种。在分析对象有限的场合,可以进行全数分析。内容分析的样本抽选应考虑三个层面的问题:一是信源层面的抽样;二是传播单位层面的抽样;三是讯息层面的抽样。内容分析抽选出的基本单位样本是讯息。

(二) 内容的解析操作

确定了具体的分析对象之后，就进入内容解析的过程。这个过程实际上就是制定分类标准、确定分析单位，将讯息的各部分纳入不同类型范畴的活动。

在对语言文字素材进行内容分析时，分析单位通常有三种：单词或象征符、句子或段落、整条讯息。在确定了分析单位以后，必须按照统一的分类标准把每个单位纳入不同的类型。在传播学研究中，根据"言及对象"(说的是什么)和"言及方式"(如何说的)进行分类是较为常用的方法。

根据"言及对象"的分类有：内容(言及的事物或人物是什么)、方向(好意或非好意、强烈或平淡等)、标准(方向设定背后的依据或基础)、价值(体现了什么价值、目标或期望)、方法(达成目标的方法是什么)、特征(当事人的性格特征是什么)、行为人(行为人是谁)、权威(意见是以谁的名义阐述的)、信源(传播者是谁)、对象(对什么样的个人或群体进行的传播)、场所(行为在什么场所发生的)、冲突(冲突的根源与程度是什么)、结果(冲突解决成功还是失败，或者结果是暧昧的)。

根据"言及方式"的分类主要有：媒体形态(使用的传播媒介是什么)、表述的形态(语法、句法形态)、策略手段(使用什么样的修辞方法或宣传技巧)。

根据分析对象和分析目的的需要，研究人员也可以采用其他分类方式。不管采用什么样的分类方式，都应该具有系统性，各类型之间要保持有机的关系。

(三) 量化表示的方法

在把作为分析对象的讯息全部进行解析、分类和类型分配之后，随之而来的是如何显示结果的问题。在有定量可能的情况下，应尽可能采用量化表示的方法。内容分析中常用的量化表示方法有以下四种。

(1) 出现的有无。仅仅判断某一事物或属性在内容中是否出现，出现的时候用 1 表示，未出现时用 0 表示。在这种场合，出现的频度并不重要，主要是计算某种属性在一组讯息中"出现"和"未出现"的比例。

(2) 出现的频度。这是每当某种属性出现 1 次便进行累计的表示方法。一般用于两组讯息之间的比较。

(3) 传播的时间量和空间量。这是在大众传播内容分析中经常使用的一种量化表示法。例如，计算电视台在报道某个问题时用了多少时间，报社在报道某个问题时用了多少版面等。这种方法可以用来显示媒介对特定问题的重视程度,也可以从某些侧面反映它们的立场和态度。

(4) 传播的强度。这是不仅考虑某种属性出现的次数或频度,而且把强烈程度也考虑在内的一种量化表示法。对语言表达的不同强度的比较,通常使用加权的方法来计算。

作为一种基于定量分析的研究方法,内容分析法对文献资料的依赖性很大,不仅要求数量多,而且要求来源准确可靠。这给研究人员带来了极大的工作负荷。

随着信息技术的发展,资料统计分析的工作在计算机软件工具的辅助下变得轻松起来。数据分析平台强大的多维动态数据分析,数据的智能抓取,炫酷的可视化体验,精细数据的统计分析,亿级数据秒级处理,是传播内容分析的时代技术特色。

但同时,伴随网络时代而来的"信息爆炸"进一步加大了内容分析法面临的挑战,需要结合大数据、云计算和区块链等技术进行有效应对。

五、传播内容的多种分析范式

在科学研究中,将形成某种科学特色的基本观点称为这种科学的范式。例如,在自然科学中,牛顿力学、爱因斯坦的相对论、达尔文的进化论、哥白尼的太阳中心说等都是一些范式。在社会科学中,实证主义、角色理论、女性主义等也是一些范式。

(一) 对传播内容进行定性分析涉及的社会科学基本范式

(1) 宏观视角与微观视角。宏观视角是指社会中经济阶层之间的斗争、国际关系、社会内部主要机构之间的互动。微观视角是关于个人和小群体的社会生活议题,将焦点放在人与人之间发生的事实上。

(2) 实证主义视角。法国哲学家奥古斯特·孔德在1822年创立"社会学"一词,开启了人类智力运动的一次历险大门,把社会当成一种可以用科学方法来研究的对象。孔德认为,之前是宗教范式主导对社会的解释,社会的各种状况统统被解释为反映神的意旨,人们创造了"天国"来代替罪恶和邪恶。孔德把自己的探索从宗教中分离出来,认为社会应该可以用科学的方法来研究,用科学的客观取代宗教的信仰,知识建立在经验观察而不是信仰之上,也就是实证主义的科学取向。

(3) 社会达尔文主义。达尔文在《物种起源》一书中提出物竞天择的进化论——适者生存。社会学者们用它来解释人类事物结构的改变。例如,赫伯特·斯宾塞认为,社会越变越好,只有竞争的制度将确保持续的进步和改善。

(4)冲突范式。马克思把社会行为视为冲突的过程,努力控制他人,同时避免被他人控制。焦点在于不同经济阶层之间的斗争。

(5)符号互动主义范式。个体之间的互动主要是通过语言和其他符号系统来取得共识,即符号互动主义。

(6)角色理论。研究人们如何处理自己所扮演的各种不同角色,产生了"角色紧张""角色冲突"等概念。

(7)常人方法论范式。有些社会科学范式强调社会结构对人类行为的影响(如规范、价值观、控制机构等),另外一些范式则不关心这些。尽管社会地位形成了对行为的期待,但是每个人处理期待的方式不尽相同。这种范式强调的是每个个体的差异。

(8)结构功能主义。每个社会实体,不论是一个组织还是整个社会,都是有机体。和其他有机体一样,一个社会系统是由不同部分组成的,对整个系统的运作而言,每一部分都有功用。

(9)女性主义。关注对女性的压迫,进而关注到社会的所有压迫现象。还有些强调性别差异,以及性别差异和其他社会组织的关系。

(10)交换范式。乔治·霍曼斯指出,所有人类行为都反映了行动者的成本收益算计。

以上每种范式都有大量的研究文献可供参考与学习。下面以电影《罗生门》为例,来看看多种范式的诠释视角。

(二)案例:《罗生门》的多角度分析范式

1.《罗生门》剧情简介

电影《罗生门》是日本导演黑泽明根据日本作家芥川龙之介所写的两篇短篇小说《罗生门》和《竹林中》改编而成。故事背景是12世纪一个下雨天,罗生门来了三个躲雨的人,一个是僧侣,一个是樵夫,还有一名路人男子。从三个人的闲聊中,引出武士武弘死于森林的故事。

武弘之死涉及四个关系人:武弘、武弘妻子、森林中的盗匪和上山砍柴的樵夫。影片的主要内容就是四个关系人在庭审现场陈述武弘的死因,四种截然不同的说法构成了故事情节。武弘到底是怎么死的?《罗生门》没有提供最后的断言。

2. 对《罗生门》的分析与诠释

对《罗生门》的文本分析,离不开文本诠释。对《罗生门》文本的分析,是把文本拆开来,探究各个部分之间的对应关系。对《罗生门》文本的诠释,则是运用理论学说,在可能的范围内推论出文本传达的意义、对阅读和倾听者的影响,以及所反映的社会和文化现象。诠释文本没有放诸四海而皆准的标准,有许多诠释技巧都可用。每种诠释都有各自的关注焦点,各种诠释法之间往往有互补之处,对了解作品也都极有贡献。

对《罗生门》作品的诠释,可以从马克思主义观点、社会学观点、心理学观点、女性主义观点、伦理学观点、神话/仪式/象征观点、弗洛伊德心理分析观点、符号学观点和美学观点等不同角度进行。盗匪和武士的决斗,体现了马克思主义的阶级斗争。妻子真砂的心理失衡,体现了女性主义对男性压迫的反抗。盗匪多襄丸在森林中午睡时,偶然看到武弘妻子真砂的美貌,想据为己有,体现了弗洛伊德心理分析学说。案子中四个关系人所扮演的不同角色,体现了角色理论、冲突范式、交换范式、女性主义等。

3. "罗生门现象"及成因

在《罗生门》剧中,人对树丛中发生的同一件事,各有不同的说法,每个人各说各话,由此引出传播内容的"罗生门现象"。"罗生门现象"指发生了问题后,每个当事人都分别按照对自己有利的方式进行表述证明或编织谎言,同时又都难以拿出第三方公正有力的证据,使得事实真相扑朔迷离,最终陷入无休止的争论与反复。"罗生门"一词后用来借指人世与地狱之界门、事实与假象之别。

"罗生门现象"的存在说明,在信息传播过程中,有大量的噪音影响信息传播内容的真伪。噪音的形成来自主客观两个方面的因素。

主观方面主要是指人为因素,包括传播者和受众的心理结构、先天禀赋、后天习性、态度、观点、价值观、信仰等;细化之又可分为"自觉制噪"和"非自觉制噪"。"自觉制噪"来源于个人的偏见、空想与不满足的感觉等,即主动依据自己所期望的状态对信息进行改写,这是个人因素在作祟;"非自觉制噪"来源于语义因素,例如由于自身学识水平的局限或所处语境的局限而造成对信息的误读,由此不能确定信息中所传递的真正意思,而本意并非要篡改信息。

客观方面是指外界的干扰与不利因素,包括技术因素和环境因素。技术因素主要是指与技术和设备相关的因素,即信息科技在传播过程中的运用。环境因素包括:

社会大环境因素,如年龄、种族、收入、教育、职业、居住地区、权力、地位、身份、社会关系等;具体的外界干扰因素,如响亮的汽笛声、让人厌烦的气味、燥热的房间等。

此外,还有部分信息本身即是噪音,如超量的信息、污染性的信息,以及某些误导性、混淆性的冗余信息等。

六、内容分析与文本分析

20世纪80年代以来,主张定量考察和定性考察相结合进行内容分析的学者越来越多,由此产生了与内容分析法并行使用的文本分析法。

在传播学里,文本的概念主要是表示"任何由书写所固定下来的话语"。文本由多种符号与意义系统构成:一指信息本身,如电影和电视节目、乐曲、广告等媒介产品;二指读者接触媒介产品时产生的多个意义系统。我们能直接观察到以文字、声音、图像形式出现的文本,而文本传输的意义,在生产者与接受者之间却呈现出差异性和多样性。

麦奎尔对内容分析和文本分析这两种代表性的分析方法进行了说明:内容分析法以经验主义为取向,量化地、描述性地探究媒介内容的鲜明意义,多被主流传播研究者采用;文本结构分析法,质化地、阐释性地揭示意义的生产模式与潜藏的意识形态、社会文化内涵,常常是批判性、解释性的研究,是结构主义和符号学、文化研究理论、批评理论的混合物。内容分析法和文本分析法的主要差异如表3-1所示。

表3-1 内容分析法和文本分析法的主要差异

内 容 分 析	文 本 分 析
定量的	定性的
片段的	全面的
系统的	有选择的
一般化的、广泛的	说明性的、具体的
明确的意义	潜在的意义
客观的	视读者而定的

资料来源:张国良:《传播学原理》(第二版),复旦大学出版社2009年版,第195页。

从微观上看，一些更为细化的研究更适合用文本分析方法，例如关于传播语言(尤其是视听语言)本质及发挥作用的方式的研究、关于媒介内容的规范性研究(涉及暴力、种族、性别的描写方式，媒介的独立与自由，媒介的质量、客观性、真实性与多样化状况等)。

内容分析法和文本分析法都存在一个局限，即以外在的意义系统(要么以传者，要么以分析者)为参照。实际上，只从传者的编码、文本的结构、受者的解释这三者中的任何一方进行分析，难免是片面的、抽象的。

因此，20世纪80年代后期以来，一些传播学者致力于将媒介内容与更加广阔的社会意义系统相联系，把文本的生产者、分析者、解释者连接起来展开文化研究。例如，英国的约翰·费斯克对流行文化的解读，荷兰的梵·迪克和英国的费尔克拉夫的话语分析理论等。

文化研究、话语分析与文本分析方法密切相关，旨在系统地考察文本的生产、分配、消费和解释模式，以及生产、解释的情境性，强调文本的开放性，面向多重解释，认为意义由协商而产生，理解、解释与卷入活动(无论是参照式还是批评式)都随受众掌握的符号资源与文本提供的符号资源之间的互动而不断变化。文本的制作与解释，反映并建构社会现实、社会关系、社会地位乃至作为主体的人。文化研究认为，用一种普适的、无差异的分析工具(如内容分析)研究所有差异巨大的文本类型是不够的，必须重视对类型的研究。

"类型"(genre)一词，来自文艺学(尤其是电影理论)，特指任何一种特殊的文化产品的类型。由于题材(如历史片、灾难片、传记片)、表现形式(如音乐片、舞剧片)、受众类型(如成人片、儿童片)、节(栏)目样式、要素、风格乃至追求利润模式(如西部片、功夫片)等的差异，可形成各种叙事策略不同的文本。同一类型的文本有一些程序化、稳定、可辨认的制作模式。

从类型理论的视角来研究媒介产品，可以认为，大多数媒介都采取相当定型、可预见的形式制作产品。类型提供了一个基本框架，使制作者了解同类产品的制作规律，便于进行内容定位，使受众形成接收期待，并联系以往的接收经验来创造符合自己生活经验的意义与愉悦。但是，类型化也容易忽视创新，在传者与受者之间形成保守僵化的互动模式。

媒介类型具有四个基本特点。

第一，传者与受者互相培养和适应对方的趣味，内容的制作者和消费者共同对内容进行界定，体现出双方都接受的特征。一种"类型"培养仅属于自己的受者的口味，再创造产品去满足这种口味。

第二，由于制作者和消费者长期的相互培养，类型会形成一套自身固有的结构、语法、语词选择规范，决定如何加工和介绍内容、如何使用时间、如何按顺序安排各条内容。例如，印什么新闻、印在什么位置、每条占多大比例、各自的重点是什么等。格式，包括修辞、风格等特点，方便制作者表达，也方便接受者理解，同时，又促进两者趣味的一致。

第三，类型由功能（提供娱乐或实用信息及其他）、形式（长度、速度、结构、认知模式、语言等）和内容来确定。

第四，类型随时间的推移而确立，遵循各种常规惯例与意义系统的要求，并维护共同的文化规范，编码者与解码者对意义很容易达成共识。

综上所述，不同媒介之间的类型是有差别的，同一种媒介内也会发展出各种类型。

七、传播内容的倾向性分析

（一）含义

传播内容的倾向性指通过传播内容表现出的传播者的特定立场和思想倾向，是具有完整意义结构的系统。美国传播学者格伯纳于1969年开始实施的文化指标大型研究项目，包括制度分析、讯息系统分析和培养分析三个方面。其中，讯息系统分析揭示出媒介讯息系统的整体倾向性。

（二）传播内容倾向性成因

1. 媒介框架和新闻框架形成内容倾向性

媒介框架的原则来自新闻媒体的立场、编辑方针和与新闻事件的利益关系，同时受到新闻活动的特殊规律（如新闻价值规律）的制约。这些原则规定着一家媒体对新闻事件的基本态度和本质判断。媒介框架的存在是必然的，它能够使新闻工作者在错综复杂、常常矛盾的大量信息中进行迅速而例行的加工。

虽然新闻框架表面上都很"自然"，容易淹没在无差别的文本之中，但系统比较其叙事方式，可以揭示其中的框架。有两种机制对新闻框架的建构与实现有重要意义。第一种机制是报道规模控制，这是框架建构的基本，其主要作用是通过报道量和报道顺序的控制来放大或者淡化某个新闻事件的重要性和影响。第二种机制是具体的信息呈现。不同的新闻框架通过一些巧妙的、不容易为人所察觉的信息呈现策略来实现。

加姆森认为,新闻框架的建构包含两层含义:第一层是"框限",即决定新闻取材范围,主要使用选择策略,选择不同事实或事物进行提示或凸显;第二层是"内在结构",主要使用重组策略,即在入选的报道内容各要素之间,按照一定的逻辑进行系统的联系与组合,由此建构新闻文本的完整意义。这些都是通过象征符号的驾驭和使用来实现的,隐喻、举例、标签、叙述、不同的视觉符号等都是其通常的做法。

2. 休梅克对倾向性成因的系统分析

美国学者休梅克将影响媒介内容的诸多因素按照影响力大小排列成一个金字塔层级,影响最大的是金字塔底的社会体系,往上分别是社会机构、新闻机构、新闻工作惯例、从业者素质(见图3-4)。

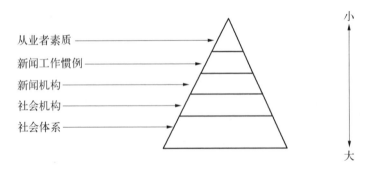

图3-4 影响媒介内容的金字塔层级

资料来源:张国良:《传播学原理》(第二版),复旦大学出版社2009年版,第199页

休梅克还和里斯一起,将影响媒介内容的各个因素从微观到宏观排列成一个多层次的洋葱形模型,从里至外分为个人、组织内部、组织外部、文化四个层次。

3. 格伯纳对倾向性成因的制度分析

格伯纳认为,大众传播内容的特定倾向性形成的原因,除了有框架限定外,还包括制度性压力和其他制约因素。三种制度性压力是形成传媒内容倾向的主要因素,包括:国家的立法、司法和行政部门对传播制度与传媒活动的法律、政策的规定;传媒企业内的经营部门和外部银行资本、广告主等对信息生产和传播过程的干预和影响;同业竞争和来自各种利益团体的压力。此外,一般受众对信息传播过程也有影响。

八、传播内容把关

（一）社交媒体内容把关

在社交媒体时代，信息的传播方式和信息的流动都发生了变化。在传统大众媒体时代，信息以原始、直线型的方式流动着：有关被报道事件的信息在记者处被生产为消息，然后被编辑与添加图片，最后呈现在大众眼前。在社交媒体时代，信息突破了这一模式，以非直线型的方式流动：每个人都可以利用他所知道的信息生产消息，每个人都是把关人。通过机器人报道和人工智能，使算法和人同时对信息的筛选做出决策，信息通过各种各样的渠道传递到人们眼前。

在社交媒体时代，每个人都是新闻生产者，人人都可能是信息把关人。

（二）核实社交媒体内容

社交媒体的出现推动了新闻业的创新，改变了媒体生产和传播的方式。记者逐渐依赖于社交媒体平台，并将其作为重要的新闻来源之一。各种媒体对社交媒体信源的引用率总体保持增长态势。

社交媒体偏爱非官方消息源，在一定程度上挑战了"可信度等级制"，因为社交媒体以用户生成内容为特征，这些内容可以被更改、操纵或从原始内容的上下文中删除。用户生成内容可能是虚假的或者被操纵的。因此，需要核实信源。

（三）核实信源的做法

1. 用可信赖的来源多通道验证

对社交媒体信源的引用与处理传统信源的方式相同，通过询问目击者和验证来源，每件事都要核对和确认。视频和照片是最具挑战性的待验证形式，将来自社交媒体的内容与来自可信来源的信息相印证，判断其准确性，使用可靠的搜索工具核实。当消息来源无法核实或者争议性事件中存在冲突信息时，免责声明可能是最简单的解决办法。

2. 遵守社交媒体信源行业规范

针对社交媒体信息的合理使用，国际媒体机构也与时俱进地出台了相关的编辑手册和规范。例如，路透社要求在用从社交媒体上获得的信息时，标题中必须清晰准确地说明。新闻正文要在靠前的位置交代这些信息是如何获得的。美联社规定，不能简单地从社交网站上摘取引语、照片或视频，必须确认信源的身份，社交网络信源的审查应与通过任何其他方法发现的资料来源的审查相同。如果新闻报道中包含来自社交网络的照片、视频或其他多媒体内容，必须确定谁控制这些材料的版权，并获得那个人或组织的许可来使用它。

在防范报道侵权等负面影响问题上，BBC要求，当记者、编辑使用那些用户在社交媒体和其他公众可以访问的网站上传的拍摄视频和图像时，应该考虑被特写的人的隐私，以及是否需要进一步的同意，特别是当涉及悲剧、羞辱或痛苦的事件时。

数字时代，技术日新月异，媒体正发生巨变。我们所面临的危机不仅是对规则的违背，而且是规则制定跟不上技术发展，面临"无规范的真空"。

复习与思考

开篇案例：《小猪佩奇》的传播内容
1. 《小猪佩奇》成为头部IP的因素有哪些？
2. 《小猪佩奇》符号的象征意义是什么？

第一节　符号
1. 什么叫符号？
2. 符号学创始人将符号分为哪几种？举例说明。

第二节　意义
1. 意义分类有哪些？为什么意义具有暧昧性？
2. 意义在整个传播活动过程中会产生出哪些符号自身意义之外的新意义？

第三节　信息
1. 信息有哪些特性和类型？
2. 信息的传播特征有哪些？

第四节　传播内容的生成与分析
1. 网络传播内容有哪四种生成方式？
2. 媒介框架和新闻框架有什么区别？
3. 辨析三个近似概念：框架、基模和刻板印象。
4. 辨析四个概念的异同：符号、意义、信息和文本。

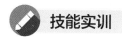 技能实训

制作一份求职简历

一、实训要求

运用本章所学知识,策划、设计、制作一份能吸引用人单位的视频求职简历。

二、实训目的

强化学生对传播内容构成要素——符号、意义和信息的认识。训练学生基于用人单位视角提供多种信息的技能。

三、实训组织

学生分成3人一组,比较各自视频简历传播内容的优点和不足。

四、实训内容

每个小组和个人预先设计用人单位招聘信息,结合个人实际,选择有意义的内容和传播亮点,制作个人求职视频简历,并进行分享展示,师生给出进一步提高传播效果的意见和建议。

第四章
传播媒介

教学目标

知识点
1. 媒介的概念、特点和类型。
2. 媒介演进史和融合趋势。
3. 智能媒介的特点。
4. 麦克卢汉的媒介观。
5. 梅罗维茨的媒介观。
6. 发展传播学的观点。
7. 传媒的四种理论。
8. 媒介伦理原则。

技能点
1. 手机拍摄和剪辑。
2. 平台直播。

思政元素
1. 从媒介演进史理解创新的力量。
2. 遵循业内公认的媒介伦理原则。

重难点

1. 重点是媒介演进规律和智能媒介的特点。

2. 真实、公正、不伤害的媒介伦理。
3. 难点是理解代表性的媒介理论。

开篇案例

华为，构建万物互联的智能世界

华为是全球领先的信息与通信技术（ICT）解决方案供应商，于1987年正式注册成立，总部位于深圳。2012年，华为超过爱立信，成为全球第一通信设备供应商。截至2022年年底，华为全球员工突破20万人，其中，从事研究与开发的人员有11.4万人，占员工总数量的55.4%。华为在全球共持有有效授权专利超过12万件，华为产品和解决方案应用于全球170多个国家，服务全球运营商50强中的45家及全球三分之一的人口。

华为专注于ICT领域，在电信运营商、企业、终端和云计算等领域构筑了端到端的解决方案优势，为运营商客户、企业客户和消费者提供有竞争力的ICT解决方案、产品和服务。"构建万物互联的智能世界"是华为的愿景。

无处不在的连接

当今世界已进入高度互联的时代。智能家居的便利，各种家电之间互相通信，智慧工厂的诞生，从机械臂到垃圾桶，所有物体都能不断收发数据，保证智能系统的运行。

与此同时，世界仍存在巨大的数字鸿沟。全球仍有38亿人未能连接上网，约占全球一半人口。对于身处落后地区的人们来说，连接就意味着希望。通过连接，农民能掌握市场信息，儿童能获得优质教育资源。华为心系联合国可持续发展目标，致力于通过技术创新改善人类生活与确保平等数字机会，共同构建万物互联的智能世界。

无所不及的智能

未来，万物相互感知、相互连接，人工智能如同空气、阳光，无处不在、无私普惠，物种抹去隔阂，族群抹去猜忌，地域抹去疆界，甚至连星际宇宙都抹去神秘。华为志在将数字世界带入每个人、每个家庭、每个组织，构建万物互联的智能世界。

作为一种通用目的技术，人工智能触发的产业变革涉及所有行业、组织和个人。华为原生全场景的全栈人工智能解决方案，让无所不及的智能唾手可得。

数字平台

数据基础设施是加速智能世界到来的核心驱动力。当前，千行百业正在加速智能化进程，越来越多的企业已经意识到数据基础设施是智能化成功的关键。数据基础设施通过计算资源、存储资源和数据处理平台三个部分分别解决数据的计算、存储和分析问题。

华为围绕计算、存储和数据处理三个领域重定义数据基础设施，助力各行业加速迈向智能时代。在计算领域，华为引领多样性计算，推动计算架构多样性发展，让算力更充裕、更经济；在存储领域，为应对存储效率低、管理复杂的问题，华为重定义存储架构，大幅提升效率，引领存储智能化；在数据处理平台领域，为应对更实时和智能的需求分析，华为重定义数据处理平台，让分析更智能，加速实现数据价值。

华为围绕异构、智能、融合三大方向重定义数据处理平台：异构是指华为数据库可以在 X86、ARM、GPU、NPU 多样性算力下运行，实现性能最优；智能是指将人工智能技术引入数据库，大幅提升数据库自动化管理和优化能力；融合是指打通大数据、数据库与人工智能处理三大功能模块，实现多系统协同计算与多样性数据融合分析，实现企业数据价值最大化。

贡献全球 5G 标准

5G 在显著提升网络容量的同时，能保持超低时延。5G 将在家庭宽带和行业应用领域创造全新机遇，还将推动移动数据使用量快速增长。

随着网络中的数据量不断增长，5G 不仅能惠及广大移动用户，还能为家庭宽带市场创造许多新机遇。随着 5G 业务的发展成熟，未来还将逐步催生海量的物联网和行业应用场景，包括远程机器人等各类炫酷应用，都会成为现实。

在全球为 5G 标准做出技术贡献的公司中，华为排名第一。

个性化体验

在迈向智能世界的过程中，泛在感知、高速连接、共享智能将带来前所未见的成长和价值创造规律。数据成为用之不竭的资源,智能主导数据价值转换和输出,连接承载海量数据交互和智能价值创造过程。数字世界逐步被带给每个个人、家庭和组织,并在生活、商业和社会形态领域掀起前所未有的变革。

展示华为终端生态使命的华为智能生活馆,将数百款华为智选产品用艺术的方式陈列出来,自主体验、互动体验,让基于个性化需求的定制体验不再是少数人的专属特权,让每个人的个性得到充分尊重,潜能得到充分释放。

案例分析

华为技术有限公司是一家从事通信系统生产销售的民营通信科技公司,也是一家成功的媒介技术公司。华为注重自身核心技术的研发,现在不只是5G领先世界,光传输、光交换、接入网和核心网也领先世界。

第一节 传播媒介概述

一、媒介的概念

媒介是使双方或多方发生关系的人或事物。"媒"字,在先秦时期是指媒人,后引申为事物发生的诱因。"介"字,指居于两者之间的中介体或工具,也指介入两者或两者以上的人或事物间,参与其中的活动或组织,表达一种动作状态。

媒介和媒体有区别:媒介是信息传播所需要的载体、介质或通道;媒体是媒介＋内容体系的组合,拥有内容架构、生产流程、编读互动等系统支撑。

在传播学里,传播媒介有两种含义。一是指信息传递的载体、通道、中介物、工具和技术手段,即传播信息符号的物质实体,包括语言、文字、书籍、电话、广播、电视、计算机和网络等。其属性决定信息的物理方式、时空范围、速度快慢和量的规模。二是指从事信息的采集、选择、加工、制作和传输的组织或机构,即传媒机构,如报社、电台、电视台和网站等。

这两种含义指示的对象和领域是不同的,但无论是哪种意义上的媒介,都是社会信息系统中不可或缺的重要环节和要素。一方面,作为技术手段的传播媒介的发达程度,决定信息传播的速度、范围和效率;另一方面,作为组织机构的传播媒介的制度、所有制关系、意识形态和文化背景,决定信息传播的内容和倾向性。

二、媒介的特点

1. 实体性

媒介是用于传播的实体,是具体的、真实的、有形的物质存在。例如,最原始的图书之一是中东地区的帕加马人在公元前 197 年至公元前 159 年发明的羊皮书,这种书的原料开始用绵羊、山羊等的皮,后来用牛、羔羊等的皮,质地变得更好。即使是虚拟现实媒介,也必须借助实体装备,借助计算机才能创造出来。

2. 中介性

媒介居于传播者与受传者之间,使传受双方通过它交流信息、建立联系。例如,中国古代通过邮驿传达命令的凭信邮传符节,就是传受双方的中介。春秋战国时期,各诸侯国都有邮驿。那些骑马送信的则持一种邮传符节铜马节,是马形状的"骑传",作为通信的凭证。

3. 负载性

负载符号,是传播媒介存在的前提和必须完成的使命。从结绳记事、甲骨刻录、壁画描绘、纸质书写,到磁、光、电存储,再到磁光电混合存储系统,媒介的作用都是存储和负载符号,用以记录人类社会发展的过程及成果。

例如,产生于公元前 3 000 年的埃及纸草书卷,最初多为宗教或半宗教文献,后来逐渐传入民间,用来礼赞圣明、记录事件。希腊人称纸草书卷为"巴比"(byblos),后来演变成"圣经"(bible)一词,再后来演变成英语中的"书"(book)。

4. 还原性

作为中介的传播媒介,在传播过程中要保持所负载符号的原声、原形、原样,而不应该对符号做扭曲、变形和嫁接处理。

例如,公元前 20 世纪的印度古代文字,大多刻在石头或陶土制成的印章上,被称为印章文字。如今发现的印章上的铭文和印章雕画,依然保持原形、原样,字体清晰。印章上的铭文可能是印章主人的姓名和头衔等,雕画可能是他们崇拜的事物。这些印章原样保持并反映了当时人们丰富的社会生活和思想内容。

5. 扩张性

媒介不仅可以使传受双方产生关系,还可以将一个人的思想、感情和所见所闻传播开来为许多人所共享。媒介是指插入传播过程之中,用以扩大并延伸信息传送范围的工具。麦克卢汉认为,媒介是人体的延伸,电子媒介将地球连接成"地球村",信息瞬间可达全球。

三、媒介类型划分

按媒介出现的先后顺序,可分为符号媒介、语言媒介、文字媒介、印刷媒介、电子媒介、网络媒介和数智媒介。

按传播对象,可分为个人传播媒介和大众传播媒介。

按影响范围,可分为国际性媒介、全国性媒介和地方性媒介。

按物质存在形式,可分为符号、一般实体媒介和人体媒介。

按媒介与传播内容的关系,可分为存储媒介和传输媒介。

按媒介传播目的,可分为公益性媒介和营利性媒介。

按媒介作用于人的感官的不同,可分为听觉媒介、视觉媒介和视听两用媒介。

按媒介所接触的读者的不同,可分为大众化媒介和专业化媒介。

按媒介传播信息的长短,可分为瞬时性媒介、短期性媒介和长期性媒介。

按传播内容,可分为综合性媒介和单一性媒介。综合性媒介能够同时传播多种信息内容,单一性媒介只能传播某一种或某一方面的信息内容。

按媒介偏倚的性质,加拿大传播学者哈罗德·伊尼斯将传播媒介分为两类。一是偏向时间的媒介。质地较重、耐久性强,如黏土、石头和羊皮纸等,较适于克服时间的障碍,能长久保存。偏向时间的媒介某种意义上是个人的、宗教的、商业的特权媒介,强调传播者对媒介的垄断和在传播上的权威性、等级性和神圣性,但它不利于权力中心对边陲的控制。二是偏向空间的媒介。质地较轻、容易运送,如纸莎草、白报纸等,较适于克服空间的障碍。偏向空间的媒介是一种大众的、政治的、文化的普通媒介,强调传播的世俗化、现代化和公平化。它有利于帝国扩张、强化政治统治,增强权力中心对边陲的控制力,也有利于传播科学文化知识。

按是否使用机器执行传播活动,美国传播学家哈特把有史以来的传播媒介分为三类。一是示现的媒介系统。人们面对面传递信息的媒介,主要指人类的口语,也包括表情、动作、眼神等非语言符号,它们是由人体的感官或器官本身来执行功能的媒介系统。二是再现的媒介系统。包括绘画、文字、印刷和摄影等。在这类系统中,对信息的产生和传播者来说需要使用物质工具或机器,但对信息接收者来说则不需要。三是机器媒介系统。包括电话、唱片、电影、广播、电视、计算机通信等。不但传播一方需要使用机器,接收一方也必须使用机器。

上述三类媒介系统的先后出现,经历了从不依靠任何机器手段,到部分依靠机器,再到完全依靠机器的过程,是人类传播媒介系统日趋丰富的过程,也是人体的信息功能日益向外扩展、体外化信息系统逐渐获得相对独立性的过程。

如果说凡是能使人与人、人与物或物与物之间产生联系或发生关系的物质都是广义的媒介,那么随着万物皆媒时代的到来,媒介的类型划分远远不止上述12种。

第二节 媒介演进史

人类在漫长的社会历史进程中,从未停止对媒介技术的探索、发明和改革创新。首先是语言从无到有,经历几百万年;其次是文字,经历几万年;再次是印刷媒介,经历上千年;然后是电子媒介,经历约百年;目前是互联网、手机和智能媒介,才经历数十年。

数十年来,从互联网到移动互联网、从在线到永远在线、从连接到大连接、从数据到大数据,新兴的智能媒介给人类生活带来了福祉,也带来了对传播内容真实性的困惑。

人类传播史上出现过的五次革命性飞跃,都是基于媒介的革命性变革。发生在10万年前的口语传播,发生在公元前3500年的文字传播,发生在约620年的印刷传播,发生在19世纪中后期的电子传播,发生在1946年电脑出现后的网络传播,都是如此。

随着传播媒介的不断丰富,信息系统不断发达,不断趋于复杂化,媒介对社会的意义也逐渐清晰,逐步扩大。媒介已成为重要的日常生活消费对象。

以下是对媒介演进史的概括介绍。

一、媒介演进史概述

(一)符号媒介

按照英国学者特伦斯·霍克斯对符号的概述,任何事物只要独立存在,与另一事物有联系,并且可以被解释,那么它的功能就是符号。许多动物通过符号传递信息。

常见的是将符号分为信号和象征符。信号具有物理性质,而象征符具有人类语义性质。

早在古代,人们就用各种信号实现信息的传输。中国古代利用烽火传送边疆警报,古希腊人用火炬的位置表示字母符号,这种光信号的传输构成最原始的光通信系统。利用击鼓鸣金可以报送时刻或传达命令,是声信号的传输。后来出现了信鸽、旗语、驿站等传送信息的方法。

人类的早期绘画就是一些象征符。古人在洞壁、工具和饰物上描绘图案和具象画,表现出高超的技艺。此外,古人还尝试用很多办法来记录事件,如结绳记事、在石头或木头上刻下个人的标记,今天的语词符号利用了这些计数符号和图画。中国许多汉字显示出象形的源头。

人类最早没有语言文字,但会依靠身体器官发出某种呼唤,做出某种体态和手势,用来传播十分简单的思想信息。这些呼唤、体态和手势被称为非语言符号。非语言符号是指信息传播不以有声语言和书面语言为载体,能直接刺激人的感觉器官的各类符号。非语言符号和语言符号同属于人类使用的象征符号体系。

然而,在语言产生以前,信号和象征符在传播距离、传播速度、可靠性、有效性方面都没有明显的改善。

(二)口语媒介

口语媒介是最早的一种媒介形式,是语言的一种最初形态。

语言是主要以呼吸器官发声为基础来传递信息的符号系统,是人类最重要的交际工具和存在方式之一,也是人类特有的一种符号系统。人类的声道由软组织、软骨、肌肉、韧带和隔膜组成,运用简便,易于控制,方便交流。当语言作用于人与人的关系时,它是表达相互反应的中介;当语言作用于人和客观世界的关系时,它是认识事物的工具;当语言作用于文化时,它是文化信息的载体。

通过口语进行交流,是人类区别于其他动物的最显著的特征。与文字媒介不同的是,口语媒介简便快捷、真切生动,与身体语言和原始礼仪相伴随,不需要辅助手段,可做到有的放矢,能够释放人的情绪能量,起到某种心理平衡作用。

口语媒介的弱点是传播距离短,覆盖范围窄。口头语言消失迅速,难以直接保存。口语信息口耳相传,容易失真。

(三) 文字媒介

文字不止起源于一个地方。与语言是在将时间和经验抽象的过程中产生的一样,文字也是在将图画抽象的过程中产生的,目的是使稍纵即逝的语音符号传之久远。

因为人们需要的文字必须书写快、省事,还要与复杂的口语挂钩,所以文字的演变经历了一个抽象化和简化的过程,以便规范、普遍适用和便于流传。

随着旅行逐渐增多,人群之间接触频繁,文字应运而生。迄今为止,许多口语尚无文字,世界上的文字种类不如口语种类多。和口语一样,书面语不仅反映人与人接触的增多,而且反映疆域领土、思想交流和社群规模的扩大,尤为重要的是,书面语还反映其所处的文化背景。

文字的发明并应用于文献记录,是人类传播史上的一大创举:一方面,它引导人类从野蛮时代迈入文明时代;另一方面,从时间的久远和空间的广阔上实现了对语言传播的真正超越。从开口说话到用手写字,人类进入一个更高的文明阶段。文字使人类不再单纯依赖开口说话这一体内信息系统来传播信息。

(四) 印刷媒介

印刷媒介是指主要利用机械复制技术和纸质印刷品进行传播的媒介,主要包括报纸、杂志、书籍、邮递广告等。印刷术不断革新,迅速跨越了人力生产而进入机械动力和电力生产的阶段,为科学文化的传播提供了方便。

文字出现以后,人类经历了一个很长的手抄传播阶段。手抄传播效率低、规模小、成本高。印刷时代的到来建立在纸张和印刷术发明的基础之上。

公元105年,蔡伦在前人经验的基础上,利用破布、麻头、旧渔网、树皮等原料制造出结实耐磨的植物纤维纸。

隋唐时,中国诞生了世界上最早的雕版印刷术。雕版印刷是将文字、图像雕刻在平整的木板上,再在版面上刷上油墨,然后覆上纸张,用干净的刷子轻轻地刷过,使印版上的图文清晰地转印到纸张上的工艺方法。

现在能看到的最早的雕版印刷实物,是1900年在敦煌莫高窟发现的一卷印刷精美的《金刚经》,经卷最后题有"咸通九年四月十五日"字样(见图4-1)。唐咸通九年,就是868年。图文风格凝重,印刷墨色清晰,雕刻刀法纯熟,是迄今所知世界上最早的有明确刊印日期的印刷品。

1045年前后,宋朝毕昇发明了胶泥活字印刷术,被认为是世界上最早的活字印刷技术,比德国人约翰·古登堡发明的活字印刷术早约400年。

印刷术的发明,标志着人类掌握了复制文字信息的技术原理,有了信息批量复制生产的观念。但是中国的印刷术长期停留在手工小作坊和人力劳动的水平,直到1436年,德国工匠古登堡在中国活字印刷和油墨技术的基础上创造了金属活字排版印刷,在欧洲压榨葡萄酒所用的立式压榨机的基础上制成了世界上第一台印刷机——铅活字版机械印刷机,使得文字信息的机械化大量复制成为可能。

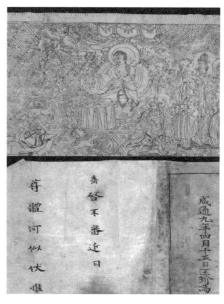

图4-1　中国现存最早的雕版印刷品《金刚经》

古登堡发明的活字印刷机虽然在当时很先进,但仍以人力为动力,复制能力受到极大限制。古登堡的发明在西方应用了300年之后,到19世纪初,以蒸汽机为动力的新型印刷机问世,才使生产力飞速提高,为报纸这种大众媒介的诞生提供了可能。

最具代表性的早期大众化报纸是1833年创办于美国纽约的《太阳报》、1872年创办于中国上海的《申报》等。

以文字为传播手段的三种大众媒介——报纸、杂志和书籍,形成了印刷媒介的共同特征:文字信息对人的大脑的刺激是线性的,受传者可根据个人的兴趣偏好取舍内容,可自由选择阅读时间和地点;资料便于保存,便于携带,便于重读;要求读者具有一定的文化程度,文盲和文化程度较低的人无法或不能充分使用这种媒介。印刷媒介能很好满足专业化、专门化受众的特殊内容需要,因此,印刷媒介在知识界与教育界拥有广泛的类型化受众。教科书使大规模的公共教育成为可能。

（五）电子媒介

19世纪以来，人们开始研究如何用电信号传送信息。电报是一种最早用电来传送信息的可靠的即时远距离通信方式。1837年，莫尔斯在美国发明了电报，用点、划、空适当组合的代码来表示字母和数字，这种代码被称为莫尔斯电码。1839年，首条投入营运的电报线路在英国最先出现，它由英国大西部铁路线装设在两个车站之间作通信之用。到19世纪90年代，各地仍然要经过电线来传送电报。

19世纪末，人们致力于研究用电磁波传送电信号，赫兹、波波夫、马可尼等人在这方面都做出了贡献。1895年，意大利人马可尼首次成功收发无线电电报。开始时传输距离仅数百米，到1901年实现了横跨大西洋的无线电通信。无线电报的发明使流动通信变得可能。

1876年，贝尔发明了电话，直接将声信号转变为电信号沿导线传送，并获美国专利局批准的电话专利，"沃森先生，快来帮我"成为人类第一句通过电话传送的语音。历史上对电话的改进和发明还包括：碳粉话筒、电话人工交换板、拨号盘、自动电话交换机、程控电话交换机、双音多频拨号和语音数字采样等。

1895年，法国的奥古斯特·卢米埃尔和路易·卢米埃尔兄弟研制成功了活动电影机。他们将照片映射在布幕上，吸引了大批好奇的观众。放映电影就此展开序幕。

19世纪末，电影传入中国的上海、北京等地。人们一看到它，就想到一闪而过的电光，便称之为"电光影戏"，后来简称为电影。第一部真正的有声电影是1928年好莱坞一家电影公司拍摄的《纽约之光》。同年，有声电影进入中国的高级影院。

"television"一词早在1900年就已经出现，人们开始探索将图像转变成电子信号的方法。1904年，英国人贝尔威尔和德国人柯隆发明了一次电传一张照片的电视技术。1923年，俄裔美国科学家兹沃里金申请到光电显像管、电视发射器和电视接收器的专利，他首次采用全面性的电子电视收发系统，成为现代电视技术的先驱。

1924年，英国和德国科学家几乎同时运用机械扫描方式成功地传出静止图像。1931年首次将影片搬上电视荧屏，人们在伦敦通过电视欣赏了英国著名的地方赛马会实况转播。

20 世纪 20 年代起,通信建设和应用广泛发展,开始利用铜线实现市内和长途有线通信,又利用短波实现远距无线通信和国际通信。通过无线电波或导线传送声音的广播媒介诞生。其中,通过无线电波传送节目的被称为无线广播,通过导线传送节目的被称为有线广播。

1920 年 6 月 15 日,马可尼公司在英国举办了一场"无线电-电话"音乐会,远在法国、意大利、挪威、希腊的听众都能清晰地收听到音乐会的实况,这是广播事业的开始。世界上第一座领有营业执照的商业广播电台,是于 1920 年 11 月 2 日正式开播的美国匹兹堡 KDKA 电台。

中国第一座广播电台建于 1923 年 1 月,是中国无线电广播公司的广播台,最先在上海播出。20 世纪三四十年代起,利用铜线传输载波电话,使长途通信容量加大,电信号的频分多路技术开始步入实用阶段。

1939 年,美国无线电公司推出世界上第一台黑白电视机。1958 年 3 月 17 日,中国第一台国产电视机问世。

1946 年,世界上第一台电子计算机 ENIAC 问世。

1948 年,在贝尔实验室工作的肖克利等人申请了晶体管发明专利。1949 年,肖克利提出一种性能更好的结型晶体管的设想,通过控制中间一层很薄的基极上的电流实现放大作用。1950 年,结型晶体管研制成功。1955 年,高纯硅的工业提炼技术已成熟,用硅晶片生产的晶体管收音机问世。

20 世纪五六十年代起,半导体晶体管开始在电子电路中替代电子管,其后进入集成电路技术和超大规模集成电路的时代,开始建设最早的公用电话通信网。

电视是一种综合性的科技,是在一系列发明(如电力、电信、摄影、电影、无线电广播等)产生的基础上整合而成的。1953 年设定全美彩电标准,1954 年推出美国无线电公司彩色电视机。

20 世纪 60 年代起,电子计算机应用增多,数据通信开始兴起,电话编码技术得到应用,模拟通信开始向数字通信过渡。

1964 年 4 月 7 日,IBM 推出世界上第一台大型主机 System/360。它的诞生打开了计算机新时代的大门。它首次实现了每秒百万次的指令运算,即使是产品线上的低端型号也能达到每秒 7.5 万次运算。它帮助银行、保险等行业进入更加现代化的阶段,多数大型企业负担得起这种大型主机的价格。这个划时代的创新改变了商业界、科学界、政府和 IT 界本身。

1969年，美国国防部开始启动具有抗核打击能力的计算机网络开发计划"ARPANET"。

1971年，就职于美国雷神科技公司的工程师雷·汤姆林森开发出电子邮件。这个项目改变了人们在商业和生活上的交流方式。

20世纪70年代起，玻璃光纤拉制成功，使得传输网络从电缆通信向光纤通信过渡。地球同步轨道运行的通信卫星发射成功，卫星通信开始对国际通信和电视转播做出贡献，也经常在特殊地理环境下用作有线接入技术的替代与补充。1973年，数字技术用于电视广播，实验证明数字电视可用于卫星通信。

1973年，马丁·库帕率领团队发明了世界上第一部手机，即世界上第一款商用手机摩托罗拉DynaTAC 8000x的原型。手机搭载1G技术，也叫模拟蜂窝网电话系统。"G"代表的是"代"，是英语generation的缩写。1G时代，手机只能使用语音通信，随着传输距离增加，信号很容易受到干扰，增加噪音，并且各国没有统一的通信标准，无法做到全球漫游，即1G不能联网。

（六）网络媒介

网络媒介是20世纪末兴起的新兴传播媒介，是以电子计算机网络为传播媒介，以电脑、手机等终端为载体，通过互联网传播数字数据（包括声音、图像、视频、文字等）的综合信息发布平台。

1. 互联网诞生

互联网诞生于1969年。对具体日期的认识，目前有两大派别："9月2日派"认为克兰罗克教授实现了两部电脑的连接，即阿帕网的诞生；"10月29日派"则强调只有两台主机之间实现了通信才算是互联网的真正生日。

互联网起源于阿帕网。"阿帕网之父"、麻省理工学院林肯实验室的拉里·罗伯茨被调到美国国防部高级研究规划署（ARPA），主持阿帕网（ARPANET）联网项目，从而催生了互联网络。加利福尼亚大学洛杉矶分校第一节点与斯坦福大学第二节点的连通，实现了分组交换网络的远程通信，是互联网正式诞生的标志。人类社会从此跨入网络时代。

2. 路由器雏形

在网络与主机之间插入另外的中介电脑IMP是阿帕网成功的关键步骤。IMP是interface message processor的缩写，本义是"小精灵"。将阿帕网交由许许多多的"小精灵"实施连接、调度和管理，使所有提供资源的大型主机都不必

"亲自"参与联网,从根本上解决了计算机系统不兼容的问题。中介电脑主要承担两件工作:第一,接收远程网络传来的信息并转换为本地主机使用的格式;第二,负责线路调度工作。换言之,为本地传出的信息规定路线(路由),然后传递出去。这样一来,在网络上实际相互对话的只是统一的中介计算机。中介电脑IMP就是路由器(router)的前身和雏形。

3. TCP/IP 协议

1982年,ARPANET制定传输控制协议(TCP)和网际协议(IP),通常称为TCP/IP协议,由此第一次引出互联网的定义:Internet是使用TCP/IP协议连接起来的一组网络。

4. Internet 在全球兴起

20世纪90年代起,国际互联网Internet在全世界兴起。人们可以在网上快速实现国内和国际通信并获取各种有用信息,而仅支付低廉的费用。从此,通信网络的数据业务量急剧增长。这使得以互联网协议(IP)为标志的数据通信在通信网络中逐渐占据更为重要的地位。

5. 万维网和浏览器诞生

1991年,英国计算机科学家蒂姆·伯纳斯-李开发出万维网,简称WWW,即一个由许多互相链接的超文本标记语言(HTML文档)组成的系统,通过Internet访问。他还开发了极其简单的浏览器。

6. 2G 联网

1991年,芬兰率先展开2G运营。2G数字信号取代模拟信号。数字信号抗干扰能力更强,能承载更多信息。短信的出现是这一时代的标志。这一时代也是手机需求暴增的时代。2G可以联网,但网速很慢,每秒只有20 kb左右,但也让运营商看到了新的盈利模式。陡增的需求量成就了通信界两大对头——以摩托罗拉为代表的CDMA美国标准和以诺基亚为代表的GSM欧洲标准。后来,GSM推出了短信功能,获得了更多的市场,诺基亚也打败摩托罗拉成为新的霸主。

1993年,美国政府提出信息高速公路计划,万维网开始"起飞"。1995年,互联网进入商用。1994年4月20日,中国正式接入国际互联网络。1995年5月,中国向社会开放网络接入和提供全面服务。到2000年,中国有一定影响的媒体纷纷"触网",以至于这一年被人们称为新闻媒体的"上网年"。

7. 3G 到来

2008年5月,国际电信联盟(ITU)正式公布第三代移动通信标准,中国提交的 TD-SCDMA 正式成为国际标准,与欧洲 WCDMA、美国 CDMA2000 一起成为 3G 时代最主流的三大技术。同年,苹果公司推出 iPhone,标志着 3G 时代到来。

iPhone 智能手机的风靡推进了移动通信发展。此前,世界上没有统一的通信标准,直到在国际电联大会上制定了国际标准后,"全球通"的愿望才真正实现。3G 技术也使用数字信号,但容量更大、功率更小、辐射也小,速度是 2G 的 140 倍,真正使互联网、多媒体和通信实现了强强联合,视频通话、微博兴起。

8. 4G 到来

2010 年,在美国无线通信展上,HTC 正式发布其第一款 4G 手机——HTC Evo 4G,同时也是全球首款 4G 手机产品。4G 与 3G 的区别在于网速,3G 的网速达到 2 Mbps,4G 的网速能够达到 100 Mbps,使人们在地铁里也能畅玩手机。手机成为人类生活的一部分。视频 App 成为青少年的宠爱,手机支付逐渐代替钱包现金支付。但在人们日益丰富的需求面前,4G 仍存在不足。

9. 5G 到来

2015 年,国际电信联盟对第五代移动通信(5G)的实现愿景进行了定义:一是增强型移动宽带;二是海量机器类通信;三是低时延、高可靠通信。其中,增强型移动宽带是已有 2G/3G/4G 技术的升级,要求移动通信速率在 4G 的基础上提升 10 倍,以支持更高数据传输要求的应用,如 VR/AR、8K 视频、人工智能等。海量机器类通信和低时延、高可靠通信,被统称为移动物联网场景。这是 5G 时代以前从未提出过的应用愿景。如今,数以万计的传感器被嵌入社会的各个角落,形成了"万物互联"的新景象。

5G 的传输速度为"万物联网"提供了可能。5G 提供了峰值 10 Gbps 以上的网络传输速率,速率可稳定在 1 Gbps 至 2 Gbps,能实现 1 080 P 的视频同摄同传。低至几毫秒的延迟,使得 5G 能够实现对远程设备的控制,比如遥控家中的空调、电视等,甚至可以实现无人驾驶和远程手术。5G 使无人车、无人机、物联网、VR 沉浸式体验和智能城市等统统不是梦。物联网"连接一切"的属性引发了新时代的数据核爆,"数据即资产"开始成为基本理念。

10. 将来的 6G

6G 通过将卫星通信整合到 6G 移动通信来提高传输能力,其传输能力可能比 5G 提升 100 倍,网络延迟也可能从毫秒级降到微秒级。网络信号实现全球无缝覆盖。此外,在全球卫星定位系统、电信卫星系统、地球图像卫星系统和 6G

地面网络的联动支持下,地空全覆盖网络还能帮助人类预测天气、快速应对自然灾害等。6G 通信技术不再是简单的网络容量和传输速率的突破,而是为了缩小数字鸿沟,实现万物皆可实时互动,互动随时随地,互动无所不在。

从 1G 到 6G,从 Web1.0 到 Web3.0,网络媒介的迅速发展是计算技术和通信技术结合的产物,主要有如下技术特征。

(1) 宽带。美国联邦通信委员会解释,任何传输速率在 4 Mbps 以上的互联网连接都可称为宽带。宽带频率的范围愈大,即带宽愈高时,能够发送的数据也相对增加。宽带网络分为三大部分:传输网、交换网、接入网。

(2) 交互性。网络媒介与传统的印刷媒介、电子媒介最大的不同之处在于双向交互性。

(3) 数据库。网络媒介传播的方式是数据化传播,与网络媒介相应的数据库系统容量无穷、能力巨大、无处不在、检索方便迅速。与传统媒体信息生产发布手段相比,网络信息的制作与传播速度要快得多。

(4) 多终端。网络终端设备不局限于传统的桌面应用环境,随着连接方式的多样化,它既可以作为桌面设备使用,也能够以移动和便携方式使用,终端设备有多样化的产品形态。此外,随着跨平台能力的扩展,为了满足不同系统应用的需要,网络终端设备将以众多面孔出现:Unix 终端、Windows 终端、Linux 终端、Web 终端、Java 终端等。

(5) 跨媒介。声音、图像、视频、文字等各种媒介都可以融合在网络媒介中。网络媒介拥有各种传播媒介表现手段,能将文字、图像和声音等有机地组合在一起,传递多感官的信息。

(七) 智能媒介

1. 概念

智能媒介是用人工智能技术重构信息生产与传播全流程的媒介,是人工智能与人类智能协同的在线社会信息传播系统。

智能媒介的核心是基于用户的需求,实时、智能地向用户提供信息和服务,从而为用户提供强大的竞争力。因此,智能媒介还是能够感知用户并为用户带来更佳体验的信息客户端与服务端的总和。

2. 技术进步驱动智能媒介形成与发展

随着 5G、大数据、云计算、区块链、人工智能、物联网、VR/AR/MR、生物识别、计算机视觉和智能硬件等技术不断向媒体行业渗透,以技术为纽带的新媒体变革推动了媒介形态、内容生产、分发渠道和用户体验等多领域全方位的演进与变化,智能媒介逐步发展起来。与智能媒介有关的技术如下。

(1) 大数据。

大数据是指无法在一定时间范围内用常规软件工具进行捕捉、管理和处理的数据集合,是需要新处理模式才能具有更强的决策力、洞察发现力和流程优化能力的海量、高增长率和多样化的信息资产。海量性、可变性、多样性、高速性、真实性、复杂性和价值性是大数据的七大特征。

互联网大数据的典型代表包括用户行为数据(精准广告投放、内容推荐、行为习惯和喜好分析、产品优化等)、用户消费数据(精准营销、信用记录分析、活动促销、理财等)、用户地理位置数据(O2O 推广、商家推荐、交友推荐等)、互联网金融数据(P2P、小额贷款、支付、信用、供应链金融等)、UGC 数据(趋势分析、流行元素分析、受欢迎程度分析、舆论监控分析、社会问题分析)等。

数据分析的流程大致可以按"数据获取—数据存储与提取—数据预处理—数据建模与分析—数据可视化"的步骤来实施。每个步骤需要掌握的细分知识点如图 4-2 所示。

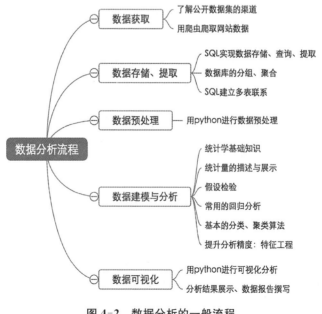

图 4-2 数据分析的一般流程

(2) 云计算。

云计算是一种基于互联网、只需最少管理和与服务提供商交互就能便捷、按需访问共享资源（包括网络、服务器、存储、应用和服务等）的计算模式。按需自助服务、广泛网络接入、计算资源集中、快速动态配置、按使用量计费是云计算的主要特点。云计算的快速发展为随时随地处理数据提供了前提条件。

云计算提供的三种服务模式包括：基础设施即服务（IaaS），为用户提供虚拟机或者其他存储资源等基础设施服务；平台即服务（PaaS），为用户提供包括软件开发工具包（SDK）、文档和测试环境等在内的开发平台，用户无须管理和控制相应的网络、存储等基础设施资源；软件即服务（SaaS），为用户提供基于云基础设施的应用软件，用户通过浏览器等就能直接使用在云端运行的应用。

在云计算模式下，软件、硬件、平台等信息技术资源以服务的方式提供给使用者。云计算可以实时精准地分析用户需求，从而生产出用户所需要的信息。这使得传播更加便捷且精准度高。基于云计算的内容生产和传播方式创造了一个新的广阔的智能媒介市场。

云计算引发软件开发部署模式的创新，并且为大数据、物联网、人工智能等新兴领域的发展提供基础支撑，催生出强大的产业链和产业生态。

(3) 物联网。

物联网是指通过信息传感器、射频识别技术、全球定位系统、红外感应器、激光扫描器等各种装置与技术，实时采集任何需要监控、连接、互动的物体或过程，采集其声、光、热、电、力学、化学、生物、位置等信息，通过各类可能的网络接入，实现物与物、物与人的泛在连接，实现对物品和过程的智能化感知、识别和管理。物联网让所有能够被独立寻址的普通物理对象形成互联互通的网络。

物联网的基本特征可概括为整体感知、可靠传输和智能处理。从通信对象和过程来看，物与物、人与物之间的信息交互是物联网的核心。物联网时代，数据替代用户和入口，成为新的经济增长点。

2005 年 11 月 17 日，在突尼斯举行的信息社会世界峰会上，国际电信联盟发布了《ITU 互联网报告 2005：物联网》，正式提出"物联网"的概念。报告指出，无所不在的物联网通信时代即将来临，从轮胎到牙刷、从房屋到纸巾，世界上所有物体都可以通过因特网主动进行交互。射频识别技术、传感器技术、纳米技术、智能嵌入技术将得到更加广泛的关注和应用。

(4)可穿戴设备。

可穿戴设备是指一种通过在身体上佩戴的方式,将计算机或电子技术融入日常生活中的智能装置。这类设备可以与其他智能设备进行联动,实现数据交换、监测生理指标等功能。2012年因谷歌眼镜的亮相,被称作"智能可穿戴设备元年"。

可穿戴设备的技术如下。

硬件设备,指可穿戴设备的物理结构和组成部分,包括处理器、传感器、显示屏、电池等。其中,处理器是可穿戴设备运行的核心,传感器用于监测身体的生理指标和环境数据,显示屏则用于显示信息和交互操作。

系统软件,指可穿戴设备的操作系统和应用程序,包括用户界面、通信协议、安全机制等。其中,操作系统需要支持低功耗、实时性、稳定性等特点,应用程序则需要针对不同领域设计相应的功能。

数据处理,指可穿戴设备在采集到的数据中进行加工处理的过程,包括信号滤波、特征提取、分类识别等。其中,信号滤波是为了降噪和优化信号质量,特征提取是为了提取有用的信息,分类识别则是为了实现不同的功能。

云端服务,指可穿戴设备通过互联网与服务器进行通信和数据交换,实现数据存储、分析和挖掘等功能。其中,数据存储需要满足隐私保护和数据安全的要求,分析和挖掘则需要应用机器学习、数据挖掘等技术。

可穿戴设备的发展趋势如下。

材料创新。未来的可穿戴设备将使用更轻薄柔性的材料,如OLED材料,这将帮助提高设备的可穿戴性和舒适度。

人工智能。随着人工智能技术的不断进步,可穿戴设备将具有更强大的功能,比如更智能的健康管理和运动监测等。

生物识别。未来的可穿戴设备将配备更完善的生物识别技术,比如指纹识别、虹膜识别、人脸识别等,提高设备的安全性和用户体验。

合一化设计。未来的可穿戴设备将越来越注重设计美感和细节处理,将更多元素整合在一个设备中,实现多种功能的集成。

市场导向。未来的可穿戴设备市场将会日益庞大和多元化,更加注重个性化和时尚化,推出更加符合用户需求的产品,并且不断创新和发掘新的用户需求。

(5)人工智能。

人工智能(artificial intelligence,AI)是研究使计算机模拟人的思维过程和智能行为(如学习、推理、思考、规划等)的学科,主要包括计算机实现智能的原理、制造类似于人脑智能的计算机,使计算机能实现更高层次的应用。

　　人工智能本质上是具有类人智能的机器,能够代替人类完成任务,提升效率,解放人类劳动。例如,让机器像人一样思考(人机对弈、机器学习、自动推理和搜索方法、人工意识、知识表示等),让机器像人一样听说(语音识别、说话人识别、机器翻译、语音合成、人机对话等),让机器像人一样看懂(图像识别、人脸识别、虹膜识别、文字识别、车牌识别等),让机器像人一样行动(智能机器人、无人驾驶汽车、无人机等)。这里的"行动"应广义地理解为采取行动,或者制定行动的决策,而不仅是肢体动作。

　　与互联网、移动互联网一样,人工智能是基础能力,它将融入现有的生产生活,影响到所有与数据有关的领域。人工智能就其本质而言,是对人的思维的信息过程的模拟。

　　对人的思维模拟可以从两条道路进行:一是结构模拟,仿照人脑的结构机制,制造出类人脑的机器;二是功能模拟,暂时撇开人脑的内部结构,从其功能过程进行模拟。现代电子计算机的产生便是对人脑思维功能的模拟,是对人脑思维的信息过程的模拟。

　　人工智能在计算机上实现有两种不同的方式。一种是采用传统的编程技术,使系统呈现智能的效果,而不考虑所用方法是否与人或动物机体所用的方法相同。这种方法叫工程学方法,已在一些领域内做出成果,如文字识别、电脑下棋等。另一种是模拟法,不仅要看效果,还要求实现方法也和人类或生物机体所用的方法相同或类似。遗传算法和人工神经网络均用模拟法。遗传算法模拟人类或生物的遗传-进化机制,人工神经网络则是模拟人类或动物大脑中神经细胞的活动方式。为了得到相同的智能效果,两种方法通常都可使用。采用前一种方法,需要人工详细规定程序逻辑。采用后一种方法时,编程者要为每个角色设计一个智能系统(一个模块)来进行控制。这个智能系统(模块)开始什么也不懂,就像初生婴儿那样,但它能够学习,能渐渐地适应环境,应对各种复杂情况。这种系统开始也常犯错误,但它能吸取教训,下一次运行时就可能改正,至少不会永远错下去,用不到发布新版本或打补丁。利用这种方法来实现人工智能,要求编程者具有生物学的思考方法。

　　(6) 深度学习。

　　何谓深度学习?简单地说,就是建立、模拟人脑进行分析学习的人工神经

图 4-3 人工智能、机器学习和深度学习三者的包含与被包含关系

网络。深度学习是机器学习最重要的一个分支,机器学习又是人工智能的一个分支。人工智能、机器学习和深度学习的关系如图 4-3 所示。

深度学习是一个用人类的数学知识与计算机算法构建整体架构,再结合尽可能多的训练数据和计算机的大规模运算能力去调节内部参数,尽可能逼近问题目标的半理论、半经验的建模方式。

传统机器学习的特征提取主要依赖人工。针对特定简单任务的时候,人工提取特征会简单有效,但是并不能通用。深度学习的特征提取并不依靠人工,而是机器自动提取。

深度学习是机器学习中一种基于对数据进行表征学习的方法。深度学习的好处是用非监督式或半监督式的特征学习和分层特征提取高效算法来替代手工获取特征。

深度学习是机器学习研究中的一个新的领域,其动机在于建立、模拟人脑进行分析学习的神经网络。它模仿人脑的机制来解释数据,如图像、声音和文本。没有深度学习就不会有今天的 ChatGPT。

2012 年,有"AI 教父"之称的加拿大多伦多大学教授杰弗里·辛顿与两名学生一起开发了一种多层神经网络。该神经网络可被训练识别大型图像数据集中的物体。神经网络学会了去反复提升分类和识别各种物体的方法。该系统表现出出乎意料的精准度。

辛顿认为,深度学习几乎可以完全复制人类的智能。与机器学习方法一样,深度机器学习方法也有监督学习与无监督学习之分。不同的学习框架下建立的学习模型不同。例如,卷积神经网络就是一种深度的监督学习下的机器学习模型,而深度置信网络就是一种无监督学习下的机器学习模型。

辛顿是人工智能开拓者,他最担心的是人工智能会欺骗人类,互联网将充斥着虚假的照片、视频和文字,普通人将"无法再知道什么是真的"。他还担心随着人工智能技术的提升,人工智能开始编写和运行自己的代码,会对人类的生存造成更大的威胁,最终颠覆就业市场。如今,像 ChatGPT 这样的聊天机器人可能取代律师助理、个人助理、翻译和其他处理死记硬背任务的人。

辛顿的担忧观点一石激起千层浪。以生成式人工智能为代表的前沿算法,因其强大的生成能力引起各国政府的警惕。2023 年 7 月,国家网信办联合国家发改委、教育部、科技部、工业和信息化部、公安部、广电总局公布了《生成式人工智能服务管理暂行办法》,提出 21 条举措,防范人工智能技术滥用,给人工智能技术和应用的发展"系上安全带"。

(7) 虚拟现实、增强现实和混合现实。

虚拟现实(virtual reality, VR),又译作灵境、幻真。这个名词由美国 VPL 公司创建人拉尼尔在 20 世纪 80 年代初提出,也称灵境技术或人工环境。

迈克尔·海姆用三个以"i"开头的单词来定义虚拟现实。

"沉浸"(immersion)。这是一种复杂和独特的现象,人们在心理上感觉被转移到另外的空间之中。沉浸的程度和满足度取决于技术发展的程度。

"互动"(interactivity)。这要求计算机要像人的器官一样生成和处理信息。计算机强大的系统完成与人的器官之间的双向的信息交换。

"信息强度"(information intensity)。虚拟现实本身蕴含智性,如遥感临境,在一种特殊的临境效应之下,进行远程的控制和体验。

作为一项尖端科技,虚拟现实集成计算机图形技术、计算机仿真技术、通信、测控多媒体、人工智能、传感技术、显示技术、网络并行处理等技术的最新发展成果,是一种由计算机生成的高技术模拟系统。它最早源于美国军方的作战模拟系统,20 世纪 90 年代初逐渐为各界所关注并在商业领域得到进一步发展。

虚拟现实改变了过去人类除了亲身经历就只能间接了解环境的模式,有效地扩展了自己的认知手段和领域。

近年来,随着计算机硬件技术和软件技术的发展,虚拟现实技术在各行各业都得到不同程度的发展,并且越来越显示出广阔的应用前景。虚拟战场、虚拟城市,甚至"数字地球",无一不是虚拟现实技术的应用。虚拟现实技术将使众多传统行业和产业发生革命性的改变。

增强现实(augmented reality, AR)技术是一种将虚拟信息与真实世界巧妙融合的技术,通过广泛运用多媒体、三维建模、实时跟踪及注册、智能交互、传感等多种技术手段，将计算机生成的文字、图像、三维模型、音乐、视频等虚拟信息模拟仿真后，应用到真实世界中，两种信息互为补充，从而实现对真实世界的"增强"。

增强现实将真正改变我们观察世界的方式。想象您自己行走在或者驱车行驶在路上，通过增强现实显示器（最终看起来像一副普通的眼镜），信息化图像将出现在您的视野之内，并且所播放的声音将与您所看到的景象保持同步。这些增强信息将随时更新，以反映当时大脑的活动。

混合现实（mixed reality，MR）是由"智能硬件之父"、多伦多大学教授史蒂夫·曼提出的介导现实（mediated reality），是一项融合虚拟现实和增强现实的新兴技术。混合现实是虚拟现实技术的进一步发展，它将虚拟世界和现实世界进行融合，创造出一种全新的交互体验。它在虚拟与现实之间创建了一个无缝的交互环境，特点在于虚实融合，可以通过手势识别、眼动追踪和声音识别等方式实现更加自然和直观的交互。

保罗·米尔格拉姆和岸野文郎在其1994年发表的论文《混合现实视频显示的分类法》中首次引入"混合现实"一词。该文探讨了"虚拟连续体"的概念和视觉显示的分类法。混合现实是物理世界和数字世界的混合，开启了人、计算机和环境之间的自然且直观的3D交互。

总之，如果将VR、AR和MR三者的沉浸感进行比较，MR沉浸感居中，VR沉浸感高，AR沉浸感低。三者的沉浸感比较如图4-4所示。

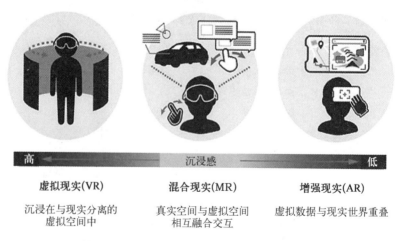

图4-4　VR、AR和MR三者的沉浸感高低比较

(8) 全息影像。

全息技术是利用干涉和衍射原理记录并再现物体真实的三维图像的技术。第一步是利用干涉原理记录物体光波信息，此即拍摄过程：被摄物体在激光辐照下形成漫射式的物光束，另一部分激光作为参考光束射到全息底片上，和物光束叠加产生干涉，把物体光波上各点的位相和振幅转换成在空间上变化的强度，从而利用干涉条纹间的反差和间隔将物体光波的全部信息记录下来。

我们知道，要想表现物体的立体感，除了需要记录物体表面光强度信息外，物体反射光的信息也很重要，两者信息叠加即实现了平面物体加物体阴影的立体感（类似于美术中静物素描的表现手法）。全息影像立体感强，形象逼真，借助激光器可以在各种展览会上进行展示，能得到非常好的效果，如图4-5所示。

图 4-5　视觉艺术装置：用全息投影打造浩瀚磅礴的"银河系"

(9) 柔性显示技术。

柔性显示技术（有机发光二极管）属于有机电致发光显示技术。柔性显示屏由柔软的材料制成，可变形、可弯曲且非常薄，比印刷用的纸还要轻薄，颠覆常规液晶显示技术，切掉电源，内容也不会消失，被叫作"电子纸"。这种柔性显示屏具有分辨率高、反应速度快、亮度高、低耗电等优点，可以提供更艳丽、更清晰的高画质，可有效降低对人眼视力的损伤。无论是在显示领域还是在照明领域，柔性显示技术都被视为引发新一轮信息产业升级的显示技术。

(10) 生物识别技术。

生物识别技术主要是指通过人类生物特征进行身份认证的一种技术。这种技术通过计算机与光学、声学、生物传感器和生物统计原理等高科技手段密切结合，利用人体固有的生理特性（如指纹、脸象、虹膜等）和行为特征（如笔迹、声音、步态等）来进行个人身份的鉴定。人类的生物特征通常具有唯一性、可以测量或可自动识别和验证、遗传性或终身不变等特点，因此，生物识别认证技术较传统认证技术存在较大的优势。

如今出现的生物识别技术包括指纹识别、手掌几何学识别、虹膜识别、视网膜识别、面部识别、签名识别、声音识别等，但其中一部分技术含量高的生物识别手段还处于实验阶段。随着科学技术的飞速进步，将有越来越多的生物识别技术应用到实际生活中。

(11) 计算机视觉。

计算机视觉是指用摄影机和电脑代替人眼，对目标进行识别、跟踪和测量等机器视觉处理，并进一步做图形处理，用电脑处理成更适合人眼观察或传送给仪器检测的图像。

作为一个科学学科，计算机视觉研究相关的理论和技术，试图建立能够从图像或者多维数据中获取信息的人工智能系统。因为感知可以看作从感官信号中提取信息，所以计算机视觉也可以看作研究如何使人工系统从图像或多维数据中感知的科学。

作为一个工程学科，计算机视觉寻求基于相关理论与模型来建立计算机视觉系统。这类系统的组成部分包括：程序控制（如工业机器人和无人驾驶汽车）、事件监测（如图像监测）、信息组织（如图像数据库和图像序列的索引建立）、物体与环境建模（如工业检查、医学图像分析和拓扑建模）、交感互动（如人机互动的输入设备）。其系统组成和工作原理如图4-6所示。

计算机视觉是一门综合性学科，吸引了来自众多学科的研究者参加到对它的研究之中，这些学科包括计算机科学和工程、信号处理、物理学、应用数学和统计学、神经生理学和认知科学等。

(12) 区块链。

区块链是分布式数据存储、点对点传输、共识机制、加密算法等计算机技术的新型应用模式。它本质上是一个去中心化的数据库，同时作为比特币的底层

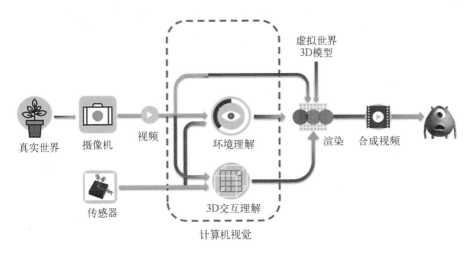

图 4-6　计算机视觉系统的组成和工作流程

技术,是一串使用密码学方法相关联产生的数据块,每个数据块中包含一批次比特币网络交易的信息,用于验证其信息的有效性(防伪)和生成下一个区块。区块链信息不可伪造和篡改,可以自动执行智能合约,无须任何中心化机构的审核。交易既可以是比特币这样的数字货币,也可以是债权、股权、版权等数字资产。区块链技术大大降低了现实经济的信任成本与会计成本,重新定义了互联网时代的产权制度。

综上所述,智能、沉浸、深融是媒介演进的总趋势和方向。媒介演进的主要动力,来自科学技术进步,同时也受到社会制度和文化发展的影响。媒介演进的过程,不是一种媒介依次取代另一种媒介,而是一个个新媒介不断依次叠加、新旧媒介不断深度融合走向更加智能的过程。

二、智能媒介的特征

(一)作为基础设施的物联网

不同的社会发展阶段在不同的基础设施之上建立起不同的传播模式,物联网则是正在加速到来的智能传播模式的基础设施。

通信互联网、能源互联网和物流互联网作为三大关键部分共同构成了物联网的主体,为在一个高度互联的、跨越时空界限的全球化超级智能网络中将所有人和物集合起来提供了认知神经系统和基础物理手段。

在智能媒介的世界里,信息、创意和内容等媒介产品所需的新的生产力和生产效率就恰恰蕴藏在这个开放式、分布式、协同化和互联化的物联网基础设施中。

每个被物联网连接的物体都将具备智能媒介的属性,小到一块手表,大到一辆汽车,越来越多的物体都将被嵌入一定程度的媒体智能。一旦接入物联网,它们就会开始实时自我监控并全面地记录、分析和洞察我们的生活,在需要引起注意的时候还会主动与我们进行交流。

例如,电视机、洗衣机、电冰箱、试衣镜都会按照我们的媒介接触习惯和内容偏好程度进行初始的程序设置,并且在社交工具(如微信)中关注我们或成为我们的好友。一旦我们所追的美剧或韩剧有了更新,它们会根据我们所处的特定场景将这一内容推送到最合适的智能设备上。

事实上,物联网中所有智能媒介节点生成的关于用户的数据将成为网络中最主要的数据流,它们创造了内容生产者与用户之间新的价值链,而这将会比任何一个智能设备本身更有价值。

(二)构成生产要素的大数据

在整个世界被物联网化的过程中,网络连接和智能节点产生的数据量也开始呈指数级增长,并如同人力、技术、设备这些传统的生产要素一样,成为新的且不可或缺的生产要素。

数据大爆发中蕴含着媒介产业的新机遇,以及我们对传播业务、媒体用户进行深入、全面、立体了解的可能。这种对先进数据技术的掌握和运用能力是智能媒介时代的产业竞争必须具备的技术基础与核心能力。

对于传媒产业而言,大数据分析与应用的主要目标是通过分析用户习惯和兴趣偏好来找到新的突破口,使媒介内容的生产过程更加智能化,更加符合用户需求。

在智能媒介时代,几乎所有媒介内容的生产、传播、营销和集成决策都需要依靠数据分析,特别是在海量智能设备接入物联网导致媒介用户数据的量、质和种类都在持续增长的情况下,数据已经成为智能媒介时代最重要的生产要素。

(三)优化资源匹配的移动计算

移动计算是随着智能终端、移动互联网、即时通信、大数据、分布式计算等技术快速崛起的一种计算技术,其核心价值在于向分布在不同位置的移动智能媒介用户提供安全、快速、有效、优质的信息获取、查询、存储和计算服务。

美国计算机科学家艾伦·凯进一步延伸了麦克卢汉"媒介即讯息"的观点，他预见性地认为，计算将成为一种通用的、包罗万象的媒介，可以容纳语音、音乐、文字、视频和通信。

事实上，媒介用户在不同的时间和空间下所处的位置和状态构成了不同的场景，而不同的场景又决定了媒介用户对不同媒介信息和内容的不同兴趣。

用户每一秒都会处于不同的场景中，使得他们的信息需求与内容渴望会随着不同的场景而发生"秒变"，从而开拓出一个虽然有着时空限定却无比广阔的智能媒介新市场。它要求我们对处于移动状态中的用户进行实时的、动态的、具有预测性的数据分析和计算。只有这样，才能将最符合用户需求的媒介内容和信息服务个性化地匹配给精准用户。

同样，智能媒介时代也需要强大的移动计算能力来分析并预测用户场景化的媒介需求。这将推动智能媒介产业从即时响应向预测需求转变，进而激活用户的个人信息和内容消费市场。

因为用户本身被深刻地洞察了，所以这样的媒介生产、集成、分发和消费必然是定向化、个性化和智能化的。移动计算带来的智能传播意味着内容提供者将不再向用户推送一些他们不感兴趣的内容，而是利用所知的用户数据同时为媒介自身和媒介用户提供智能化的信息服务。

（四）加速智能进化的机器学习

无论是我们已经看到的互联网世界，还是正在成形过程中的物联网基础设施，抑或是被广泛连接的智能媒介设备，它们都处于一场无尽的技术升级竞赛中，并且快速迭代的周期不断加速。智能媒介的整个生态系统亦是如此。

智能媒介传播是媒介融合的高级阶段，而我们现在所处的时代只是智能媒介传播的萌芽阶段。当前的智能媒介生态会在永不停歇的进化中被更新的智能生态取代，而加速这种进化的除了技术本身，最关键的就是处于智能网络中的智能媒介自身的学习能力。

事实上，真正的智能媒介一定不会是某种完全独立的硬件设备（如未经联网的手机、平板或机器人），它泛在于整个由百万亿智能媒介节点组成的超级物联网之中，是灵活的、嵌入式的、分布式的、没有固定形态而又无处不在的。

智能媒介的生态系统会随着人们日益增多的使用而不断自我进化到更加智

能的状态,会将这次在媒介产品运营中学习到的经验运用到下一次的操作中,并随着数据的激增和算法的改进而持续进步。

越多人和物被接入并使用智能媒介生态系统,它就会变得越智能。这将激励更多智能设备成为其中的网络节点,从而形成智能媒介生态进化的正向反馈和良性循环。

(五)智能媒介传播的新景观

智能传播是对媒介边界和传媒产业边界的一种全新的拓展。智能的嵌入改变了媒介的生存方式。

在智能媒介时代,许多工作内容都将被智能设备取代,媒介设备日趋智能化,媒介产业的作业流程、所有环节乃至所有细节都越来越智能化。

物联网、大数据、智能算法、深度学习等相互关联的智能技术,为智能媒介传播范式的开启做足了基础设施、生产要素、引擎驱动和发展动力等多方面的准备。它们与传媒产业中任何一个板块、一种要素、一个环节的创新组合都将引发一场化学反应,并催生出截然不同的智能媒介新业态。

智能媒介对传统媒介的影响,是对内容的生产方式的颠覆,是使用户定位更加准确,是虚拟现实技术促进了媒介融合泛化。

人类文明的发展伴随着生产力的一次次跃升。未来,数字化是最确定的趋势。加快数字经济发展,促进生产力质的飞跃,是全世界、全行业的共同诉求。跃升数字生产力正当时,我们正加速迈向智能世界。

三、媒介融合

(一)媒介融合的概念

最早提出不同媒介工业"即将和正在趋于融合"这一远见的人,是美国计算机科学家、麻省理工学院媒体实验室的创办人兼执行总监尼古拉斯·尼葛洛庞帝。

1978年,他通过一个图例演示了三个相互交叉的圆环的聚合过程。在这个聚合模型中,三个圆环分别代表"计算机工业""出版印刷工业""广播电影工业"。这被认为是媒介融合的雏形。1979年,他在一次演讲中预言,在数字技术的驱动下,到20世纪末,广播和电视业、印刷和出版业、电脑业将逐渐重叠、融合。

1983年,美国马萨诸塞州理工大学教授伊契尔·索勒·浦尔在《自由的技术》中提到,媒介融合泛指由数字技术所带来的多种媒介载体相互融合的技术演变。在数字技术的影响下,电信、电话、电报和大众传播媒介之间原有的行业隔离与技术区别正在逐步消失,各种媒介呈现出多功能一体化的趋势。从本质上讲,融合是不同技术的结合,两种或更多种技术融合后形成某种新传播技术,由融合产生的新传播技术和新媒介的功能大于原先各部分的总和。

随后,中西方学者关于"媒介融合"提出了不同的概念,大致分为四类。

第一,在微观层面强调媒介融合的技术基础作用和驱动作用。

第二,从中观层面,研究范围主要涵盖传媒技术融合、传媒产品形态融合、传媒运作系统融合和传媒组织机构融合等方面。

第三,从宏观层面,媒介融合概念不仅包括上述两类定义的内容,而且强调媒体业务和媒体本身的融合、社会监管和规则的融合、用户对媒体的互动使用和参与的融合。

第四,从大传媒业角度出发,媒介融合涵盖传媒业、电信产业、IT产业、电子产业等所有参与到媒介融合中来的产业。

凯文·曼尼在《大媒体潮》中提出"大媒体"(megamedia)的概念,认为传媒业、电信业、信息业都将统合到一种新的产业之下,即"大媒体业"。美国学者雪莉·贝尔吉认为,融合是指由于技术的进步,出版、传播、消费着电子和计算机产业之间的界限趋于模糊的现象。

(二)媒介融合的内容

1. 传媒组织的整合

通过整合,大众传媒最终发展成了一个通过电脑等多个智能终端端口,同时传播文字、数据、图像和影像的高速资讯网络。美国较大规模的传媒集团,都融合了电台、电视台、报刊、网络、音像、出版、电影等多个传媒组织。中国报业集团、广电集团在政府的指引下整合成传媒集团。例如,上海报业集团通过整合,从一家以报刊为主的传统报业集团,转变为有网站、客户端、微博、微信公众号、手机报等多种新媒体、智媒体形态的全媒体集团。

2. 媒介内容的融合

媒介内容的融合指分属于不同媒介形态的内容生产,依托数字技术形成跨平台和跨媒体的使用,利用数字化终端,形成多层次、多类型内容融合产品。融合内容从内容来源可划分为报纸、杂志、书籍、广播、电视、互联网等,从形态上可分为文本、图片、影像、声音等。

3. 传播渠道的融合

传播渠道的融合指原来不同形态的媒介产品传播信道的融合与互联互通。具体来说,传播渠道主要是指电信网、广电网、互联网三个信息传输渠道。各类文本、图片、影像、声音等依托数字技术和网络技术,以数字化的形态,不仅可分别经由电信网、广电网和互联网渠道分发给使用不同数字终端的受众,而且三网可互联互通。在技术上趋向一致,在网络层可以实现互联互通,在业务层互相渗透和交叉,在应用层使用统一的通信协议,从而实现网络资源最大限度的共享,使不同的产业进行融合。

4. 媒介终端的融合

媒介终端的融合指将多种媒体功能整合在一起,以一种开放的终端平台将信息和服务传递给使用者。从目前的运作情况看,媒介终端融合平台主要是指3C融合,指计算机、通信、电子消费终端产品的融合。具体的产品类型包括电脑、手机、电视、广播、电子终端设备、数字终端设备等。

(三)媒介融合的典型产品:智能手机

世界上公认的第一部智能手机 IBM Simon 诞生于 1993 年,它是世界上第一款使用触摸屏的智能手机,由掌上电脑演变而来。传统手机安装的是厂商自行开发的封闭式操作系统,不能随意安装、卸载软件。但 IBM Simon 使用 Zaurus 操作系统,还搭载一款名为 Dispatch lt 的第三方应用软件,为以后的智能手机处理器奠定了基础,具有里程碑意义。

2007 年发布的第一代 iPhone,开启了智能手机发展的新时代。2008 年 7 月,苹果公司推出 iPhone 3G,成为业界的标杆产品。iPhone 3G 拥有独立的操作系统,用户可以根据自己的需要选择安装各种应用软件,功能可以无限扩展。智能手机集文字、图片、音频、视频、动画等各种形式于一身,加强了信息传播的现场感和在场感,可以更好地满足用户在娱乐、商务、资讯、服务等应用功能上对移动互联的需求。

智能手机小巧精致,操作便捷,既可以连接移动网,也可以通过 Wi-Fi 无线联网,还可以通过蓝牙、USB 接口、HDMI 接口与其他设备相连。智能手机具有交互性、即时性、用户资源丰富性,使其不仅成为个人信息处理中心,也成为人们与社会相连的伴随媒介。

随着智能手机集成重力感应器、距离感应器、气压感应器、光敏感应器、声音感应器等信息传感器越多,手机具有的信息感知能力越完善。随着外设技术的不断进步和计算机处理器不断提速,智能手机作为个人信息处理中心的作用也将更加突出。

(四)媒介融合的两个前提条件

第一,数字化推动。媒介融合是以数字技术为基础的各种介质、媒介形式的整合,是以字节为基本单位的媒介类别的聚合。正是因为数字技术可以将文字、图片、音频、视频统一转化为比特,使得媒介融合有了技术基础。随着卫星技术、数字化技术和网络技术的进步,以及这些技术在广电、通信领域的全方位渗透与应用,媒介的界限渐渐模糊,新媒体形式层出不穷,媒介终端可实现的功能越来越强大。

第二,产业政策支持。为了推进媒介融合、发展文化产业,各国都出台了相应的法规和政策。自2004年起,中国报刊社就获准参与图书、广播、电视、网络等其他媒体形式的经营,形成立体化经营的跨媒体集团,在打破行业和区域壁垒、跨地区跨媒体融合经营方面实现新突破。中国不断推出支持媒介融合政策,从推动融合到加快推进深度融合。

(五)媒介融合的动因

1. 受众需求召唤

媒介融合的价值和可行性建立在受众对不同媒体内容的集合式需求(综合性需求)上,消费者对能够满足一系列相关需求的单一供给者有偏爱。同时,如今的受众已不再满足于信息同质化的大众传播,而倾向于小众偏好的内容和个性化的信息服务。

媒介融合恰恰可以通过崭新的媒体形态开拓和满足受众的新需求,更加细分化地适应社会的多样化需求,从而提供更加丰富的内容和渠道选择。

受众主体地位的确立、个性化需求的张扬、受传关系的改变,都在一定程度上推动了媒介融合的进程。

2. 技术力量推动

技术的进步对于媒介融合的推动表现在信息技术对信息处理和传输能力的

增强,以及人们获得信息所需付出的相应成本的降低。

移动互联网和智能终端技术的进步,成为媒介融合发展的助推器。如今的网络速度和流量都有空前发展,基于网络传输的媒介融合已经成为人们生活中再平常不过的媒介现象。在资金层面、用户层面、技术层面、市场数据资源层面,互联网企业都已经掌握融合的主动权,平台型媒体成为媒介融合发展的新形态。

3. 政策法规支持

政策法规的调整对于媒介融合的进展起着至关重要的作用。近年来,各国在对传统媒体、信息产业和电信产业的政策法律方面逐渐转向解除管制、鼓励竞争的态度,成为宏观上推动媒介融合的关键力量。2014年,为推动传统媒体和新兴媒体在内容、渠道、平台、经营、管理等方面的深度融合,中共中央办公厅、国务院办公厅印发《关于推动传统媒体和新兴媒体融合发展的指导意见》,一系列政府的管理新政、业界的融合创新实践,使2014年成为中国媒体融合发展的分水岭。

4. 企业竞争需要

对于企业而言,融合是生存和发展的需要。这充分体现了市场规则对于融合进程的统合推动作用。通过媒介融合可以大幅度降低传播成本,取得规模经济和范围经济效应,集中各种媒介的优势,整合传播内容,最大限度地提高受众覆盖率,形成强势媒体的基础。

(六) 媒介融合的具体表现

不同媒介在技术、传播方式、内容生产、媒介所有权、媒介组织结构和经营管理上都存在很大差异。媒介融合的实质是打破各种媒介之间的边界,以实现功能上的整合。

从信息采集层面看,实现信息采集跨媒体分工与协作;从媒介形态/技术层面看,实现多种媒介形式共存,技术壁垒被打破;从传受关系层面看,受众从消费者转变为生产者;从传播者层面看,信息生产者多样化,信息把关难度增加等;从组织架构层面看,传播组织的融合,首先表现为媒体所有权的合并,其次是运行机制的融合,即打破各种媒介各自为政的状态。

(七) 未来方向:打造媒介融合生态

融合是系统思维的产物,应当充分保证信息和价值的自由流通,以满足用户需求、提升人的社会行动的自由度为目标,创建融合生态。

媒介生态是指围绕信息活动展开的、个人、媒介组织、社会和其他利益相关者之间进行互动融合和价值交换的系统。媒介融合生态具有以下特点。

第一,主体多元,复杂互动。构成融合生态的主体规模庞大,具有层次性结构特点。用户平台、内容生产和分发平台、终端等构成主体(节点)的类型和数量众多、结构复杂,往往以用户为中心并具有智能性元素。

第二,系统开放,边界消融。融合生态是一个开放系统,与媒介环境、经济环境、政治环境、技术环境之间有信息、价值的交换。系统的开放带来的是边界的消融:首先是传媒业专业生产的边界消融,海量的用户和UGC内容进入传媒生产领域;其次是行业间的边界融合,传媒业与通信行业、计算机行业、金融业之间融合交叉;最后是内容与技术边界的消融,包括硬件制造商、数据服务商、中介平台在内的技术力量进入内容生产领域。

第三,技术赋能。边界的消融是建立在人工智能、大数据等技术赋能的基础上,这一现象将伴随未来很长时间媒体的演变过程。以大数据为例,数据信息交换始终伴随人们的媒介使用和互动过程,大量可获取的数据为研究用户、媒体乃至社会注入了直接信息来源,也是促进媒介融合生态走向持续和深入的原始动力。

第四,价值共创。价值共创突破了媒介组织原有的封闭运作,开放组织边界,通过利益相关的主体间不同层次的互动形成共生关系。此时,用户也被纳入价值共创环节,媒体通过与用户的深度交流向用户提供个性化、精确化的产品和服务。以用户为中心,价值的创造和获取需要生态系统中更多参与主体。

(八)元宇宙:媒介融合的高级阶段与社会的未来形态

2021年是元宇宙元年。关于"元宇宙",比较认可的思想源头是美国数学家和计算机专家弗诺·文奇教授在其1981年出版的小说《真名实姓》中,创造性地构思了一个通过脑机接口进入并获得感官体验的虚拟世界。

元宇宙场景从概念到真正落地,需要实现多种媒介技术单项突破,例如通过XR、数字孪生、区块链、人工智能等单项技术的突破,从不同维度实现立体视觉、深度沉浸、虚拟分身等元宇宙应用的基础功能,同时在多项数字技术的综合应用上取得突破,通过多技术的叠加兼容、交互融合,凝聚形成技术合力,才能推动元宇宙稳定有序发展。

元宇宙是媒介平台，遵循的是媒介发展的融合趋势，即融合不断加强，彻底打破人与社会的二元对立，形成多维空间的嵌套，进而对人的行动产生影响，形成新的生活方式。

元宇宙不是将人与现实空间隔离开来，而是要打破虚实。只有人的行动能够在虚实之间任意切换，不断超越限制人类实践的物质条件，才能实现建构元宇宙的目的。在目前对元宇宙的想象与描述中，元宇宙的虚实界面先是人，人们通过元宇宙中的数字身份展开实践，并通过这一身份连接元宇宙与现实。

对于元宇宙的建构过程，当前主流观点认为，至少需要四个步骤：从数字孪生、虚拟原生到虚实共生，最后实现虚实联动。数字地图是典型的数字孪生，基本实现了虚拟与现实的一一对应关系。虚实共生和虚实联动是构建元宇宙的终极目标。

元宇宙是媒介融合的高级阶段。用户通过元宇宙可以获得涵盖游戏、社交、内容、消费，以及拓展到更多的结合线上线下的一体化的生产、生活体验，社会整体步入千行百业数字化的全真互联网时代。

四、媒介形态变化的原则和趋势

技术塑造了媒介形态，每一轮技术创新都会带来媒介内容生产方式和传播渠道的变革。因此，把握技术趋势，对于理解媒介形态变化格外重要。

（一）罗杰·菲德勒的媒介形态变化原则

"媒介形态"一词出自美国传播学者、新媒介技术专家罗杰·菲德勒的《媒介形态变化：认识新媒介》一书。他在书中提出考察传播媒介形态变化的六个基本原则。

第一，共同演进和共同生存。一切形式的传播媒介都在一个不断扩大的、复杂的自适应系统内共同相处和共同演进。每当一种新形式出现和发展起来，它就会长年累月和程度不同地影响其他每种现在形式的发展。

第二，形态变化。新媒介决不会自发地和孤立地出现，它们都是从旧媒介的形态变化中逐渐脱胎出来，当比较新的形式出现时，比较旧的形式就会去适应并继续进化而不是死亡。

第三，增殖。新出现的传播媒介形式会增加原先各种形式的主要特点。这些特点通过我们称之为语言的传播代码传承下去和普及开来。

第四，生存。一切形式的传播媒介和传媒企业，为了在不断改变的环境中生存，都会被迫去适应和变化。它们仅有的另一个选择，就是死亡。

第五，机遇和需要。新媒介并不是仅仅因为技术上的优势而被广泛采用的。开发新媒介技术，总是需要有机会，还要有刺激社会的、政治的、经济的理由。

第六，延时采用。新媒介技术要想在商业上获得成功，总是要比预期更长。从概念的证明发展到普遍采用，往往需要一代人的时间。由此推演，网络媒体和传统媒体将共同形成一种"共生共存的现实"，丰富的复合组合总大于单一，系统内外的媒介合作注定使传播效果更佳。

（二）保罗·莱文森的媒介进化观点

媒介环境学第三代代表人物保罗·莱文森提出了媒介进化论思想。他将各个时期的不同媒介放在一个统一的时间轴上做宏观、整体性的观察。他将媒介个体发展看成媒介整体发展，这个发展是一个动态、循序渐进的过程。于是，他看到了各个媒介之间存在补救的关系，各个媒介之间不是彼此孤立的，而是后生媒介对先生媒介的功能进行补救和补偿，这种导向是人的需求，而人的理性决定媒介能否满足人的需求。

在整体媒介史观的引导下，莱文森提出了三个核心的媒介进化观点：媒介演化的"人性化趋势"、"补救媒介"理论、媒介演进三阶段（玩具—镜子—艺术）。这三个理论也成为他的媒介进化理论的奠基石。该理论强调人和人的理性在媒介发展中的重要地位，具有较强的现实人文关怀。他还认为，媒介的发展与社会环境需一致，环境的变化必然引起媒介的演化，因而需要新媒介的"补救"。

（三）以"身体参与传播活动的完整度"为视角观照媒介形态变化

有学者以"身体参与传播活动的完整度"为视角，将媒介形态演变划分为四个时期。

第一，身体媒介时期。人主要是通过动作、表情、口语等身体语言传递信息，媒介以生物学意义上的身体（肉体）的形式存在，每个个体就是一个独立的媒介。

第二，无身体媒介时期。纸质出版物、广播、电视等新媒介形态，以视觉、听觉符号代替身体语言，传受双方的身体无须在场便可以实现信息传播。

第三，身体化媒介时期。人以节点形式存在于微博、微信等整合媒介平台上,身体是"数字身体",不具备实体形态,但发挥身体作为完整系统的功能。

第四,类身体媒介时期。人体内嵌入了技术设备,"技术身体"和机器人共同成为传播主体。

(四)媒介技术及未来的"4C"趋势

美国"信息高速公路"计划的参与者、加利福尼亚大学伯克利分校鲁塞尔·纽曼在1991年预言了媒介技术及未来的"4C"趋势。这四个"C"是:control——社会成员对传播过程的参与和控制程度越来越高;convergence——单一媒体越来越融合成多功能媒体;convenience——人们可以随时随地方便地接触和使用传播媒介;cost——媒介接触和使用的经济成本越来越低廉。

30多年来的媒介技术发展历程,证明了纽曼预言的正确性。这四个方面既是媒介技术发展的社会需求,又是媒介技术创新的内在动力。

第三节 经典媒介理论

一、麦克卢汉的媒介理论

(一)麦克卢汉简介

加拿大学者马歇尔·麦克卢汉(Marshall McLuhan),早年在加拿大曼托巴大学求学,后来到英国剑桥大学攻读英语文学博士学位,后在美国多所大学执教。1951年出版第一本专著《机器新娘》,广泛分析报纸、广播、电影和广告产生的社会冲击和心理影响。1962年出版《古登堡星系》,最早提出电子时代"全球村"概念,获加拿大总督奖。1964年出版《理解媒介:论人的延伸》,在人文学科领域引起震撼。1965年秋天,《纽约先驱论坛报》宣告麦克卢汉是继牛顿、达尔文、弗洛伊德、爱因斯坦和巴甫洛夫之后的最重要的思想家。1966年到1967年,世界范围内的麦克卢汉热潮达到顶峰,他被封为"先知"。20世纪70年代以后,麦克卢汉热迅速退潮,保守思想回潮。

20世纪90年代,全球化、信息化、网络化和数字化的迅速发展,使麦克卢汉重新被传播界和科技界认作"IT时代的先知"。21世纪,全球化、信息化、网络化和数字化进一步发展,证明麦克卢汉"地球村"概念已然变成现实。

（二）麦克卢汉的媒介理论

麦克卢汉的媒介分析，出发点是个人，他把媒介界定为人体的技术延伸，因此，麦克卢汉的媒介概念是广义的，只要是延伸了人类器官的所有工具、技术和活动都是媒介。他分析了口语、书面词、道路、服装、住宅、货币、时钟、漫画、照片、报纸、汽车、广告、打字机、飞机、游戏、电话、电影、电视和武器等26种媒介，提出如下观点。

1. 媒介是人的延伸

一切传播媒介和技术创新构成了人类能力和感官的延伸。例如，笔是手的延伸，衣服是肌肤的延伸，印刷媒介是视觉的延伸，广播是听觉的延伸，电视则是视觉和听觉的综合延伸等。他将延伸总结为两个阶段：机械时代——完成了身体在空间范围内的延伸；电力时代——中枢神经系统得到延伸，能拥抱全球。而我们正在迅速逼近人类延伸的最后一个阶段——从技术上模拟意识的阶段。

他认为，每种媒介的使用都会改变人的感觉平衡状态，产生不同的心理作用和对外部世界的认识和反应方式。正是因为媒介不断打破人的感觉平衡，人们又在不断寻求平衡，所以媒介才不断发展，对人的生活起作用。任何媒介施加的最强大的影响就是改变人的关系与活动，使其形态、规模和速度发生变化。

麦克卢汉说媒介是人的延伸，同时强调，媒介与人是相对独立的，不同媒介对不同感官起作用。

2. 麻木性自恋

麦克卢汉认为，媒介延伸了人体，却瘫痪了被延伸的肢体。媒介造成个人和社会的麻木。人们在任何材料中的延伸都会立即产生迷恋，就像希腊神话中的美少年迷恋自己水中的倒影。预见和控制媒介的能力主要在于避免潜在的自恋昏迷。

例如，大部分迷恋网络游戏的青少年，是因为将游戏中的角色当成自己。过度迷恋网络游戏，会给青少年的成长带来很多困境，但人们常常利用受控条件下的运动和游戏去创造人为情景，抗衡实际生活中的刺激和压力。例如，人在生气、郁闷或沮丧的时候，就会在不同的游戏和情境中发泄情绪。

3. 媒介即讯息

麦克卢汉认为，媒介不仅用来承载内容，一种新媒介的出现还会为人类创设出一种全新的生活环境和生活方式，可使人类的意识活动发生显著变化。例如，人在看见一辆车（脚的延伸）的时候，潜意识里就会冒出有关开车人的人设。看到豪车,就会认为车主人是有钱人。

麦克卢汉认为,当人类在使用一种媒介时,它对社会产生的影响和对人的存在方式的改变,远远大于技术所负载、传递给人们的具体信息内容。同时,媒介的影响之所以非常强烈,恰恰是因为另一种媒介变成了它的"内容"。电报包含印刷词,印刷词包含手写文字,文字又包含言语。一部电影的内容是一本小说、一部剧本或一场歌剧。

4. 媒介有冷热之分

热媒介只延伸一种感觉,并使传递的信息高度清晰。高度清晰是指接受者不需要更多的感官和联想活动就能够理解。冷媒介提供的信息相当匮乏,需要信息接受者耗费较多热情才能理解。冷媒介的传播对象在信息的接受过程中需要发挥丰富的想象,参与程度高。例如,报纸等传统出版物就是冷媒介,因为读者在面对冷冰冰的文字时,需要发挥想象力才能构成新的意义。

5. 电子媒介推动形成"地球村"

麦克卢汉将媒介的发展分为口语媒介、拼音文字和印刷媒介、电子媒介三个阶段,分别对应人类社会的部落化时代、脱部落化时代、重新部落化时代。

口语媒介产生了部落化的社会形态。人们主要依赖听觉、嗅觉、味觉来感知世界。口语传播范围很小,人们结成面对面的亲密社群,共同参与生产和仪式。

拼音文字的抽象特征培养了人类重视秩序的线性思维方式,导致了西方逻辑分析思维和理性的出现,最终产生了现代西方工业文明。拼音文字还导致西方从集体主义向个人主义的转变。人们不必通过口语获得所有的知识,静默的阅读代替了演讲、讨论、问答,人类可以通过阅读独立地获得经验与智慧。

印刷媒介的出现进一步加深文字所造成的影响。大规模生产的文本制造了知识的权威,建立起中心与边缘的差异。印刷媒介还催生了现代民族。正是印刷媒介的出现,才有可能将地缘上缺乏直接联系的人群结合在某个政治或文化周围,产生共同的文化与价值观,形成"想象的共同体"。

在电子媒介时代,感觉器官的延伸不再是单个器官的延伸,而是整体的、神经中枢的延伸。人类在电子媒介时代重新恢复了感觉的平衡,恢复了部落化时代的特征,重新走向整体化。电子媒介推动走向的整体化,不是简单恢复部落化时代特征,而是把部落扩大到整个地球,形成"地球村"。

文艺复兴时期首次环绕地球的航海,给人一种拥抱和占有地球的感觉。近年来,宇航员环绕地球的飞行,也改变了人对地球的感觉,使之缩小到黄昏漫步时弹丸之地的规模。当下瞬息万里的电力技术,让国家之间的信息传播类似信息在一个小小村落里传播。在电子媒介的助推下,"地球村"已然成为现实。

总之,麦克卢汉的媒介理论,放弃了逻辑推理的话语,不用实证方式得出结论,而是用艺术方式进行探索,在洞察的基础上提出观点。

二、梅罗维茨的媒介论

(一)梅罗维茨简介

美国传播学者约书亚·梅罗维茨,曾任美国新罕布什尔大学达勒姆分校传播学系教授,是继哈罗德·伊尼斯、马歇尔·麦克卢汉、尼尔·波兹曼和保罗·莱文森之后,美国媒介环境学派的第三代代表人物。

1968年,梅罗维茨进入纽约城市大学皇后学院,就读于大众传播与戏剧专业。1972年,他成为皇后学院传播学硕士研究生,研究方向是传播理论与媒介。1974年获得硕士学位,学位论文是《人际交往距离与电视镜头选择的关系》。1975年到纽约大学师从波兹曼,攻读媒介环境学博士。1979年凭论文《消失的地域:电子媒介对社会行为与社会结构的影响》获得博士学位。2018年,梅罗维茨从新罕布什尔大学的教授职位上退休。

(二)梅罗维茨的媒介场景理论

1985年,梅罗维茨出版《消失的地域:电子媒介对社会行为的影响》,详细论证了媒介场景论。

1. 超越地域:作为信息系统的场景

梅罗维茨认为,电子媒介打破了物理空间和社会场景的传统关系,创造了新的场景,破除了旧的场景。"电子媒介影响社会行为的原理并不是什么神秘的感官平衡,而是我们表演的社会舞台的重新组合,以及所带来的我们对'恰当行为'认识的变化。"①

媒介场景论的焦点在于"社会场景"。所谓"社会场景","它包括物理场景,如房间和建筑物,也包括由媒介创造出的'信息场景'。与物理场地类似,媒介可

---

① [美]约书亚·梅罗维茨:《消失的地域:电子媒介对社会行为的影响》,肖志军译,清华大学出版社2002年版,第4页。

以容纳和拒绝参与者。媒介亦像墙和窗一样可以隐藏和实现某些东西。媒介既能创造出共享和归属感,也能给出排斥和隔离感。媒介能加强'他们和我们'的感觉,也能消除这种感觉"①。

2. 场景融合

场景融合是一个动态的过程:电子媒介消解了地域所构成的时空观,通过场景重组创造新的信息环境,导致新场景的产生,场景的变化又会改变原先身份和行为的界限,影响人们的行为和社会角色。新媒介的出现造成社会场所普遍的重组,人们在日常生活中的各种角色,在混合场景下相互重叠交叉,并可以在一个人身上同时具有。

梅罗维茨通过三方面实例来论述电子传播媒介(特别是电视)所带来的革命性变化——角色的融合、身份的转换、权威的祛魅。

梅罗维茨从场景融合的角度指出男性气质与女性气质概念的融合、儿童与成人概念的模糊、权威人士与普通市民地位的等同。

许多年来,男性和女性一直处于相互隔离的场景中。女性在家庭场合中的隔离使她们很少了解关于社会和自己角色的状况。电子传播媒介擦去了男女世界的分界线,把女性从家庭信息限制中解放出来,并且将公共和家庭场景重新融合成一个"兼有两性的场景"。换言之,电视对公共男性领地的不断暴露,鼓励了女性要求在所有的公共场合进行性别融合,促进了女权意识的觉醒。

梅罗维茨还从场景的角度解析尼尔·波兹曼在《童年的消逝》一书中提出的电子媒介,尤其是电视,使得成人与儿童之间的"秘密"消失而导致儿童成人化的现象。梅罗维茨提出,由于电子媒介渗透到日常生活,孩子和成人可能看着同一部电视剧,玩着同一款游戏,在同一家网店购物等,人与人之间的等级划分渐渐模糊,更多的是双向的交流与沟通。儿童与成人之间的界限模糊仅是场景的变化,电子媒介并不会剥夺部分孩子享受童年的权利,而是为享受童年提供了另一种愉快的方式。

梅罗维茨还认为,印刷时代普通群众对权威人士的信息了解十分有限,而电子媒介打破了权威人士前后台的屏障,后台的暴露使得原先的权威消失。电视新闻的快速报道令人猝不及防,往往展示的是权威者的日常,权威者的形象变得

---

① [美]约书亚·梅罗维茨:《消失的地域:电子媒介对社会行为的影响》,肖志军译,清华大学出版社 2002 年版,第 7 页。

更具体，更趋向于常人，从而形成权威的祛魅。

虽然梅罗维茨的一些观点夸大了媒介对场景的影响，忽视了影响人们行为方式的其他因素，但是他构建了一个新的研究电子媒介与人类行为相关性的框架，让研究者从"场景"的角度去思考电子媒介对人类思想和行为的改变，使读者意识到一种有效传播的新方式，即塑造合适的场景。

（三）梅罗维茨的球土化理论和普遍化他域

1. 球土化的含义

球土化由全球化与本土化两个词合并而成。梅罗维茨认为，球土化的兴起，是因为媒介（特别是电子媒介）的使用，使得距离隔离对行为的影响开始降低，人们越来越生活在场景相似的世界之中，全球与本土开始融合在一起。

2. 普遍化他域的内涵

梅罗维茨在文章《球土化的兴起——地球村中的新的地域之感与身份认同》中提出了"普遍化他域"的概念，指对本地能产生影响的任何地方。

梅罗维茨指出，媒介拓展了我们的经验范围，"重要的他人"和"一般化的他人"不仅指我们面对面的他人，因为他域之人也可以成为"镜中我"。

通过接触外部世界，媒介还扩展了我们对普遍化他域的认识，他域成为我们认识本土的一面镜子。我们不再把本土作为宇宙的中心，也不再把周围的环境作为所有经验的源泉。

3. 球土化社会

"球土化"这个概念受到全球化趋势和全球化意识的深刻影响。尽管我们仍然居住在特定的物理空间，但我们正日渐分享来自其他地域的信息。

梅罗维茨认为，随着边界变得越来越具有渗透性、融解性和透明性，我们似乎既在融合又在分化。原来不同的体制出现了相同的内容，原来相同的系统却开始出现不同的变化。边界上的自然变化构筑了球土化社会或者后现代社会。球土化过程让我们失去了界限分明的身份认同和简单而又舒适的生活，但是我们却从受束缚的场景中被解放出来。

（四）梅罗维茨的"媒介三喻"

1999年，针对麦克卢汉提出的"媒介三论"，梅罗维茨提出了"媒介三喻"，即媒介作为容器、媒介作为语法、媒介作为环境，"三喻"之间相互融合。

1. 媒介作为容器

受到麦克卢汉"媒介即讯息"的启发,梅罗维茨提出"媒介是容器"。在梅罗维茨看来,内容在特殊的媒介中以特殊的形式分离。

例如,不少电影都改编自小说,口头传播的材料也总以直播、磁带、文字稿的形式被记录下来。尽管各种媒介对同一事件的报道可能各不相同,但是,某些本质性的内容会在各个媒介之间保持不变,媒介是承载内容的容器。

2. 媒介作为语法

每个媒介都有表达的潜质,媒介语法问题通常会涉及什么可变的因素可以操纵这些媒介,这些语法的代号是什么,什么是操纵有关感知、理解、情感反应、行为反应的语法。

语法的变化因素包括不同尺寸或不同风格的印刷、电脑的存储器、照相机的角度和照片的聚焦、摆放扩音器的方式等。

语法的变化比内容更难体察,生产者会把它作为职业责任来隐藏。在梅罗维茨看来,媒介特写的性格在无形中让我们意识到这个人是电视或者电影素描中最重要的社会角色。

梅罗维茨的媒介语法对于我们解读媒介提供了一个独到的视角。例如,分析电影中的女性形象,撇开女性在电影中的各种职业身份不谈,仅仅从摄影师的拍摄角度考察,就能看出很多电影喜欢采取对女性俯拍的视角,使人感到女性柔弱不堪,或是特写女性身体某个局部,给人以性的诱惑。

3. 媒介作为环境

媒介作为环境的比喻让人们想到,除了内容和语法的选择,一种媒介和另一种媒介在物理层面、心理层面、社会学层面有哪些不同媒介作为环境。

媒介问题控制着微观与宏观两个方面。在微观上,选择一种媒介而放弃另一种媒介,导致传播发生变化。在宏观上,新的媒介可能会影响社会的互动与结构,致使媒介与社会变迁。

随着网络媒介的兴起,赛博空间引起了人们对新传播技术和与之相关的社会环境的关注,媒介作为环境的观点也日益为人们所认同。

(五)梅罗维茨的媒介素养观

梅罗维茨认为,媒介素养应该分为三类:媒介内容识读、媒介语法识读和媒介识读。

1. 媒介内容识读

媒介内容素养是会用、会读、会解、会评的能力，是理解并解读表层的消息和深层的潜在消息的能力，是对社会、文化、政治制度的一种认知。

梅罗维茨用新闻媒体作为例子，认为紧跟新闻只是内容识读的一个基本水平，还要弄懂新闻故事是怎样构建的、新闻发布者的固有偏见等。受众能够明智地选择、识别、解读、分析、判断内容，积极主动地趋利避害。

2. 媒介语法识读

媒介语法识读要考虑到不同媒介有各自的语言。梅罗维茨提供了几个例子：印刷媒介生产要素包括页面大小、格式颜色、纹理和字体设计、图形等；摄影制作要素包括构图、景深、镜头、曝光、对比度、后期制作等。他认为，媒介语法没有得到很多的关注，部分原因是大多数人不知道广泛的生产变量，更重要的是因为内容制作者通常更看重内容要素而不是生产要素。

3. 媒介识读

媒介识读是要弄懂一种媒介与另一种媒介之间的差异，以及微观和宏观层面每种沟通的固有特征。

梅罗维茨列举了媒介识读的相关要素：感觉信息类型（视觉、听觉或嗅觉）、形式（图像或文本）、分辨率（例如广播声音与现场声音保真度相比较、电视图像与现场图像保真度相比较）、传送速度和物理要求（例如人们在哪里及如何接收消息）。他还提出，当新媒体（或技术）产生时，媒介的环境更加清晰。

三、媒介建构理论

"建构"一词来自英语单词"construct"，具有构造、建筑、创造、生产、结构等意义。建构主义是一种关于知识和学习的理论，源自瑞士认知心理学家皮亚杰关于儿童认知发展的研究。建构主义认为，学习是学习者基于原有的知识经验生成意义、建构理解的过程，这一过程常常在社会文化互动中完成。

媒介建构现实是传播学界的一种共识，但对媒介如何建构现实存在争论。鉴于媒介建构现实是一个基础理论问题，有必要进行深入探讨。

（一）媒介现实是一种建构的社会现实

媒介建构的现实与我们亲身体验的现实之间不是复制关系，而是再度创造或生产的关系。

媒介建构论者认为，媒介现实是一种以虚拟为特征的社会现实。沃尔特·李普曼很早就注意到媒介现实的虚拟性，并用"拟态环境"概念来表述新闻媒体所构建的信息环境。他认为，人们经常按照从新闻媒体中感知到的拟态环境信息来做决定。

1967年，C. 怀特·米尔斯提出"二手世界"的概念。他认为，理解人类处境的第一条原则就是人们生活在一个二手世界中。人们关于世界及自身的印象，是由自身从来不曾遇见、将来也不会遇见的众多的目击者所给予的。

不管是媒介现实还是二手世界，虚拟性构成了它们的根本属性。在这个虚拟世界中，媒介活动的参与者把亲身体验到的生活事件编码为媒介符号，而媒介上呈现的现实往往以新闻故事、戏剧寓言、新闻报道、图片或音乐等形式出现。

魏曼·加布里埃尔认为，与社会现实相比，媒介现实更戏剧化，更丰富多彩，更激烈，更积极，也比现实生活变得更快。这样的世界之所以能让很多人迷恋而放弃真实生活，就在于它能让参与者获得一种超乎寻常的在场感。在场是一种主观体验，并非客观实在。

詹姆斯·J. 吉布森指出，在场感可以被理解为一个人对其物理环境的体验。它不是指社会个体所生活的物理世界中的周围环境，而是人对那些环境所产生的一种感觉与意识，而这种周围环境是作为自动控制的精神过程的一种中介而存在。

W. 托马斯对此也有过论述，认为在环境刺激与人的反应之间存在一个主观定义的过程，这个过程就是所谓的"情境定义"。这种情境判断完全是主观的，可能与客观实际相符合，也可能不相符合。但是，如果人们把一种情境定义为真实的，那么它们在这些人看来就是真实的。

因此，所谓的"现实"实际上就是社会个体对自身所处环境所定义的一种在场意识。从这个角度看，媒介现实虽然有别于身体力行的客观现实，但是因为能够给参与媒介活动的社会个体一种在场感或在场意识，从而具有一种高度的真实性，比大量的物理世界更吸引人、更迷人，所以被参与者当成一种社会现实。

（二）媒介建构现实的三种研究范式

媒介现实的虚拟性不仅与经验世界的社会现实密切相关，还与媒介活动参与者的个体心理紧密相关，媒介-个体-社会共同构成了互为因果的三角关系，由此形成了三种有关媒介建构研究的基本范式：关注媒介文本的符号学范式，关注社会现实层面的社会学范式,关注个体心理的社会心理学范式。下面从理论来源、研究对象、研究问题等方面对三种范式做进一步阐述。

1. 符号学范式

在媒介建构现实的研究中,语言文化领域的学者常常把目光放在媒介语言的具体体现——文字、图像、声音等媒介文本上,一般采用内容分析或符号学方法,通过研究话语的修辞与内容变化来研究语言符号的意义及其生产过程。这种思路被称为符号学范式。

这种范式起源于结构主义语言学。索绪尔认为,语言是一种社会现象,来源于我们共享的文化符码。这种语言符号的概念意义(所指)随着历史变化而变化。在不同的历史时期,人们就是借助语言符号来思考和区分其所生活的世界。正是语言符号这种媒介使我们的现实世界与社会历史文化建立起联系。

罗兰·巴特在此基础上提出符号学中的意指思想,正式把历史文化维度引入符号学研究领域。他认为,符号能指与所指两个层面之间的连接关系是一种意指关系,其中有两个核心序列:第一个序列是语言学意义上的符号能指与所指之间的关系,揭示的意义被称为明示意,也是符号的常识性意义;第二个序列引进了文化纬度,关心的是符号与文化之间的互动关系。在第二个序列中,第一层面的符号成为第二层面符号的能指,而能指又重新获得意义项所指层。这一层面的意义被称为隐含意(文化义)。这样就把意指的触角伸向了社会现实与文化领域。

巴特认为,文化层面与神话一样具有虚拟特性,因而称文化层面为神话层。我们接触的世界是一个超越物理时空环境的心理世界。在那里,一切经验不再依赖于身体实践,是人类的文化想象力赋予了多种多样的符号(文字、图片和声音等)以形形色色的意义。这是理解、解释的结果。大众媒介(既包括传统的报纸、电视、广播和杂志等,也包括以网络为纽带的新媒介)建构的世界,就是一个第二系统意义上的符号世界。这个世界是媒介从业人员借助一系列的图像、文字和声音符号建构而成的,并以新闻、广告和娱乐节目的形式出现。

以符号学理论为依据,以媒介文本为研究对象,解释与揭示符号世界的意义呈现,成为学者们努力的目标。诺曼·费尔克拉夫是其中的代表人物之一。他在《话语与社会变迁》一书中提出了一个包括话语文本、话语实践和社会实践在内的话语分析框架。在这个框架中,文本维度的分析包括词汇(主要涉及个体语词)、语法(涉及与分句和句子连在一起的语词)、连贯性(涉及分句与句子如何被连接在一起）、文本结构（涉及文本的大范围的组织属性）。话语实践牵涉到文本生产、分配和消费的过程。作为社会实践的话语，主要是在与意识形态和权力的关系中讨论话语。这三个向度具有递升特征，最后指向以政治、意识形态等形式体现出来的社会实践层面。这个模式虽然以社会实践为最高层次，但是始终围绕媒介文本展开，重点是解释媒介符号多层面的意义，因而就社会实践层面而言还是不够彻底的。

2. 社会学范式

社会学范式的理论来源以彼得·伯格和托马斯·卢克曼的知识社会学为主。20世纪60年代，彼得·伯格和托马斯·卢克曼运用知识社会学的方法，对日常生活世界的知识基础进行考察后，写成了社会建构主义的里程碑作品《现实的社会建构》。

这本经典著作的核心线索是客观世界的主观化和主观世界的客观化。两位作者通过对经验的现象学分析和阐释，逐步梳理出社会是人的产物（外在化）、社会是一种客观现实（客观化）、人是社会的产物（内在化）三个建构过程。在这个建构链条中，媒介是缺席的，隐没在面对面交流之下。

2017年，伦敦政治经济学院教授尼克·库尔德利和德国不来梅大学的安德烈亚斯·赫普合著《现实的中介化建构》，指出彼得·伯格和托马斯·卢克曼的现实建构模型忽视了媒介的重要性，还停留在一个没有被媒介网络化联结的时代，难以把握社会与媒介之间的暗合。这种暗合意味着，在一个深度媒介化的时代，社会建构的基本要素已然扎根于媒介化的过程中。

社交媒体网络的出现，本身就意味着社会和媒体之间的融合。媒介现在不仅是内容集中的渠道，它们由平台组成。对许多人来说，平台实际上是他们通过交流使社会成为可能的空间。安东尼·吉登斯认为，"数字革命"涉及的不仅是数字化和互联网，而是必须通过社会学思想的重大转变来回答。因为数字媒体及其基础设施不再是"有限的社会领域"（如大众传媒），而实际上是"横跨万物的分层"。我们生活在一个"万物媒介化"的时代。社会学思想的这种转变，以及媒介基础设施和社会基础设施中的这些关键变化，是库尔德利和赫普研究的主要焦点。

库尔德利将媒介建构和社会建构相统一，通过媒介这一物质化机制来强化社会建构的唯物主义。为了使媒介建构现实这一观念根植于唯物主义的基础，库尔德利提出了一个三段论：首先，社会是媒介化的，即社会是通过媒介化的过程和媒介这种传播机制来建构的;其次,对于社群化的人类来说,现实是通过社会化的过程来建构的;最后,我们由此可以推导出,媒介塑造了我们的现实。由此,媒介建构现实不再是一个简单的观念前提,而是一种实践的结果。

3. 社会心理学范式

社会心理学范式认为,媒介现实的建构是媒介活动参与者对媒介符号的接受、理解与阐释的过程,也是媒介活动参与者自我认同的过程。因此,媒介活动中参与者的心理及相关外在化就成了关键问题。该研究范式主要来源于符号互动论。

符号互动论发端于乔治·赫伯特·米德,完成于赫伯特·布鲁默。布鲁默认为,符号互动论有三个基本前提:人们对事物做出的行动建立在意义基础上,而这些事物是因为意义而存在;这些事物的意义来自一个人与他的同伴之间的社会互动;这些意义通过一个解释的过程得到处理或调整,而这个解释的过程是人们在处理他所面对的事物的时候采用的途径。布鲁默进一步把它们概括为五个核心内容:自我、行为、社会互动、物体和集合的行为。

符号互动论虽然是一种心理学理论,但是与传统的心理学理论不同,它的研究重点在于个体的符号互动。媒介世界是典型的符号世界,受众接受与处理媒介信息的过程恰是典型的符号互动,并且从心理学的视角来研究媒介建构很好地填补了个体心理这一重要维度,因此,符号互动论就被运用到媒介建构的研究中。

传统的心理学来自西方的实证思想,在研究思维与方法上倾向于定量实证。符号互动理论关注的是符号的互动,倾向于阐释法,例如生活史、自传、个案研究、非结构性访问和参与式观察等。

上述三种媒介建构的研究范式都具有自身的独特性,但在具体的研究中已经出现融合的趋势。

四、媒介依赖理论

(一)媒介依赖理论的提出

媒介依赖理论是有关媒介效果的一种理论,又被称为媒介系统依赖理论或媒介使用与依从模式。它最早可以追溯到美国学者桑德拉·鲍尔-洛基奇1974年在美国社会学协会上宣读的论文《信息观念》,后又在桑德拉·鲍尔-洛基奇同美国传播学家梅尔文·德弗勒合作的《大众传播媒介效果的依赖模式》(1976)和《大众传播学诸论》(1989)中得到详细阐述。

媒介依赖理论认为,媒介是"受众-媒介-社会"这一系统中的一个有机组成部分,个人像社会一样与媒介系统产生依赖关系。该理论的核心思想是,受众依赖媒介提供的信息去满足他们的需求并实现他们的目标。这一思想同使用与满足理论的基本思想一脉相承。

该理论认为,我们通过使用大众媒介获得特定满足或完成一定的目标,如果受众缺乏其他替代性方式(或资源)完成由媒体提供的满足或特定目标,就会对大众媒介形成依赖。依赖程度越大,大众媒介对个人产生的影响越大。

(二) 媒介依赖的类型

首先是理解依赖,包括对自我的理解和对社会的理解。对自我的理解,例如通过接触媒介讯息认识和解释自身的信仰、行为、个性等;对社会的理解,指通过接触媒介讯息获悉和解释今日、往昔和将来的事件和社会文化。

其次是定向依赖,包括自我定向(行动定向)和互动定向。自我定向(行动定向),例如通过接触媒介讯息决定消费行为,决定阅读什么书等;互动定向,例如从媒介讯息中获得关于如何处理个人关系和社会关系的提示等。

最后是娱乐依赖,包括自我娱乐和社交娱乐。自我娱乐,例如独自通过收听收音机中的音乐节目放松消遣等;社交娱乐,例如与家人或朋友一起观看电影或欣赏音乐会等。

鲍尔-洛基奇和德弗勒认为,受众和媒介关系的特征是非对称性:媒介资源对于受众比受众资源对于媒介更为稀有和独特。同时,他们认为这种关系也是非单向的。当媒介和社会系统影响受众对媒介的依赖时,受众身上变动着的认知、情感、行动状况也同时反馈给了媒介和社会。

(三) 媒介依赖理论和使用与满足理论

1. 二者的联系

使用与满足理论认为,受众对大众传播媒介的使用是有目标导向的行为,他们往往将需要的满足与媒介的选择联系在一起。媒介依赖理论的主要目标是要解释人们何时和为什么接收媒介信息,以及这种接收对他们的信念和行为有什么效果,关键是要说明人们是如何利用媒介资源以达到个人目标的。不难看出,媒介依赖理论的受众分析视角和使用与满足理论是一脉相承的,并且两个理论都肯定了受众的主动性和理性。

2. 二者的区别

(1) 个体微观层次和更大的社会系统。

使用与满足理论过于强调个人和心理的因素,行为主义和功能主义色彩较浓。它脱离媒介内容的生产和提供过程,单纯考察受众的媒介接触行为,因而不能全面揭示受众与媒介的社会关系。

媒介依赖理论不局限于探讨受众对媒介的依赖,或者说像使用与满足研究那样拘泥于个体微观层次的效果和影响。该理论将媒介的传播效果置于一个更大的社会系统中进行考察,其基本思路是把媒介作为"受众-媒介-社会"这一系统中的一个有机的组成部分。

由于媒介依赖理论是在一个更加宏大的系统中解释依赖的关系与媒介的效果,相应地,这个理论也分成了宏观和微观两个层次。在微观的个体层面,一个人越依赖于通过使用媒介来满足需求,媒介在个人生活中所扮演的角色就越重要,因此,媒介对个人的影响力也就越大。在宏观的社会层面,如果越来越多人变得依赖媒介,那么媒介在整体上的影响力将增强,并且媒介在社会中的角色将变得更为重要。

(2) 媒介依赖理论更强调双向依赖性。

媒介依赖理论认为,受众和社会与媒介间的依赖关系并不是单向固化的,而是存在双向依赖性(这是与使用与满足理论的关键差异):一是受众的认知、情感和行为可以反过来影响社会系统与媒介系统;二是媒介系统为实现自身目标,也需要依赖其他系统的资源与支持。

(3) 需求和目标。

在解释影响媒介依赖关系的微观因素时,鲍尔-洛基奇提出"目标"作为更合适的概念,以区别于使用与满足研究框架中的"需求"。她陈述说,需求包含理性的与非理性的动机、有意识的与无意识的动机、真实的与虚假的利益,而目标所暗含的要解决问题的动机对于一个建立在依赖关系基础上的媒介理论而言更为恰当。目标是构成先于媒介依赖关系而存在的个人动机的重要维度。鲍尔-洛基奇提出了影响个人媒介依赖的目标所蕴含的一系列意义:理解、定向和娱乐。

(四) 媒介依赖理论和媒介依存症

1. 二者的联系

二者都是从个体出发探讨人对媒介的依赖问题。

媒介依存症指现代人的一种社会病理现象,特点是:过度沉湎于媒介接触而不能自拔;价值和行为选择一切必须从媒介中寻找依据;满足于与媒介中的虚拟社会互动而回避现实的社会互动;孤独、自闭的社会性格等。

媒介依存症是指大众对媒介的依赖程度超出了一般范围,以至于逐渐迷失在媒介的接触中而不能自拔,最终成为媒介依存症的患者。

媒介依赖理论研究层面更为宽广,不仅涵盖微观个体层面,更重要的是可以扩展到宏观层面研究问题。该理论是从社会宏观层面出发探究媒介在社会系统中的影响力。

2. 二者的区别

媒介依存症是从微观个体层面考察媒介依赖现象。媒介依存症这一概念描述的是某类人群对媒介的过度依赖,属于社会病理现象,在传播学中主要表现为日本学者所提出的"电视人"和"容器人"的现象。

电视人,指伴随着电视的普及而诞生和成长的一代,他们在电视画面和音响的感官刺激环境中长大,是注重感觉的"感觉人",表现在行为方式上是"跟着感觉走"。这一点与在印刷媒介环境中成长的他们的父辈重理性、重视逻辑思维的行为方式形成鲜明的对比。同时,由于收看电视是在背靠沙发、面向荧屏的狭小空间中进行的,这种封闭、缺乏现实社会互动的环境使得他们当中的大多数人养成了孤独、内向、以自我为中心的性格,社会责任感较弱。

虽然媒介依赖理论看似研究每一个个体对媒介的依赖程度,但放到宏观层面来看,如果每个人对媒介的依赖程度越高,那么媒介在整个社会宏观系统中的影响力也就越大。

五、媒介与社会发展理论

20世纪下半叶以来,围绕媒介与社会发展关系问题兴起了发展传播学。发展传播学认为,媒介进步促进和加强了社会经济、政治和文化变革的过程。

发展传播理论经历了三个阶段的理论范式的转换,即20世纪50年代的现代化理论阶段、60年代的依附理论阶段、80年代以后的世界体理论阶段和全球化理论阶段。

(一)第一阶段:丹尼尔·勒纳和威尔伯·施拉姆的现代化理论

在发展传播理论发展的第一阶段,现代化理论是主导范式。发展传播学的提出以美国麻省理工学院社会学教授丹尼尔·勒纳在 1958 年出版的《传统社会的消失：中东的现代化》为标志。此书不仅是现代化理论中的经典著作之一，在发展传播研究中也堪称经典。勒纳在书中全面系统地论述了传播与社会发展的理论框架。

勒纳认为，传播系统是整个社会系统变化的指针与动因。勒纳通过多个国家调查资料的统计分析，归纳出社会经济、政治、文化三个方面能够较好地综合代表整个社会系统的参与指标。其中，文化指标具体体现为国民的识字率，政治指标可以体现为全国大选的投票参与率，社会经济指标可以体现为都市化率。勒纳又归纳出日报发行量、广播听众数和电影院座位数三个指标以反映传播系统的参与程度。通过对社会系统与传播系统指标的对比分析，勒纳指出传播系统与社会其他系统之间具有显著的相关性。

勒纳认为，人类的传播形态与社会形态和社会发展水平是相适应的。传统社会的传播形态的显著特征就是口头传播占据社会传播的主导地位。现代社会的社会传播更加依赖大众传播系统。虽然只有很少的社会具有这两种典型的传播形态，大多数社会的主导性传播形态仍处于这两种传播形态之间的过渡阶段，但人类传播形态的发展趋势是从传统社会的口头传播向现代社会的大众传播演变。

勒纳认为，现代化过程就是城市化、教育和大众传播的普及，以及公众参与四个因素相互作用的系统过程，一个因素的变化将会联系并影响到其他因素的变化。

关于大众传媒在社会发展中的作用，威尔伯·施拉姆于 1964 年出版的《大众传播媒介与社会发展》提出了与勒纳一致的观点：没有充分和有效的传播，经济和社会的发展将不可避免地要推迟，并且可能阻碍生产力的发展；有了充分和有效的传播，变革的过程就会顺利一些、缩短一些。施拉姆从宏观战略角度出发，强调发展中国家应充分重视大众传播的作用，加大力度、提高效应，以促进现代化。

具体而言，施拉姆认为，大众传播媒介在国家发展中扮演着三重角色，即看守人、决策者和教育者。

看守人角色是指媒介可以提供一些基础性服务，例如：开阔人们的眼界；把人们的注意力吸引到特定的问题和事物上；提高人们的期望，树立起民族追求，从而为发展创造气候。

施拉姆认为，决策过程中的大众传播媒介作用，是间接的。这种间接作用主要体现在：能够向人际传播渠道馈送信息；能够授人以地位并强化规范；能够扩大政策对话的范围；能够帮助人们培养趣味；可以影响人们轻率地持有的观念；可以使人们的观点略有改变或轻微地转向。大众传播效果并不是万能的，而是有边界的。

扮演教育者角色的大众传播媒介对于发展中国家最重要的是可以对各类教育和培训提供极大帮助；在缺乏教师、培训人员的地方，媒介能够承担起大量的教学任务；一旦人们学会了基本技能，媒介就能够提供进一步学习的机会。

由此可见，施拉姆对大众传播媒介的作用的看法，即通过发展大众传播媒介来推进发展中国家社会发展的理论旨趣，与勒纳是一脉相承的。

1964年，施拉姆受联合国教科文组织委托撰写的《大众传播媒介与国家发展——信息对发展中国家的作用》一书，被看作发展传播学的奠基之作。联合国教科文组织在这个时期关注传播及跨文化传播，并关注传播媒介对于加速第三世界国家现代化建设的作用。施拉姆从大众传媒的社会功能的角度论述了国内传播和国际传播活动可以加速后发展国家的现代化进程。

（二）第二阶段：依附理论

勒纳和施拉姆的现代化理论为发展中国家勾勒出令人鼓舞的用大众传播促进国家发展的大蓝图，因而被一些发展中国家奉为圭臬。但这些国家在传播实践中却遭受挫折，一些发展中国家对西方发达国家传播技术和媒介文化的移植没有达到预期效果，未能带动这些发展中国家的大众传播和社会全面发展，反而让发展中国家的大众传播事业成为西方发达国家的附庸，在传播制度、媒介技术、资金、媒介内容和广告等方面依附于发达国家，对本国文化造成伤害，沦为文化帝国主义的牺牲品。

在20世纪50年代拉美国家的现代化战略受挫、60年代非洲国家的现代化努力也在社会混乱中归于失败的背景下，研究发达国家与不发达国家之间联系的理论学说依附论在拉丁美洲等地区应运而生。依附论又称外围-中心论。依附理论是对现代化理论的批判，侧重寻找大众传播未能在发展中国家发挥正面功能的外部原因。

1. 阿芒·马特拉的《世界传播与文化霸权：思想与战略的历史》

20世纪60年代"文化帝国主义""文化霸权"等思潮的出现，正是对发达国家与发展中国家文化依附关系的思考。代表性学者如法国巴黎第八大学信息传播学者阿芒·马特拉。20世纪70年代以来，他致力于传播国际化和全球化的开创性研究，在拉美地区亲自试验，并展开对西方传播逻辑的批判。

当今世界，媒介对现代社会的渗透是一种工业化的生产方式：不断地产生信息，不断地进行信息循环，再不断地生成新的信息。从有线电波到通信卫星，从通讯社到数据库，传播网络和传播流量的国际化与增量速度不停地改变着世界。

信息传播的国际化或全球化是如何形成的？信息传播在世界现当代历史的演进中起到什么作用？阿芒·马特拉在《世界传播与文化霸权：思想与战略的历史》一书中试图解释这些问题。该书提出了三个观点。

第一，战争对传播具有推动作用。战争对信息传播的功能性需求，先是缩短时空距离的需要。例如，手机的前身是摩托罗拉公司在第二次世界大战期间发明的步话机，五角大楼作战指挥系统的计算机网络催生了后来的因特网。同时，战争期间对鼓舞士气的要求也促进了宣传鼓动的发展，甚至衍生出心理战这个专门学科。

第二，发展主义的神话使金融资本走向经济全球化，从而模糊了民族-国家的边界，最终，跨国的信息传播新网络按照经济资本和文化资本的生产和分配重新分割世界。

第三，信息文化，尤其是视听文化的全球流动引发了文化身份和文化认同的危机。在商品的标签下，跨国传媒集团用工业化方式推广的文化，成了普遍的文化消费资料，而消费者权利成了文化传播的动力。

马特拉着力观察和批判了传播强国的跨国媒体集团为了主宰其他民族的、地方的或群体的文化，而在强制性传播中掀起的一场全球化运动。他认为，文化同化的恐惧和文化认同的希望自从传播工业化以后就成为国际关系的要素，但文化同时要受社会、经济等因素的影响，因此，文化问题实际上也是一个经济问题、政治问题。跨国媒体集团标榜的所谓"现代化的取舍"，看似重视信息接受者的权利，却忽视了一个更加重要的问题：真正的信息传播应该是接受者与传播者之间的互动的对话过程。在信息交流的不平等背后，马特拉预言人类将面临重重危机。

马特拉是当今传播学批判理论的代表性人物。他对欧洲不断加剧的媒介私有化现象和世界范围内媒介所有权的集中化现象提出了批评。马特拉提倡自由和民主的多元化传播，坚持文化服务的公共性质、民族文化的表现权利和开放性，反对技术决定论和以商品逻辑作为唯一支配逻辑的思想。

2. 安德烈·冈德·弗兰克的《依附性积累与不发达》

安德烈·冈德·弗兰克,依附性积累理论创始人、世界体系理论的奠基人之一。1957年,他在美国芝加哥大学获经济学博士学位。他反对他的货币主义导师米尔顿·弗里德曼的芝加哥学派理论。毕业后先后在9所北美大学、3所拉美大学和5所欧洲大学任教和做研究,他的观点和学说影响广泛。

20世纪70年代以来,弗兰克作为激进主义依附论的代表,提出了与现代化理论相反的观点。70年代,巴西和东亚一些国家在经济发展上取得了巨大成就,出现了改良主义依附论,对以弗兰克为代表的激进主义依附论过分关注外因提出了批评。批评者认为,弗兰克强调外部交换关系,忽视内部生产方式,没有充分考虑拉美及世界不同部分的差异,没有充分考虑发展的不同阶段,没有真正对世界范围内资本积累的历史进程进行辩证的动态分析。

1978年,弗兰克出版《依附性积累与不发达》,对改良主义依附论对他的批评做出了回应。该书序言明确点出研究的问题,即通过对世界资本积累进程中依附性生产关系与交换关系的分析来说明不发达问题。

弗兰克及其他知名学者有一个共识,认为在世界经济贸易中发达国家居于支配地位,而不发达国家依附在发达国家周围,受发达国家的剥削与控制。在资本主义发展进程中的这种不平等的依附关系,使得发达国家获得了发展优势,不发达国家则陷入不发达状态。这种不发达的状态特指一国或一地区经济社会发展扭曲和滞后的状态,犹如生物成长的发育不良,而不仅是未发展的状况。

3. 特奥托尼奥·多斯桑托斯的《帝国主义与依附》

特奥托尼奥·多斯桑托斯,拉美新依附论代表人物,巴西著名经济学家,巴西弗卢米伦斯联邦大学终身教授,联合国"全球经济与可持续发展"课题组协调人。

多斯桑托斯用马克思主义基本方法对新殖民主义下的依附情况进行分析,著有《帝国主义与依附》(1978)。他提出,拉美历史上存在殖民时期形成的殖民地依附和19世纪末形成的工业-金融依附两种依附形式。第二次世界大战后出现了第三种依附形式,即工业-技术依附,其特点是跨国公司开始在不发达国家与国内市场相联系的工业部门投资。

多斯桑托斯在当时的时代背景下提出,拉美地区的依附性发展必然导致出现一个深刻的政治冲突和军事冲突,以及社会矛盾激化的长期过程。他主张走人民革命的道路,在社会主义条件下寻求发展。

第三世界国家传媒的欠发达,是由于对发达国家传媒的依附,而发达国家掌控绝大多数媒介资源,主导国际传播的过程。发达国家介入发展中国家的广播、电视等大众媒介,名为促进社会发展,实则削弱了民族国家不受干预地发展的可能性。传媒依附理论揭示了国际传播领域存在的不平等地位和不均衡流通的问题,以及其对发展中国家的现代化的消极影响。

依附理论是对国际传播境遇下的第三世界国家和地区的欠发达问题的深度关切,但也和现代化理论一样存在不合理之处。两种理论的漏洞和缺陷出现在不同争论中。正是这些争论推动了国际传播领域的发展。

(三)第三阶段:曼纽尔·卡斯特的《信息时代三部曲:经济、社会与文化》

关于媒介与社会发展的研究在20世纪90年代取得了新的突破进展,代表人物是曼纽尔·卡斯特。

卡斯特用时12年写就了《信息时代三部曲:经济、社会与文化》,包括《网络社会的崛起》(1996)、《认同的力量》(1997)、《千年终结》(1998)。主要观点如下。

1. 媒介将人类社会带入信息化时代

网络在信息时代扮演核心角色,"网络是一组相互连接的节点。节点是曲线与己身相交之处。具体地说,什么是节点根据我们所谈的具体网络种类而定。在全球金融流动网络中,节点是股票交易市场及其辅助性的先进服务中心。在统治欧盟的政治网络中,节点是国家部长会议与欧洲委员会。在贯穿世界经济、社会与国家的毒品交易网络中,节点是古柯田、罂粟田、地下实验室、秘密着陆的简易机场跑道,街头帮派,以及洗钱的金融机构。在位于信息时代文化表现与公共意见之根源的新媒体全球网络中,节点是电视系统、娱乐工作室、电脑绘图环境、新工作团以及产生、传送与接收信号的移动式设备"①。

卡斯特说,如果两个节点在同一个网络中,那么两点之间的距离要比不属于同一网络中的节点来得短(或更频繁,或更强烈)。网络是一个可以无限扩展的系统。在网络中,所有的节点只要有共同的信息编码(包括共同的价值观和共同的成就目标),就能实现联通,构成网络社会。

卡斯特认为,从现在开始的社会就是一个由各种节点通过网络连接成的网

---

① [美]曼纽尔·卡斯特:《网络社会的崛起》,夏铸九、王志弘等译,社会科学文献出版社2001年版,第570页。

络社会。一个以网络为基础的社会结构是高度动态、开放的系统,在不影响其平衡的情况下更易于创新。

网络媒介等信息科技的发展把人类带入了一个新的时代——信息化时代。信息化就是在现代信息科技发展的推动下,由工业化社会或其他发展阶段上的社会向以信息产业为主导和信息媒介高度普及的社会演进的过程。在这个过程中,社会的政治、经济、文化等各个方面都将发生革命性的变化:经济结构从以工业为中心转向以信息产业为中心;政治结构从金字塔形转向网络型;文化结构从中心文化转向多元文化,后现代主义思潮是其代表。

在信息时代的公共空间中,传媒日益处于核心地位。作为一种历史趋势,信息时代的主要功能和方法均围绕网络构成。网络构成了我们社会新的形态,是支配和改变社会的源泉。

2. 网络社会产生信息主义精神

信息主义,是指崇尚信息技术对社会的经济、政治、文化和其他各方面的功能和作用,把知识和信息视为社会的经济、政治、文化和其他各方面发展和变革的基础,把社会的信息化看作社会发展的主导趋势和基本动力的思想观念。

卡斯特是一个信息主义者,他依据马克斯·韦伯的新教伦理与资本主义精神的分析框架,讨论了信息主义与信息主义精神的问题,提出了信息资本主义理论。卡斯特认为,网络根植于信息和信息技术,而信息和信息技术衍生信息主义。

3. 网络社会促成信息城市的出现

卡斯特指出,信息时代正在展现一种新的城市形式,即信息城市。信息城市是社会信息化的体现,是信息经济的集聚地。信息城市的出现有其特殊的规律,建立在知识基础之上、围绕网络组织起来和部分地由流动空间组成的特性,使信息城市不是一种形式,而是一个过程,是一个以流动空间的结构性支配为特征的过程。

信息城市的兴起不是通过某种模仿就能形成的,信息城市是社会信息化的体现。卡斯特分析了世界城市形成的力量基础,构造了发展的信息模式,认为世界城市就是他所说的信息城市。他指出,在信息时代开始时,作为我们生活的物质基础的技术、社会和空间相互作用,逐渐产生了一个新的"城市-区域"过程。在这个过程中,信息流空间逐渐取代城市空间。信息流空间也具有一个特殊的结构,即网络。

在信息流空间中,新的产业和新的服务性经济根据信息部门带来的动力运行,然后借由信息交流系统来重新组合。由于信息没有空间特征,信息技术也使得地理摩擦几乎为零,因此,世界经济当然会从地方空间转向流动空间。此时,新的专业管理阶层控制着城市、乡村与世界相互联系的专用空间。生产与消费、劳动与资本、管理与信息之间发生新的联系,从而创造出新的国际经济。这就是信息技术使得信息空间成为不可逆转的经济和实用组织的空间逻辑,也就是网络社会信息城市得以出现的技术逻辑。

信息城市的特征,就是经济行为的全球化、组织形式的网络化、工作方式的灵活化、职业结构的两极化。

卡斯特的网络社会理论,是目前世界上影响最大的信息社会学理论之一。在卡斯特之前,已有不少学者对信息化、网络化和信息社会、网络社会进行研究。例如,美国的丹尼尔·贝尔、阿尔文·托夫勒、约翰·奈斯比特、尼古拉斯·尼葛洛庞帝,日本的森田米津、堺屋太一,法国的西蒙·诺拉、阿兰·孟克,加拿大的尼科·斯特尔,英国的威·约·马丁等,都对此做过研究。其中,丹尼尔·贝尔建立了后工业社会理论,阿尔文·托夫勒提出了超工业社会理论,约翰·奈斯比特提出了信息社会理论,尼古拉斯·尼葛洛庞帝提出了数字化生存理论,森田米津首提"信息社会"一词并对信息社会的特征进行讨论,堺屋太一建立了知识价值理论等。这些理论大都早于卡斯特的网络社会理论,在社会上产生了较大影响。但是,这些理论大多是对未来信息社会的预测,不是对现实具体的信息社会的解释。

卡斯特网络社会理论的研究对象,是现实具体的信息社会网络社会。他在著述之前身处硅谷,看到了社会信息化和社会网络化的具体过程,看到了社会信息化和社会网络化对社会的经济、政治、文化和其他各方面的具体影响,因此,卡斯特对已有理论的超越集中体现在他的现实社会理论对预测性社会理论的超越。

第四节 媒介控制与媒介伦理

一、传媒的四种理论

1956 年,威尔伯·施拉姆和弗雷德里克·西伯特、西奥多·彼得森共同出版了《传媒的四种理论》(原译名《报刊的四种理论》)。该书由四篇论文汇编而成,着重讨论了不同的社会政治制度下对新闻媒介的控制和新闻自由的问题。

该书引言第一句话就谈道：本书所用"传媒"一词，意指所有大众传播媒介。

四种理论以鲜明的标题和标签式手法，创造出一种媒介的分类体系。该书研究世界各国政府和新闻媒介关系的规范理论，将世界上的传媒体系按出现的时间先后顺序划分为四种，即威权主义理论、自由至上主义理论、社会责任理论和苏联共产主义理论。

(一) 威权主义理论

也有人将威权主义翻译为权威主义或极权主义。威权主义理论出现于16世纪至17世纪封建主义统治时代，在之后的年代里，它一直是全世界大部分地区的基本信条，在管理、规制和利用大众传播媒介方面普遍被运用。威权主义理论有两个基本观点：国家利益高于一切；真理是权力的产物，权力是衡量真理的尺度。

根据威权主义理论，传媒的主要目的是支持、维护统治阶级的统治，贯彻执行政府的政策。传媒必须绝对服从于权力或权威，不得批判占统治地位的道德和政治价值。如果让每个对政府怀有怨言的人都能散播不满情绪，那么将没有安宁。因此，政府有权对出版物进行事先检查。如果传播的观点或信息不利于政府当局，传播者就会遭到指控或怀疑，甚至被判叛国罪和煽动罪。

近代威权主义传播制度随着资产阶级革命的胜利而崩溃，但在现代史上曾死灰复燃。第二次世界大战中德意日法西斯的传播体制就是一种现代威权主义。

(二) 自由至上主义理论

18世纪，传媒理论完成了从威权主义向自由至上主义的转变。这是在资产阶级革命同封建主义制度及其媒介管制制度的斗争过程中形成的，经历了几个世纪。自由至上主义理论的核心是，个人权益高于一切，所谓国家归根结底应用来保护个人权益；之所以允许人们有言论自由，是因为人是具有理性的动物，不论各种言论如何泛滥，人都能凭理性辨别出什么是真理。真理只有在各种意见展开自由而公正的竞争中才能产生和发展。

自由至上主义理论认为，传媒是"观点的自由市场"，是自律的自由企业，传媒的作用就是报道新闻、提供消遣娱乐材料、为经济发展服务、监督政府活动、协助解决社会问题。传媒有权批评政府和官员。印刷媒介作为第一个出现的媒介,在为确立自由至上主义的自由原则而展开的斗争中最为活跃,提出出版内容不能受到任何强制,在涉及观点、意见和信念的问题上,真理和谬误的传播必须同样得到保证。

历史发展证明,自由至上主义理论不可能实现它的传播理想,它最大的缺陷是没有给大众传媒的日常运作提供一个区分自由和滥用自由的固定标准。实际上,自由至上主义理论与资本主义的政治和经济制度结合在一起,保证的不是全体社会成员的利益,而是私有资本的利益。随着资本主义发展到垄断阶段,自由至上主义理论又成为维护垄断资本利益的理论。

（三）社会责任理论

20世纪,纯粹的自由至上主义理论逐渐被社会责任理论代替。1947年,美国新闻自由委员会出版报告《一个自由而负责的新闻界》和该委员会成员霍金的著作《新闻自由:原则框架》,强调大众传播媒介应该对社会和公众承担一定的责任和义务。社会责任理论是对自由至上主义理论的一种修正。

美国新闻自由委员会列举了当代社会对传媒的五项要求:第一项要求是传媒必须准确,报道事实的真相,事实就是事实,观点就是观点;第二项要求是传媒应当成为一个交流评论和批评的论坛;第三项要求是传媒投射出社会组成群体的典型画面;第四项要求是传媒有责任呈现和阐明社会的目标与价值;第五项要求是传媒提供充分接触当日信息的渠道。

社会责任理论坚持的原则包括:表达自由是一项带有义务性的道德权利;一个人对自己的良心承担义务是表达自由权利的重要基础;大众传播应是自由的、不受限制的,但又应对社会负责,因为大众传播具有很强的公共性;政府不应该只允许自由,还应该积极促进自由;媒介必须在法律和制度范围内自我约束,受众有权要求媒介从事高品位的传播活动。

社会责任理论提出的目的有两个方面:一是防止传播事业高度垄断而引起资本主义内部社会矛盾激化;二是防止传媒内容浅薄化、煽情化、刺激化而引起社会道德和文化的堕落。

（四）苏联共产主义理论

在苏联共产主义理论提出者施拉姆看来,该理论针对以苏联为代表的社会主义传播理论与体制,是威权主义传播理论与体制的继承、延续。

施拉姆指出，苏联大众传播媒介被作为党和国家的工具，是维护国家统一和党的统一的工具，是国家发布指示、党开展揭露的工具，是专门用于宣传和鼓动的工具。苏联制度消除了出版业和广播电视业谋利的动机，只有忠诚的和正统的党员才可以有规律地使用媒介。在苏维埃体制下，媒体归国家所有。大众传播媒介的主要任务是保证社会主义制度能够取得成功，能够巩固，为国家各项目标服务。

综上所述，传媒的四种理论在实际发展、理论源头、首要目标、谁有权使用媒介、传媒怎样受控制、哪些行为被禁止、所有制、彼此的基本差异等方面的区别和联系见表 4-1。

表 4-1 传媒的四种理论

	威权主义理论	自由至上主义理论	社会责任理论	苏联共产主义理论
实际发展	源于 16 世纪、17 世纪的英格兰，得到广泛采纳并仍在许多地方实行	被 1688 年以后的英格兰和美国采纳，并影响到其他地方	20 世纪的美国	苏联
理论源头	君主和他的政府或两者享有绝对权力的哲学	弥尔顿、洛克、密尔的杰作，以及理性主义和天赋权力的一般哲学	W.E. 霍金的杰作，新闻自由委员会和从业者，伦理规约	马克思、列宁、斯大林的思想，糅合黑格尔的思想和 19 世纪的俄国思想
首要目标	支持和推进当权政府的政策，为国家服务	告知、娱乐、售卖，但主要是帮助发现真理和监督政府	告知、娱乐、售卖，但主要是将冲突提升到讨论层面	为苏联社会主义制度，特别是党的专政的成功和延续做贡献
谁有权使用媒介	获得皇家专利权或类似许可证的人	有从事这种活动所需经济手段的任何人	有话要说的任何人	忠诚和正统的党员
传媒怎样受控制	政府专利、行会、许可证发放，有时是新闻审查制	在"观点的自由市场"上借助"真理的自我修正过程"，并借助法庭	社区意见、消费者行动、职业伦理	政府的监督、经济或政治行动

续　表

	威权主义理论	自由至上主义理论	社会责任理论	苏联共产主义理论
哪些行为被禁止	批评政治机器和当权官员	侵害名誉、淫秽、下流、战时煽动	严重侵犯公认的私人权利和关键的社会利益	批评政府目标不在策略之内
所有制	私有或国有	主要是私有	私有,除非政府为确保公共服务而不得不接管	国有
彼此的基本差异	影响政府政策的工具,尽管不一定为政府所有	监督政府和应社会其他需求的工具	传媒需承担社会责任的义务,若非如此,某些人必须了解传媒在做什么	国有和严密控制的传媒仅仅为国家权力而存在

资料来源:[美]弗雷德里克·S.西伯特、西奥多·彼得森、威尔伯·施拉姆:《传媒的四种理论》,戴鑫译,展江校,中国人民大学出版社2008年版,第6—7页。

《传媒的四种理论》虽然探究了不同社会制度与大众传媒的关系,但没有揭示经济制度和技术发展对传媒的影响,无法涵盖现今世界各种不同的传媒体系。

二、媒介控制

媒介控制主要体现在五个方面:国家和政府的政治控制(包括法律、法规和政策等)、经济控制(资本控制)、受众控制、传播媒介的内部控制和文化控制。

(一)国家和政府的政治控制

第一,对传媒活动进行法制和行政管理。例如,审批登记,资源分配,监督管理,对传播事业发展制定总体规划或实行国家援助等。美国《1996年电信法》规定了限制暴力和色情内容的电视"V芯片"制度和节目内容分级制度。2016年,中国颁布《中华人民共和国网络安全法》,第四十一条规定:"网络运营者收集、使用个人信息,应当遵循合法、正当、必要的原则,公开收集、使用规则,明示收集、使用信息的目的、方式和范围,并经被收集者同意。"

第二,规定传媒组织的所有制形式。这是政治控制的主要内容,是确立传媒体制的前提。世界上主要的传媒体制有:以欧洲为代表的公私并举的双轨制;

以美国为代表的私有、商业化运作制度；以中国为代表的公有、有限商业化运作制度。

第三，操纵新闻。限制或禁止某些信息的传播，操纵新闻的发布，控制信源，如吹风、试探性气球、新闻发布会、记者招待会等。进行意识形态渗透。利用官方媒介进行舆论引导。

（二）经济控制（资本控制）

垄断资本通过成立媒介企业、控制议会党团和院外活动集团，以及提供广告、赞助等方式控制媒介。

（三）受众控制

受众通过个人信息反馈，实施对传媒活动进行社会监督的正当权利。

受众通过影响媒介市场制约媒介活动，传播者也会主动收集公众反应、进行受众调查等（服务于广告商）。

当自己的权利被侵犯时，受众也可以诉诸法律，或结成受众团体对媒介活动施加影响。

（四）传播媒介的内部控制

第一，制定媒介组织制度、报道方针，对信息传播过程进行控制，以服务于媒介的政治立场。任何媒介都有其政治、经济和意识形态的倾向性，通常体现在按照报道方针进行层层把关，体现了媒介组织内部对信息传播过程的控制——潜网。

第二，媒介自律，即通过制定职业纪律或道德准则来主动约束职业行为，以维持媒介信誉，争取广大受众和提高传播效果。

（五）文化控制

文化控制是更为广泛、深远的控制，所有传播都包含在文化控制中，一切控制说到底都处于特定文化背景下。例如，当"真实、人类尊严"成为全球媒介伦理的首要准则时，抄袭侵权、报道煽情、遮蔽重大议题、恶俗炒作、群体极化、新闻敲诈等问题，就是坚持真实和人类尊严的职业准则的新闻从业者和新闻机构不可接受的行为。

三、媒介伦理

媒介伦理概念是继新闻伦理概念发展而来。最早的新闻伦理研究是 1889 年英国人利莉在《论坛》上发表的文章《新闻业的伦理》。

新闻伦理研究是对媒介活动中道德选择的系统性探讨。从诞生之初的"新闻伦理",到 20 世纪逐渐得到认可的"媒介伦理",再到现在被提及的"传播伦理""网络伦理""信息伦理"等,这些概念名称的多元及变迁,展现了这门学问面临的挑战。

新闻实践是变动不居的,新闻实践的载体和边界也不断拓展,从报纸、广播,到电视,再到互联网、移动互联网,乃至未来万物皆媒,新闻的参与主体从专业记者、编辑,扩展到机构宣传人员、公关人员,乃至今天的普通民众、人工智能机器人。新闻的边界正在消融,新闻的生产、传播、互动成为人们的生存方式、社会内在的机理和"操作系统"。

这些变化也导致了诸如网络虚假新闻、信息茧房、人肉搜索等新的伦理问题,引发了人们对于新闻实践的忧思:在自媒体大行其道的今天,调节新闻实践的真实性、公正性、最小伤害等伦理原则,能否发挥既有作用?在传媒行业剧烈变革的智能时代,到底需要哪些伦理原则对这个领域进行规范调节?

(一)决定媒介伦理原则的根本要旨

为什么生命至上、真实、公平、最小伤害等原则是业内公认的媒介伦理原则?其合理性分析如下。

1. 新闻实践的本质与目标

从现在的研究来看,人类对新闻的需要有两个来源。一是人类需要表达、沟通以创造、保存和分享意义,而新闻恰恰成为人类创造、保存和分享意义最重要的途径之一。二是新闻满足人类好奇的本能。好奇的本能也是追求真相的本能。人类宁愿付出生命的代价,也要想方设法揭示真相。

2. 媒介伦理原则的道德论证

既然新闻是人类表达沟通、好奇求知的本能需要,新闻在人性之中承担着特殊的目标和使命,决定了我们必须坚守媒介伦理原则。

首先,真实是新闻的生命,是媒介伦理的首要原则。人类的生存环境并非完全安全、自由,人类需要随时对外界环境的变化做出判断,保持对外界信息的知情和敏感。如果人类接受的信息是虚假信息,就会做出错误判断,危及生存与安全。因此,新闻必须真实,公共利益务必通过真实得到保障。

其次,公正是重要原则。公正就是得到应有的对待。没有人愿意得到不公正的对待,新闻报道引发的社会舆论有可能对个体生活产生重大影响。因此,新闻实践必须秉持一视同仁的平等理念、不偏不倚的立场,以及不歧视、不忽略的公正态度。

最后,人的尊严也是重要原则。人在任何时候都只能作为目的,而不是工具或手段。人格尊严至高无上,德国甚至将人格尊严写进宪法,作为金科玉律的第一条。新闻实践必须尊重人格尊严,这是一切新闻活动的出发点。

(二)影响媒介伦理原则的变量

新闻实践的边界正在拓展,形态正在改变,媒介伦理正呈现出新闻伦理—媒介伦理—公众传播伦理的拓展趋势。这背后的推动力量来自技术、资本和政治。其中,技术是关键性变量,资本和政治是影响媒介伦理原则嬗变的深层原因。

1. 技术对真实、公正和尊严的遮蔽

现代信息技术在解蔽的同时,又形成了新的遮蔽,导致人类追求真相的难度加大。一方面,信息技术本身是新的赋能,降低了人们获取信息的成本,促进了对真相的抵达和传播;另一方面,信息技术本身具有复杂性、不确定性,这又构成了一种新的遮蔽。

典型的案例是,人工智能技术代替人进行新闻的生产、传播和互动,但基于深度学习的智能算法是不可控的,特别是无监督式机器学习算法,完全依据大数据和算法模型运行,输入和输出均为未知。这种方式将新闻生产过程推到更深的"黑箱",导致很多充满歧视和偏见的传播现象出现。

自智能算法技术诞生以来,与之相随的"算法没有价值观"的观念,一直在混淆人们对于智能技术的价值判断。既然算法无价值,那么算法推荐导致的歧视偏见、传播谣言等伦理问题就找不到承担责任的主体,道德责任归因出现了困境。但事实上,技术不仅拥有价值观,而且在深刻地影响人们的行动。当算法工程师把"对社会的美好愿望"凝结在产品之中,并通过创新扩散获得普遍认可时,技术比起理想,更能让新闻行业担负起社会责任。

现代技术正在遮蔽人的主体性,有可能将人异化为工具化的存在,让人丧失自主性、自决性。例如,智能技术、基因编辑技术正深入嵌入人的身体和灵魂,深

刻改变人与技术的关系。现代技术虽然进一步强化了人的理性,特别是工具理性,但又深深束缚了人的自由,也相应地削弱了人的价值理性。必须警惕这种异化。

2. 资本对媒介伦理的操控

当前,与人们日常生活联系紧密、用户量和流量最庞大的互联网媒体平台,如腾讯新闻、今日头条、新浪微博等,背后都有资本甚至跨国资本的力量。这些媒体平台对议程的设置、对新闻专业精神的理解,影响真实、公正、尊严等原则的实现。伴随着互联网新媒体产业的快速发展,资本的逐利性使得其易在媒体内容中渗透资方意志,束缚或制约所介入的媒体。媒体独立性遭到破坏的同时,也在一定程度上对公共舆论的导向产生潜在威胁。

3. 政治对媒介伦理的形塑

政治通过对技术研发和使用进行规划和治理,对媒介伦理进行形塑。表面上看,技术是客观中立的,谁都可以使用,但是研发和使用何种技术却是政治和意识形态的深刻选择。政治出于加强社会治理的需要,资本出于自身扩大的需要,对媒介产生影响,这两股力量协同促进了信息传播体系的形成和完善。

(三)媒介伦理原则的变化趋势

技术、资本和政治作为外部力量,并不能真正改变新闻的本质和目标,只要新闻仍是人类的本性需要,媒介伦理对真实、公正和尊严原则的坚守就不会变。不过,现代技术会遮蔽我们对真实、公正和尊严的追求,资本借助技术带来更隐蔽的操控。这些因素改变了智能时代媒介伦理实现的外在情境,对我们坚守真实、公正和尊严原则提出了更为细致的要求。

1. 从客观准确到公开透明

对新闻真实的要求不能只停留在准确层面,而应提出公开、透明的规范性要求。公开、透明作为新闻真实原则的重要组成部分,逐渐成为媒介伦理的新要求。媒介伦理研究的著名学者克利福德·G. 克里斯琴斯认为,在古希腊罗马时期,"无蔽"被翻译成"真相",对其最好的界定就是公开、透明。因此,"无蔽",即公开、透明,作为"一种具有可操作性的理想",应当成为"全球媒体伦理原则的基石"。

首先,公开、透明能够打破技术遮蔽。让技术公开、透明的主要含义,就是要加强对技术本身的宣传和理解,让公众认识、理解和熟悉技术的原理。这应当成为技术开发者重要的道德责任。由于担心人工智能会威胁人类的生存,人工智能领域对算法透明的呼吁越来越高。在近年来提出的人工智能准则中,透明度都位于前列。算法透明,公开算法的模型、大数据来源和应用场景,交给同行评议,使利益相关者和公众知晓,能够防止算法"黑箱"传播虚假新闻,阻止算法偏见和歧视的出现,从长远角度来说,还有利于避免出现科技反噬人类的风险和悲剧。

其次,公开、透明能够曝光利益冲突,揭示信息技术预设的价值取向和利益倾向。公开、透明一直是媒介伦理用以抵御滥用职权、伪造真相的利器。在采访报道中,确认并公开信息源,被认为是重要的职业操守。

在智能时代,在显著的位置展示信息来源、平台和产品的开发过程、开发主体及背后的利益相关者,有助于人们穿透技术笼罩的"雾区",更好地理解智能技术支撑下的新闻报道。

最后,公开、透明意味着相互信任和尊重,有利于彰显人的主体性。《中庸》云:"诚者,天之道;诚之者,人之道。"追求公开、透明,体现出至高无上的人道主义精神。

2. 从理想主义到底线伦理

早在诞生之初,新闻自由就是理想,是早期资本主义打破封建枷锁,在对不合理的社会制度进行批判斗争中产生和发展起来的理想。到19世纪末20世纪初,新闻又因为对权力的监督、对社会弊端的"扒粪"报道,赢得广泛尊重和支持。从20世纪40年代开始,当新闻因自由主义而放任,引发公众信任危机时,新闻业通过积极倡导专业精神进行自我调整,加强新闻行业自律,在追求自由的同时担起社会责任,体现出新闻实践坚守理想的特质。

然而,现实的媒介暴力以多种方式潜在地导致社会问题频出。因此,克利福德·G.克里斯蒂安将人类尊严、非暴力作为全球媒介伦理除了真实之外的两个首要的底线准则。

3. 从专业精神到公民素养

信息技术的发展将算法工程师、产品经理等技术人员也纳入传媒行业。这些从业人员应该遵守媒介伦理的真实、公正和尊严原则,将正向的价值观、合乎伦理的规范写入代码和算法之中。同时,针对人工智能制造出的虚假视频等问题,工程师能够基于算法反向识别的能力,开发出算法,识别出虚假视频,坚守媒介伦理原则。

在人人都有麦克风、人人都能轻易成为大众媒介传播者的时代,所有人都应该是媒介伦理原则的遵守者、实践者。媒介伦理既是对新闻专业人员的底线要求，也应该成为社会大众的底线伦理。

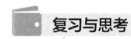

复习与思考

开篇案例：华为，构建万物互联的智能世界
1. 华为公司生产哪些媒介？
2. 华为如何构建万物互联的智能世界？

第一节 传播媒介概述
1. 传播媒介的概念、特点和类型。
2. "手机依赖症"逐年严重，网络智能媒介会控制人的行为吗？

第二节 媒介演进史
1. 结合实例，谈谈你对媒介融合的理解。
2. 媒介形态变化的原则和趋势是什么？
3. 媒介技术发展的"4C"趋势是什么？

第三节 经典媒介理论
1. 简述麦克卢汉的媒介观。
2. 简述梅罗维茨的媒介场景理论。
3. 《现实的中介化建构》一书的主要观点。
4. 媒介依赖理论和使用与满足理论的异同。
5. 《信息时代三部曲：经济、社会与文化》的主要观点。

第四节 媒介控制与媒介伦理
1. 《传媒的四种理论》提出的四种理论的异同。
2. 业内公认的媒介伦理原则是什么？
3. 为什么公开、透明逐渐成为媒介伦理的新要求？

拍制一份日常 vlog

一、实训要求

用手机拍摄、剪辑，制作一份 vlog 并在班级播放、互评。

二、实训目的

强化学生对传播媒介功能和作用的认识。

三、实训组织

学生分成 3 人一个小组,比较各自 vlog 的特点。

四、实训内容

1. 每个小组和个人预先设计个人视频传达内容,选用一种视频拍摄工具,制作视频 vlog。

2. 在小组和全班发布介绍自己的 vlog,分享交流媒介使用体会。

日常生活 vlog 都是怎么拍的

Vlog 的意思就是视频博客,以视频的形式代替文字和照片,可以用来记录个人的日常生活,将拍摄的视频上传到网上和网友一起分享。日常生活的 vlog 看似简单,但是拍摄过程中也有不简单的地方。vlog 可以是一个人进行拍摄,也可以由他人代拍。

拍摄设备

拍摄设备可以是单反、手机镜头、无人机等,大多数博主使用一部手机、一个手机支架完成 vlog 的拍摄。拍摄设备根据个人的需求进行置办。

拍摄流程

首先,选好拍摄题材。其次,准备好拍摄角度。拍摄时,可以是一直进行拍摄,也可以是多段视频分开进行拍摄,后期通过剪辑将多段视频拼接成一个完整的视频。一个优质的 vlog 一定离不开后期剪辑。

如何剪辑日常 vlog

有很多剪辑软件,支持电脑、手机剪辑。剪辑流程包括添加文字、添加音乐、添加转场、添加滤镜和改变视频尺寸等。在剪辑之前写好 vlog 脚本可以让整个剪辑工作变得更加简单,因为脚本中会将每个镜头的时长、文案和画面等信息都写得清清楚楚,只要照着脚本进行剪辑即可。

第五章
受众分析

教学目标

知识点
1. 受众的含义、角色演变。
2. 从不同角度划分的多种受众类型。
3. 受众形成与保持原理。
4. 使用与满足理论。
5. 受众研究的三种传统。

技能点
1. 学会多视角分析受众形成与保持的因素。
2. 学会分析具体媒介作品的受众。

思政元素
1. 培养敬业精神。
2. 形成平等的价值观。

重难点

1. 受众的类型及多种角色。
2. 受众的形成与保持原理。
3. 媒介框架和受众基模的异同。

📁 **开篇案例**

《王者荣耀》如何吸引 Z 世代年轻人

游戏玩家对团队竞技类的游戏有着天生的喜好。多人在线战术竞技游戏，即 MOBA 类游戏，一直以来都是游戏行业中的领军者，以其竞技快感与协作精神获得优势地位，用户数量十分庞大。

基于移动终端的 MOBA 类游戏也获得了空前成功，占据最大市场份额的就是《王者荣耀》。这款手游强烈吸引了 Z 世代的年轻人。

游戏内容不断创新，以此来吸引国际国内玩家。《王者荣耀》全部背景故事发生于架空世界"王者大陆"中。相关人物、地理、事件均为艺术创作，并非正史。若因观看王者故事对相关历史人物产生兴趣，玩家可查阅正史记载。正是无稽的人物、地理和事件内容，智能施法，超清画面，带给用户轻松休闲，带给玩家心理和生理上的刺激和愉悦。

《王者荣耀》不是一个人的王者，而是团队的荣耀。虽然需要花钱买不断上线的新皮肤，但玩家因为愉悦愿意付钱。玩家关注自己感兴趣的英雄人物，在平台输入该英雄名字，平台马上聚集相关的信息精准推送，包括提供英雄人物攻略，并且攻略随时可以通过微信、微博、豆瓣和朋友网进行分享。视频中心截取了关于游戏的内容片段，既再现了一些吸引人的游戏场景，也吸引新的用户进入。

在"开放素材库"里，所有愿意提供素材的玩家和游客都可注册，提供创作素材。申请"王者入驻"注册的个人作者或媒体，需要先在王者营地（原王者荣耀助手）注册一个王者营地账号。在王者荣耀内容开放平台"王者视角"申请入驻，并绑定自己的王者营地账号。完成入驻的个人作者或媒体可以在王者荣耀内容开放平台投稿图文、视频、图集等内容。投稿内容将提交至王者荣耀运营团队审核，通过审核即发布到王者荣耀官网、王者营地等官方社区。

无限王者团由五位觉醒于《王者荣耀》平行宇宙的团员云、亮、白、信、守约组成。以"唤醒我，唤醒无限可能"为成团口号，活跃于微博、短视频、虚拟直播等多种场景，激励年轻人的英雄情结，用音乐艺术形式在多种媒介平台传播《王者荣耀》游戏精神，成为虚拟偶像市场快速崛起的新势力。

通过电竞比赛吸引国内和国际玩家。《王者荣耀》赛事分为春季赛常规赛、秋季赛常规赛、秋季赛季后赛等。大众赛事分为城市联赛→大区联赛→全国大赛三个阶段。同时进行全面的荣誉升级，新增电竞生涯认证、生涯成就系统、生涯称号和对局加载界面认证四大专属荣誉，每个玩家随时可以观看自己的战绩。

赛事实时直播，直播平台"登录瓜分10亿红包"的口号吸引人注册，24小时平台直播赛事，公布战队积分榜、选手KDA榜。网上直播赛事还发展到线下的电竞场馆里进行线下现场比赛。直播优秀主播的赛事解说热情洋溢，类似电视台体育比赛的主持人现场解说。

线下城市联赛从大众赛、高校赛和海选，到大区联赛，再到全国大赛，每个比赛阶段都有微赛事通道、战队赛通道、大型合作赛通道，三条赛道面向不同类型的用户。

全国大赛为非职业联赛最高殿堂，由来自城市联赛、高校联赛和大型合作赛事的选手共同争夺全国大赛冠军并获得进军王者荣耀职业发展联赛（简称KGL）的机会。获得王者荣耀职业联赛（KPL）参赛资格的队伍才能加入职业联赛。职业联赛扩展到国际巡回赛，游戏观众和玩家从国内扩展到国外。

王者荣耀的运营推广所带来的社交属性，让一些原本不接触游戏的人开始踏入这个圈子。一些不怎么玩游戏的女性也迷上了《王者荣耀》。她们玩得并不好，但还要继续玩，原因仅仅是大家都在玩。这个情况不仅限于女性。当你身边的人茶余饭后的话题总是围绕游戏展开，为了融入这个社交环境，你就自然而然或不得不去接触这款游戏。

案例分析

《王者荣耀》通过游戏资料、内容中心、赛事中心、百态王者、社区互动和玩家支持功能与设计，构筑了一个牢固的游戏玩家和游戏观众生态服务圈，让不少玩家入迷而成为"圈层受众"。这个不断发展丰富的游戏IP，还通过各种手段最大限度地集结和扩展自己的用户人群。

第一节 受众概述

一、传播过程中的受众

（一）受众的含义

受众是传播活动过程中的受传者,是信息传播的对象、目的和归宿。只有传播活动被受众接受,传播过程才算真正完成。

从宏观上看,受众是一个巨大的集合体。从中观上看,受众是某个群体或某个社会组织。从微观上看,受众体现为具有丰富的社会多样性的人。

了解受众对信息的态度和反应,有助于传播者进行相应的调整,从而实现更好的传播效果。

（二）"受众"概念的形成

在西方,最早的"受众"是"audience"。"audience"用于指代演讲的听众、剧院和体育比赛的观众。从词源学看,"audience"一词最早出现于14世纪,来源于拉丁文"audire",是拉丁文"听"的命令式,意思是"听吧"。

随着现代大众传播媒介的诞生和发展,"受众"一词演变成指一切大众传播媒介信息的"接收者"（receiver）,比如报纸的读者、广播的听众、电影和电视的观众、网络的用户等。大众传播媒介信息的接受者由于规模庞大,又被称为"大众"（mass）。

在中国,"受众"一词并非古已有之。在古典文献中,"受"与"众"均作为一个词使用。"受",指接受、承受、听从、遭受,通"授"。"众",指众多、众人、大家、士众、军队、广泛、普遍等。古代的信息传播活动十分有限,主要有帝王的谕旨、官僚的奏陈、私人通信、茶馆说书等。随着印刷业的兴盛和图书、报刊的出现,催生了早期的大众媒介受众,对这一受众群体的称呼有闻者、读者、听者等。但此时,"受众"概念依旧模糊不清。

20世纪二三十年代,杜威、帕克来华,让中国学者知道了美国芝加哥学派关于传播的研究。中国关于"受众"的研究也开始萌芽。1936年年底到1937年年初,上海民治专科学校校长顾执中先生主持的上海报纸和上海读者调查,以读者为主体,是从读者需要、兴趣出发研究受众的早期尝试。

20世纪40年代,传播学在美国形成。1954年,施拉姆在《传播是怎样运行的》一文中首次以"接收者"来指代"受众"(audience)。这大概是早期中国传播学译著中以"接收(受)者""受传者"作为"receiver"或"audience"译名的原因。

20世纪80年代初,传播学"第二次"被引入中国,西方传播学的相关译著在中国与日俱增。其中,"受众"被译为"传播对象""受传者""接受者"。与"接受者"对应的词汇为"传播者"。在细分受众类型时,使用报纸读者、电视观众等词语。

(三) 社会变迁与受众分化

1. 作为大众的受众

早期芝加哥学派代表人物、符号互动论的主要倡导者和定名人赫伯特·布鲁默关注到大众传播媒介的发展形成了媒介受众,认为媒介受众是典型的新型集合体,是现代社会各种因素相互作用的结果。他称这一新型集合体为"大众"(mass),并将大众与过去传统社会形式"群体"(group)、"群集"(crowd)和"公众"(public)相区别。

大众不同于群体。群体成员之间通常保持面识关系,拥有相似的价值观,群体关系的构成清晰明了,并随着时间的延伸而持续。

大众不同于群集。群集是一个相对较大的群类,是一个暂时的、极少会重聚的群类。群集常常由临时参加或卷入事件、活动的人们组成,具有匿名性、情绪性、暗示性和感染性。

大众不同于公众。公众一般指社会上围绕共同关心的公共事务或问题,通过公开、合理的讨论而形成的能动社会群体。他们自由参与公共议题的讨论,提出一些观点、意见、原则和建议,希望为改变现状而努力。公众是现代社会的产物,被视为民主政治制度的一个元素。

大众是伴随大众社会理论的形成而出现的一个特定的概念。大众社会理论认为,大众社会是大众传播发展的结果,反映了脱离家庭、血缘、土地等传统纽带,相互依赖却又彼此陌生的人们的生存形态。19世纪末20世纪初是人类进入大众社会的一个分界点。在大众社会里,传统社会结构、等级秩序和统一的价值体系被打破,社会成员失去了统一的行为参照系,变成了孤立的、分散的、均质的、原子式的存在,即所谓"大众"。

大众的主要特点如下。

(1) 规模的巨大性。在人数上超过其他社会群体或集团。

(2) 分散性和异质性。广泛分布于社会的各个阶层,成员具有不同的社会属性。

(3) 匿名性。成员之间互不相识,对试图进行大众操纵的社会精英来说也是难以把握的对象。

(4) 流动性。大众的范畴依对象问题而时有变化,成员是流动的。

(5) 无组织性。大众缺乏明确的自我意识和自我约束,因而不能作为一个主体而自主行动。大众行为主要是在外部力量的刺激和动员下形成。

(6) 同质性。大众成员虽然有不同的社会属性,但又有同一的行为倾向性,因而具有同质性,容易受到外部力量的操控和影响。

法兰克福批判学派认为,资本主义工业化的结果制造了大众:他们是一些没有理性批判的思维能力、易受操纵的乌合之众。大众的形成,为极权主义的发展创造了适宜的土壤。因为大众容易沉浸在非理性的政治情感之中,所以他们无法抵御有害的、支持资本主义的文化工业产品。

2. 从大众到分众

分众,是与大众相对的概念。分众指受众并不是同质的孤立个人的集合,而是具备社会多样性的人群。在人口统计学特征上,受众分属于不同的性别、年龄、学历等;在社会群体归属特征上,受众分属于不同的家庭、学校、单位、宗教团队等。在心理学上,受众成员的个人差异相当明显。

"分众"一词最早由美国学者提出。1990年,美国学者阿尔文·托夫勒在《权力的转移》一书中预言新闻传播在将来的发展趋势:面对社会大众的信息资讯传播渠道的数量倍增,新闻媒体的传播对象逐渐从广泛的整体大众,分化为各具特殊兴趣和利益的群体。

分众传播是指传播者根据受众需求的差异性,面向特定的受众群体或大众的某种特定需求,提供特定的信息与服务。媒体的多样性、信息的广泛性、受众的选择性,是分众传播方兴未艾的成因。

分众观的核心内容是:社会结构具有多样性,是多元利益的复合体;社会成员分属于不同的社会群体,其态度和行为受群体属性的制约;分属于不同社会群体的受众个人,对大众传播有不同的需求和反应;在大众传播面前,受众并不是完全被动的存在,他们在媒介接触与内容选择、接触和理解上有着某种自主性和能动性。

分众理论的背后是一种多元主义社会观,把当代社会看作一个多元利益、多种力量的集合体。它摆脱了二元对立的社会结构观,以更多的变量来看待社会的发展和变化。

3. 从小众到个性化用户

在新的网络亚文化下,不同地域的人们可以围绕真正热爱的东西聚集成小组。从某种意义上讲,互联网将"大众传播"演变成"分众传播"和"小众传播"。自2001年起担任美国《连线》杂志总编辑的克里斯·安德森提出了长尾理论。长尾的意义就是无限产品可供选择。在长尾理论模型中,"头"是大众传播,"尾"是小众传播。推荐系统和其他类似工具能帮助用户在长尾中找到销量小但种类多的产品和服务。因此,小众双向、分享的传播效应,可与单向大众传播抗衡,甚至效果超过大众传播。

在信息畅通的互联网时代,技术正在将大规模市场变成无数的利基市场。1994年前后,亚马逊创始人杰夫·贝索斯提出利用在线零售的经济效益大规模销售相对非热门的产品。繁荣长尾市场的秘诀,归结为两句话:提供所有产品;帮用户找到它。利基市场的受众,是个性化用户。

个性化用户的角色,可以是搜寻者、咨询者、浏览者、反馈者、对话者,还可以是不可小觑的、数以亿计的业余生产者和传播者。

智能互联网的瞬间即达、可视交互功能,改变了受众在传统媒介下作为被动接受者的角色,受众从单纯的接受者转变成"传播者+接受者"的双重身份。传播者和受众的界限被模糊,此时的受众已经不是被动的、单纯的受众,而是个性化用户。

个性化用户通过智能终端的信息检索和人工智能个人助理的帮助,主动获取个性化信息,并且通过评论、关注等网络行为进行二次传播。网络将终端、内容、人、服务等连接起来,形成节点化、个性化用户。

未来的人工智能个人助理能够了解一个人的需求和习惯,帮助用户阅读他们没有时间阅读的内容,极大地满足个性化用户的需求。不过,强大的人工智能个人助理还需要一段时间的进化,才能在主流社会中投入使用。在此之前,各大企业将继续在自己的产品中嵌入生成式人工智能,类似于OpenAI的ChatGPT。

二、受众的多种社会属性

把受众看作读者、听众和观众的集合,有助于从规模和量的方面把握受众概念,但不能揭示受众的社会属性。要揭示受众的社会属性,必须考察受众的社会结构及其性质。

(一)作为社会群体成员的受众

19世纪以来兴起的大众社会理论,在20世纪四五十年代受到一些研究者的质疑。研究者发现,受众并不是孤立地存在,而是分属于不同的社会集团或群体,有着不同的社会背景。实际上,受众基于地域和共同利益,会形成许多互相交错的社会关系网络,大众媒介则以不同的方式与这些社会网络相融合。

虽然受众对大众传播媒介的接触是个人的活动,但这种活动通常受到个人的群体归属关系、群体利益和群体规范的制约。受众的群体背景可以分成两个方面:一是人口统计学意义的群体,包括性别、年龄、籍贯、民族、职业、学历等;二是社会关系意义的群体,如家庭、单位、团体、政治、经济和文化的归属阶层,宗教信仰群体等。

受众的群体属性不同,意味着他们所处的时代、社会环境、社会化的条件、社会地位、价值和信念、对事物的立场和观点、心理特点和文化背景都有很大的差异,对大众媒介信息的需求、接触和反应方式也是千差万别。

传播学研究表明,受众的群体背景或社会背景是决定他们对事物的态度和行动的重要因素,这种影响有时甚至超过大众传播的影响。受众对媒介信息的使用是有选择性的,并且往往只选择加强自己信念的信息,而拒绝与自己的固有观念相抵触的内容。

拉扎斯菲尔德等人认为,受众在接触大众传播的信息时,并不是不加选择,而是更愿意选择接触与自己的既有立场和态度一致或接近的内容,而对与此对立和冲突的内容有一种回避的倾向。选择性接触活动的结果,更可能在加强原有态度的方向上起作用,而不是导致它的改变。他们把这个结论称为选择性接触假说。

后来的大量研究表明,选择性接触不仅存在于政治领域,在消费、文化和娱乐信息领域,这种机制也是普遍存在的。作为选择依据的,除了兴趣或爱好等个人因素外,群体价值和群体规范起着重要作用。

选择性接触机制的存在说明,大众媒介并没有随心所欲地支配和左右受众的力量。受众在大众媒介面前并不完全被动,而是具有某种能动性。

1960年,拉扎斯菲尔德的学生约瑟夫·克拉珀在《大众传播的效果》一书中,将受众的选择性接触机制称为受众的选择性心理,并将其分解为选择性注意、选择性理解和选择性记忆三个层次。这三个层次共同构成了选择性理论,三者是一个由外向内递进的、有机统一的整体。

(二) 作为市场消费者的受众

将受众看作信息产品的消费者和大众传媒的市场,也是一种很普遍的受众观。这种观点在19世纪30年代后大众传媒向企业经营形态转变的过程中就出现了。"受众即市场"的观点反映了传媒活动的部分特性,如经营性、商品性、竞争性。

在大众传播事业成为信息产业的一个重要组成部分的今天,"受众即市场"的观点更为常见。它建立在三个基本认识的基础之上:第一,大众传媒是一种经营组织,必须把自己的信息产品或服务以商品交换的形式在市场上销售出去;第二,大众传媒要实现市场销售,必须使自己的产品或服务具备一定的使用价值或交换价值,即能够满足消费者的各种需求;第三,既然传媒活动是市场活动,那么各传媒机构之间必然存在激烈的竞争关系,竞争的对象自然是作为消费者的受众。

受众市场也有一个变化的过程。20世纪80年代以前,多数媒体把受众看成未分化的大众市场,其有效经营方式是提供能够满足普遍需求的信息产品或服务。随着媒体的丰富,许多媒体认为大众市场已经饱和,开拓具有特定需求的分众市场和小众市场成了保证经济效益的最佳选择。随着人工智能和移动智能终端的发展,满足每个受众的个性化需求成为媒体努力的方向。

"受众即市场"的观点揭示了受众作为消费者的某些行为特点,但是,从传播学的角度来看,这个概念不完善。丹尼斯·麦奎尔指出,它有如下四个问题。

第一,它容易把媒体和受众的关系固定为卖方和买方的关系,有将复杂的社会传播关系简化成单纯的买卖关系的倾向。

第二,这种观点更多着眼于受众的购买能力和与消费特点相关的人口统计学属性,如收入、性别、年龄、学历等,但对受众深层次的社会关系和意识形态反映不够。

第三,这种观点容易把商品销售量(收视率、发行量或点击率)作为判断媒体成功与否的唯一标准,而把公益性和社会效益标准放在次要位置。

第四,把受众视为市场的观点,只能使人从媒体的立场出发考虑问题,而不是从受众的立场出发考虑问题。在受众看来,他们并不单纯是消费者,还是社会公共事务的参与者,是拥有传播权利的主体。

(三) 作为权利主体的受众

受众不仅是传媒信息的使用者或消费者,还是社会基本成员和公众。在大众传播过程中,受众享有如下三项基本权利。

1. 传播权

传播权是社会的每个成员所享有的基本权利之一,传统上被称为言论自由权利。社会成员是社会实践和社会生活的主体,有权将自己的经验、体会、思想、观点和认识通过言论、创作、著述等活动表现出来,并有权通过一切合法手段和渠道进行传播,也包括通过大众传播媒介渠道进行传播。

在现代社会,媒体拥有广泛的出版自由或新闻自由的权利,包括采访权、编辑权、报道权和对公共传播资源的使用权等。在某些方面,媒体的权利甚至超过社会成员作为个人所能享有的权利,成为传播特权的拥有者。但媒体的这些权利是建立在公共性和公益性的基础之上。如果传媒活动是为了谋取私利,媒体的权利就失去了法理上的依据。因此,媒体加强自律和行业规范十分必要。

2. 知晓权

知晓权从广义上来说指社会成员获得有关自身所处的环境及其变化的信息、保障社会生活所需的各种有用信息的权利。从这个意义上来说,知晓权是人的生存权的基本内容之一。从狭义上看,知晓权指公民对国家的立法、司法和行政等公共权力机构的活动所拥有的知情权。这是公民的一项基本政治权利,也意味着公共权力机构对公民负有信息公开的责任和义务。

中国宪法规定中国公民享有言论、出版自由,在立法上保障了公民的传播权。同时,党和政府通过政情公开,将公共权力机构的活动置于人民群众的广泛监督之下。2007年4月,中国公布了《中华人民共和国政府信息公开条例》,为保障公民的知晓权、监督权和新闻媒介的各项权利提供了法律保障。

3. 媒介接近权

1967年,美国学者杰尔姆·A. 巴伦在《哈佛大学法学评论》上发表《接近媒介———项新的第一修正案权利》一文,首次提出"媒介接近权"概念。媒介接近权指一般社会成员利用传播媒介阐述主张、发表言论、开展各种社会和文化活动的权利。同时,这项权利也赋予了传媒应该向受众开放的义务和责任。要求传媒必须向受众开放，这是媒介接近权的核心内容。媒介接近权是为了缓和传媒垄断带来的矛盾激化而被提出的概念。

互联网的发展为实现受众的媒介接近权提供了广阔空间。受众可以方便使用个人网站、微信、微博等个人媒介，但个人媒介传播影响力相对有限，因此，争取受众对大众传媒的接近权依然有重要意义。

随着大众媒介市场化程度提高，传媒有了自身的经济利益。当传媒利益和受众利益发生冲突时，如何自觉尊重、维护受众权利和利益，是一个越来越需要重视的问题。

三、新媒体环境下的受众

（一）新媒体环境下受众的变化

新媒体环境下受众最突出的变化体现在三个方面。

1. 从单一的接受者转变为受传合一的媒介使用者

随着微博、微信等融合媒体的出现，受众主动发布信息、回复信息或转发信息，受众的角色从单一的接受者转变为受传合一者。受众与传播者之间的界限变得模糊。

2. 线下真实身份与线上虚拟身份从分离到同一

随着电子商务和社交媒体的兴起，受众线下真实身份与线上虚拟身份呈现出同一性。以微信为例，它需要用户用手机号码注册与交友，这就明确了微信线上用户的线下真实身份。基于位置的服务（LBS），实时对讲功能与群聊功能，二维码名片与"搜索号码""附近的人"等，更是使现实的人际关系在虚拟世界中得以展开。

3. 受众从追随精英到"草根"狂欢

随着抖音、快手等短视频平台的普及，社会精英才有的话语权正被各行各业的普通"草根"拥有。他们在表达意愿的同时，其身份也在发生转变，即从普通受众向具有社会意识的公众转变。他们不仅将自身的隐私、个人的观点鲜明地暴露在新媒体上，还行使监督他人、评议社会的权利。"草根"公众用自己的一举一动、一言一行牵动着社会舆论。

（二）新媒体受众面临的亟待规范的新问题

1. 信息海量，无端消耗

传播学者阿伯克龙比和朗赫斯特提出"扩散受众"的概念，认为媒介大量渗透并入侵日常生活,生活在社会中的人们花费大量时间消费媒介,媒介无所不在,并且难以和日常生活区分开来。最终,无人能够逃脱受众的角色,当代社会人人都直接或间接地成为受众。

2. 把关缺失,谣言疯传

融合媒体打破了信息传播的单向性,受传合一、注重即时互动交流和分享不仅削弱了传统媒体的话语权,也使传统传播中把关人的把关功能逐渐失效。庞杂的信息缺少把关人,受众更容易被谣言包围。

3. 理性缺失,消解主流价值认同

在开放、共享的网络空间里,人们更容易将自己充满情绪,甚至是不负责任的言行暴露在缺乏监管的虚拟空间中。在理性缺失的氛围下,先入为主形成刻板成见,越是负面情绪化的东西越容易传播。不少信息由于存在人为设计、主观臆想、刻意作秀等问题,往往造成负面情绪累积,对社会信任造成重大伤害。

第二节 受众类型

一、按照媒介和内容划分受众类型

大众媒介不断寻求用内容类别、作者、表演者、电影、电视节目、书籍、报刊、网站栏目等来开发和保持新受众。大众是社会发展的产物,也是大众媒介及其内容的产物。一方面,大众需求刺激出更适于受众的内容供给,大众媒介可被视为一种对国家社会、地方社区和社会群体普遍需求的回应。另一方面,大众媒介有选择地提供能够吸引人们的内容,以此吸引一系列特定个体。

如果把受众视为媒介发展的产物,那么新媒介技术(如电影、广播、电视、人工智能)的发明常常带来一些新受众,某些新的媒介渠道(如新杂志、新广播)也会吸引一些新受众。新的内容类型或种类、新演员的新演出同样会形成新的受众群,或许还会受到市场营销和广告宣传的青睐。

随着时间的推移,媒介创造的需求与受众自发的需求之间不可避免地融合在一起。一方面,媒介为既有社会群体提供内容,创造需求,形成特定受众;另一方面,媒介提供的内容又创造了新的社会群体,形成新的受众类型。

按照社会需求与媒介创造的需求,以及操作的宏观层面和微观层面,受众可被划分为四大类,如表5-1所示。

表 5-1　大众媒介受众的分类

层　面	来　源	
	社　会	媒　介
宏　观	1. 社会群体或公众	3. 媒介或渠道的受众
微　观	2. 满足群组	4. 特定媒介内容的受众

资料来源：丹尼斯·麦奎尔：《受众分析》，刘燕南、李颖、杨振荣译，中国人民大学出版社 2006 年版，第 36 页。

（一）社会群体或公众

作为社会群体或公众的受众，在被确定为受众之前便已经独立存在。一些政党、团体或协会出于服务其组织和成员的目的而出版的一些刊物，在促进彼此互动、规范调控方面发挥了很大的作用。例如政党报刊，为促进内部交流、支持和吸收新成员、传播自己的政见主张等目的，通常会采取从领导到基层自上而下的联系方式，以增强凝聚力，突出群体形象。

（二）满足群组

1. 满足群组的含义

"满足群组"（gratification set）一词用来指称基于与媒介相关的兴趣、需求和偏好等多种可能性而形成或重组的受众。这种读者、观众、听众或用户的群组，来自高度的受众细分。使用"群组"一词，意味着这样的受众是一种典型的由分散的、彼此不相干的个体组成的集合。

作为公众的受众对媒介的需求和兴趣往往十分广泛，并且从共同的社会特征中保持和谐和统一。满足群组由特定的需求或需求类别来判定，尽管这些需求可能仍然来自社会经验。一定程度上说，这样的受众已逐渐取代传统的公众型受众，这是媒介为满足特定消费者需求而有针对性地制作和传播信息造成的。

与以地域、社会阶层、宗教和政党等为基础而形成的公众群都拥有自己专门的媒体不同的是，受众许多自觉的需求激发出与之相应的供给。早期大众化报纸中的逸闻趣事、时尚等，长期以来一直迎合受众广泛多样而又部分一致的需求。这些出版物所提供的主要是一些实用信息、娱乐消遣和花边新闻，它们在人们的日常生活中发挥着润滑剂的作用。媒介商业化趋势的不断增强，加速了这类媒介的生长。

每种媒介都在采取各种方式对潜在的受众诉求进行整合,以满足他们的兴趣和需求。因此,受众分类往往是在综合考察社会文化背景和内容标准的基础上进行的。

综合受众各种社会特征,可以用来确定受众不同的生活方式,而生活方式也包括媒介偏好这一因素。为用户量身定制的媒介供给模式,不大可能产生任何意义上的集体认同,尽管群组成员会具有某些相同的社会人口学特征。

2. 品味文化的含义

与"满足群组"相关的一个概念叫作"品味文化"(taste culture)。这个概念由美国社会学家赫伯特·甘斯在1957年出版的《大众传媒中的创造者——受众关系》一文中提出。

甘斯将"品味文化"定义为"被同一类人选择的相似内容的总和"。他用"品味文化"的概念来描述以趋于一致的兴趣为基础,而不是基于共同的地域或社会背景的一种意欲与各种细分受众的生活方式相匹配的文化类型。

品味文化不是一群人,而是一组相似的媒介产品———一种表现形态和表达风格的产物。这种情况出现得越多,越有可能清晰地勾画出品味文化的社会人口统计学轮廓。

在探讨受众需求的基本特征和构建方式方面,使用与满足理论卓有成效。受众表达的选择媒介内容的动机、他们解释和评价媒介内容的方式都表明,存在相当稳定和一致的受众需求结构。

社会经验在刺激人们媒介需求方面发挥着重要作用。例如,在对事物没有把握的情况下,人们会向媒介求助,去寻求建议或行为范例;在与社会隔离时,人们会以媒介为伴,或是选择与自己在年龄、地位、兴趣等方面相近的同侪文化一致的媒介消费;对世界的好奇和对自己所处环境的兴趣,都会激发人们关注来自媒介的新闻和信息。

作为满足群组的实际受众的构成,总是处于变动之中,因某电视剧、电影、文艺作品、音乐等而形成的受众群是特定的也是转瞬即逝的,但促成这些受众群形成的原因,却是一种循环作用的、可以预见的力量的产物。

人们基于自身经验产生特定的社会心理需求,以这种需求为特征的受众观念在有关受众的话语中有重要意义,也有助于描述受众。

按照某种社会或文化指标对潜在受众进行分类,对于传媒业来说十分重要,因为它为开发新的传媒服务和适应市场竞争提供了指南。

（三）媒介或渠道的受众

1. 媒介受众的含义

根据人们所选择的媒介类别来界定，受众可分为报纸读者、广播听众、电视观众、电影观众和网民等。最早采用这种界定方法的是"阅读公众"，即在教育尚未普及时能够阅读并确实阅读书籍的少数人。尽管这种界定方式可能扩大了受众范围，受众群似乎粗略地包括所有接触过某类媒介的人，但是这里所指的媒介受众一般是其行为和自我意识可以判定是定期接触某类媒介的人。

每种媒介都有自己的消费者和支持者队伍。用媒介将人们划分为相关的类别并非难事，但是从宽泛的社会人口统计学角度对受众所做的进一步划分，却往往是粗略的、不精确的。

除了在主观偏好、相应的接触频次和程度上有些不同，不少不同媒介的受众几乎都是重合的，一种大众传媒的受众常常也是另一种大众媒介的受众。

随着媒介形态的不断变化和媒介的兴替更迭，媒介受众的完整含义也因时空移易而不同。例如，在电视机出现以前，电影观众是去电影院的观众的同义语，他们人数众多，以年轻人居多。今天，电影观众更多的是各自分散在家中看电影，年龄比去电影院的观众更大，他们习惯于在库存的老片和新片中自主选择。

2. 受众在各媒介间不断分化

按照各种媒介不同的社会功能和用途，以及人们已知的各种优点和不足，受众在各媒介间不断分化。媒介有着相当特定的形象，出于不同的目的，有些媒介可以互相替代，而另一些则有特定的用途。各种媒介争夺受众和广告收入的竞争在不断加剧，其中，媒介之间的差异也在起着作用。

某一媒介的媒介受众对于打算用这一媒介进行广告和其他宣传活动的人来说，尽管缺乏排他性，但仍然是一个十分重要的概念。在进行关键性的广告投放决策时，常常要考虑媒介组合，要兼顾每种媒介的特性、受众到达率、受众的接收条件，要考虑如何在不同媒介中分配广告预算。

在媒介经济学中，有关媒介的可替代性问题一直十分突出，并且常常延伸到各种媒介如何保持自己的受众这一问题。除了受众群的规模大小和人口统计学特征等问题，还有一些因素需要考虑。有些媒介信息适合家庭环境，适宜全家老幼一起接收,如看电视;另一些媒介信息可能比较个人化,如杂志。有些内容可能适合资讯语境,另一些则适合娱乐和休闲环境。从这个角度看,对各种不同媒介的受众进行区分,不仅要考虑其社会经济特征,也要考虑媒介传播的具体内容,以及受众发生媒介行为的社会文化语境和环境。

（四）特定媒介内容的受众

1. 衡量传播内容成功与否的量化指标

将受众界定为某一特定媒介的读者、观众和听众,这样的划分在实证研究中没有引起什么问题。

特定媒介的受众概念与市场观念是一致的。按照市场思维,受众被视为特定媒介产品的消费者。受众既包括一系列付费的消费者,也包括转售给广告商的人头数和钱数。这样的受众被称为发行量、视听率和点击量,是对媒介商业来说至关重要的数字。即使不牵涉利润问题,发行量、视听率、点击量也为传播内容成功与否提供了主要评判标准,是能说明受众的直接现实意义和明确的市场价值的术语。

媒介内容在多大程度上会被受众选择和受众对这些内容的喜好程度存在很大的变数。特定媒介内容的受众概念是抽象的,只在一种情况下起作用,即当我们主观上一定要按照特定时间/特定地点来界定受众时。不过,这个概念也有一个很大的优点,即能够量化,并且一旦量化,数学方法的运用基本上无懈可击。

虽然这是一种被认可的受众观,但是我们不能受此局限。没有任何适切的方式能够对受众使用媒介的广度和深度进行相关价值判断,或者在忠实观众与偶然观众之间划界线。

由各种不同类别和形式的媒介内容所带来的大量受众,可以根据他们花费在媒介上的时间、金钱和所表达的偏好来界定,虽然不同类别媒介内容之间的分界常常模糊不清。同样,也有一些受众是影迷、书虫、歌曲爱好者、追星族、作家的崇拜者、演员的拥戴者,这些受众只有经过一段时间的累积,数量才会显著,才会有一定的到达率。

2. 媒介迷和传播内容的狂热爱好者

媒介迷是指对媒介明星、演员、节目和文本极端投入的迷狂者。他们总是大量甚至过量地关注吸引他们的事物,还常常表现出对其他媒介迷的强烈感知和认同。媒介迷还有一些附加的行为模式,在衣着、言谈、对其他媒介的使用和消费等方面表现出来。

迷现象常常引发一些批判的观点。这些观点认为,迷现象是一种不成熟的、愚昧无知的大众文化的产物,是一种典型的大众行为。以传统的眼光看,这种现象有时似乎有些怪诞。但是,它们增强了以媒介经验为基础、形成不同亚文化和身份认同的可能性。

媒介迷们不仅常常组成社会群体,还非常主动地与其关注和喜爱的对象进行互动。迷现象作为一种很古老的现象,并非完全囿于大众文化,在体育、歌剧、芭蕾、戏剧和文学领域一直存在本质上完全相同的现象,例子俯拾皆是。

批判学派的观点认为,迷现象的产生受到媒介的鼓励,是媒介进行操纵和剥削的明证,是媒介为加强受众与媒介产品和演员之间的联系、强化自我宣传,以便从产品销售和其他媒介副产品中获取超额利润的一个明证。这样做有助于延长产品的生命周期,使利润最大化。

另一种观点认为,如果上述一切属实,那么迷现象所反映出的并不是媒介的操纵,而是受众的生产力。按照这种观点,媒介迷们从媒介提供的内容中能动地创造出新的意义,通过建立文化识别系统、进行风格展示、强化社会身份认同、建立协会来将媒介迷群体从媒介的操纵和控制下解放出来。

无论是将媒介迷视为社会群体,还是将媒介迷作为媒介工业的人为制造物来看待,都为讨论受众问题增加了又一重复杂性。在任何一个因媒介内容而形成的实际受众群中,都有可能产生一些迷狂者。有些媒介内容会导致媒介迷群体的形成,而其他一些内容则未必。这在很大程度上取决于媒介,尤其在音乐、书籍和电影领域。

媒介迷的生成无法预料,往往不期而至。例如,我们很难解释,为什么有些电视节目和影片会引发人们的狂热爱好,并且在其他时间和场合也能不断吸引新观众。

二、按照传-受模式划分受众类型

大众传播是一种"中心-边缘"式的传播流,对于信息的发送者而言,接受者是与之分离的、未知的。传媒的生产、发行、消费也是彼此分开的。从历史上看,受众的发展始于聚集在某处一起观看或收听的人群。随着规模的逐渐扩大,人群变得更加分散、更加非人格化。最终,大众媒介受众成为在同一时间关注同一信息的巨大的集合。

在大众传播中,有许多不同的受众类型,也有各种各样的受众-传者关系。规模大、匿名、有大量的各种受众的传播者-媒介关系,并非唯一存在的关系类型。实际上,还有许多媒介受众群不仅规模小,而且通过社会和情感纽带与传播源紧密地联系在一起。

1986 年,博德韦杰克和范·卡姆确定了区分不同信息系统的关键变量:一是信息的中心性或者说信息的储存;二是对进入的控制,即有效控制某人(传播者或接受者)对要接受或咨询的相关主题的选择,以及控制其发生的时间点。按照中心和个体维度,将控制信息储存和控制时间和主题两项交互列表,便得出四种关系类型,每种关系都反映一种受众类型,详见表 5-2。

表 5-2 传播关系的四种模式

控制时间和主题	控制信息储存	
	中 心	个 体
中 心	训示型	注册型
个 体	咨询型	对话型

资料来源:丹尼斯·麦奎尔:《受众分析》,刘燕南、李颖、杨振荣译,中国人民大学出版社 2006 年版,第 51 页。

(一)训示型受众

训示型受众代表了传统的单向传播情况下的大众媒介的受众,如音乐会、演讲、电视、书籍等的受众。

这类受众还分为多个类别,但是从某种程度上说都要根据信息源(或媒介)的特点来决定接触频次和内容。受众在社会层面和物理层面越是接近信源,例如媒介拥有特别积极的受众或者其成员形成了群体,就越被认为具有自主性。

在大众媒介(如全国电视网或大众报纸)人数众多、各自分散的受众中,训示型受众的特征尤为突出。其特征是,受众反馈的可能性受到限制,传播流基本上是单向的。

(二)咨询型受众

咨询型受众的出现,是在人们能够决定在什么时间从中心信息源所提供或储存的信息中选择什么内容的地方,它也是对传统大众传媒状况的一种拓展。某些大众媒介(如报纸)的受众的行为方式也带有一些咨询特征,例如根据个人爱好和便利选择媒介内容,但是真正的咨询型受众只会出现在力图使其使用者的选择权利最大化的媒介中。

最典型的例子莫过于以计算机为基础的系统,如互联网、CD-ROM、视频点播、在线报纸等,而电视、文字、广播的设计,从思路上说也是基于同样的受众行为考虑。其他媒介,诸如录像带,甚至书籍、留声机唱片和CD等,不管在哪里,只要采取图书馆式的收藏和保存方式,就同样意味着能够把受众相应地界定为积极的搜寻者。

一般来说,咨询作为一种媒介使用形态,解放了个人,使其不再被视为一种归属于媒介源的受众,同时,也剥离了受众那种古老的、被训示的意味。虽然受众仍然按照各种社会因素而被划分为不同的类型,但是,这样的受众已经是一群个性化的信息消费者了。

(三)对话型受众

对话两边都由个体控制,似乎同样减弱了受众的被动接收意味。它说明一群人可以在传播活动中通过交流思想、交换意见、积极互动形成联系。在以计算机为基础的互动系统中,这种情况的发生是可能的,它恢复甚至强化了主动受众的意涵。由于传播者与接受者的角色不再泾渭分明,新型受众的出现成为可能。无论如何,互动技术的出现至少改变了受众受训示的状态,为他们提供了在更大范围内参与传播和进行反馈的可能性。这在传统的大众媒介受众形态中是不曾有过的。

同样,可以这样来理解持续增长的互联网和多媒体用户:他们是一群像使用电话聊天热线或其他音响设备一样经常使用互联网和多媒体的人。

(四)注册型受众

注册型受众被呈网状分布的传播媒介联系在一起,彼此既相互联系又各自独立。受众无论出于什么目的注册,都会被置于某个中心系统的观察之下,其接触媒介的情况和所接触的具体内容都会被监测并记录下来。

例如,电话或互联网的中心记账系统就是这样监测和记录人们的媒介使用情况。即使以保护个人隐私为名而拒绝人们查看这些内容,这种监测和记录情况仍然存在。受众调研中人员测量仪的使用,通常要让使用者了解其用途,并征得他们的同意。这是注册型受众的另一个例子。

目前,注册模式正越来越多地被使用,意味着实施控制的可能性和广泛性增强。尽管数字媒介受众可以对控制或干扰持开放态度,但是随着更多的私人传播行为被记录下来并被对象化,注册型受众必然会产生心理担忧。

当下以人工智能为基础的大数据研究方法,已经能够以惊人的效率和准确性抓取、筛选、归纳、分析海量个人信息。海量个人信息的充分暴露,打开了有关个人偏好、情感、态度、认知等心理世界最真实的窗口。采用大数据研究方法可以轻而易举地从中获得公众可能的心理动机、性格偏向、消费习惯乃至政治倾向等,为过度的商业控制、政治控制和社会控制埋下伏笔。

三、按照信源-接受者关系划分受众类型

着眼于信息源与接受者之间的关系,可将受众按不同态度和目的进行划分。对此,可以用三种传播关系模式来进行恰当解释:一是传送模式;二是表现或仪式模式;三是注意模式。

(一)作为目标的受众

在传送模式中,传播过程基本上被认为是一种持续进行的信号或讯息传递过程,目的是控制或影响受众。信息的接受者,即受众,被看作有意图地传递意义的目的地和目标。

这个模式既用于广告促销运动,也用于传播教育信息和多种公共信息的活动。同样,它也出现在受众的所谓工具性使用行为中,例如像上面概括的许多咨询式媒介使用行为中。

(二)作为参与者的受众

按照表现或仪式模式,传播被定义为共享和参与,是在信息传送者与接受者之间不断增加共性,而不是按照传送者的目的来改变接受者。

这种传播不是为在空间上扩散讯息,而是为在时间上保持社会稳定;不是一种告知信息的活动,而是共同信念的表达。不管怎样,传播不是工具性或功利性的,而受众的态度也可能是游戏的、个人的或守道德的。本质上说,每位受众都是参与者。

（三）作为观看者的受众

在这种传播模式里，信息源不是设法传递信息或信念，而是只想抓住观众的注意力。受众的注意力，指用收视率来衡量，然后被兑现为订阅费、票房收入和广告费之类的东西，通常也可以兑现为在传媒界和社会上的地位与影响力。

对于大众媒介的传播者来说，高收视率提供了最为清晰和最有商业价值的反馈和报偿形式。但是，受众的看客式关注只是暂时的，并不投入。它意味着，既没有意义的传递，也没有意义的分享，更没有在传播者与接受者之间加深联系。受众消磨在媒介上的时间是衡量注意力的主要标准，虽然可能只是一种打发时间或休闲娱乐的方式，或者仅仅是一种享受个人自由的方式。

四、按照其他标准划分受众类型

除上述详细论述的受众分类，还可以按照以下标准来简单划分受众类型。

按照传统的传播者和受众的关系，可以分为平视受众、俯视受众和仰视受众。

按照人口统计学特征，受众群体可以按性别、年龄、职业、地域、受教育程度、政治信仰和收入水平等再划分为不同的群体，比如男性受众和女性受众、老年受众和青年受众、高学历受众和低学历受众、南方受众和北方受众、国内受众和国外受众。

按照接触媒介的频率，可以分为稳定受众和不稳定受众。

按照接触媒介的时间，有日间时段或黄金时段的受众，有瞬时和短时受众，与之对应的是连续受众。

按照受众不同信息的需求，可以分为一般受众（广受众）和特殊受众（窄受众）。

按照接触媒介内容的确定性，可以分为现实受众和潜在受众。

按照媒介明确的传播对象，可以分为核心受众和边缘受众。

此外，实际受众作为一种经验性组成，似乎可以根据两种主要维度来划分：一是持续的时间；二是依恋或投入的程度。有时，受众组成是混杂而持久的，有着深厚的社会根基；而在更多情况下，受众组成是转瞬即逝、变动不居的。同样，受众的主观感受也是极度易变的，不仅取决于相关的内容类别，还取决于某一时刻的环境和个人品位。

第三节 受众的形成与保持

有三个代表性学派对受众媒介使用行为做了不同解释。结构性研究强调媒介系统和社会系统是主要的决定因素;行为性研究将个体的需求、动机和环境因素作为研究的起点;社会文化研究则强调受众成员所处的特定语境,以及媒介选择被评价和赋予意义的方式。

一、结构说对受众形成与保持的解释

结构说认为,人们的媒介使用行为很大程度上是由一些相对稳定的社会结构和媒介结构因素所决定的。社会结构指的是社会事实,包括教育、收入、性别、居住地、生活圈中的地位等,对人们总的态度和行为具有强有力的决定性影响。媒介结构指在某个地点和时间里可以获得的相对稳定的媒介渠道、选择空间和内容系列。媒介系统不仅回应各种压力,而且回应来自受众的反馈,以期能够在供给与需求之间保持一种稳定的自我调节的平衡。

个体受众的媒介使用习惯是反映总体社会结构的两个主要因素的产物:一个因素是受众个体基本稳定的社会状况和相应的受众个体的媒介需求(如对特定信息、休闲娱乐、社会交往等的需求);另一个因素是大众媒介结构,指具有一定经济水平和受教育程度的个人,在特定地点接触可得媒介的可能性。这两个因素不仅导致人们日常媒介行为模式,还导致相当稳定的媒介使用意向、趋势和安排,亦即个体的媒介取向。媒介取向是受众社会背景和以往媒介经验的综合产物,常常表现为对特定媒介的喜好、特殊的偏好和兴趣、媒介使用习惯、对媒介益处的预期等。

人们每天对媒介及其内容的具体选择情况,可能受三个重要变量的影响:具体的日常内容菜单和表达形式(媒介内容);某一时刻的状况,如空闲时间量、使用媒介的可得性、替代性活动的可能范围;选择和使用媒介的社会背景(如家庭和朋友的影响)。通常根据一个人的媒介取向,可以预知其日常媒介使用行为,但是许多情况下也会发生无法预料的例外。

虽然受众的许多日常媒介使用特征能够从其源出的社会结构和媒介结构中得到解答,但是这个模型基于大量个体的选择行为,仅仅是对实际受众形成问题

的一个初步探讨。

总之,结构性研究主要以经验学派的定量调查为代表,通过对受众媒介使用行为量的把握来求得一种高效率的传播效果。在这种研究中,受众是传播内容的被动接受者。

二、行为说对受众形成与保持的解释

在现代信息社会,个人使用媒介所花的时间越来越长。个体受众为什么要接触大众传媒,并且大量接触媒介内容?这种接触对他们来说究竟具有什么样的效用?

研究受众的性质和作用,不应该止于宏观的社会结构和社会规范的分析,还应该对受众个体心理和行为进行微观考察。在这个方面,使用与满足研究有突出成果。

使用与满足理论从 20 世纪 40 年代早期被提出以来,不断地发展,从早期简单地使用动机归纳,发展到完善的理论框架,再到与效果研究合流。使用与满足研究一度做到兼顾批判学派和经验学派两种研究方法,但最终还是朝着量化分析的方向发展。

使用与满足研究的产生源于对某些媒介内容具有强大吸引力的原因的探讨。它提出的中心问题是:人们为什么使用媒介?人们用媒介来做什么?

功能主义社会学家查尔斯·R. 赖特认为,媒介是为各种社会需求(如加强凝聚力、传承文化、进行社会控制、发布大量的各种公共信息)服务的。反过来,受众个体同样是为了相关目的而使用媒介,如获取个人指南、休闲、调整、获取信息、形成认同等。

使用与满足研究把受众看成有着特定需求的个人,把他们的媒介接触活动看成基于特定的需求动机来使用媒介,从而使需求得到满足的过程。

使用与满足实际行为的发生需要两个条件:一是媒介接触的可能性,即身边必须有可接触的媒介,如果不具备,受众就会转向其他替代性的满足手段;二是媒介印象,即对媒介能否满足自己的现实需求的评价,它是在以往媒介经验的基础上形成的。

(一)对广播媒介的使用与满足研究

使用与满足研究最早可以从哥伦比亚大学广播研究室的赫尔塔·赫卓格的

广播研究中初见端倪。当时,美国的收音机家庭普及率达到 80% 以上,许多人认为广播为众多不识字者提供了学习知识和接受教育的机会,广播的普及必然会大大提高整个社会的文化教育水平。然而,初期的一些听众调查的数据显示,那些以启蒙、教育和修养为目的的"好"节目并不拥有很多听众,而格调低俗的轻喜剧、肥皂剧和猜谜游戏等娱乐节目的收听率却高得出奇。这种现象使一些学者对受众的媒介接触行为及其背后的心理动机产生了浓厚的研究兴趣。

1944 年,赫卓格对一个名为《专家知识竞赛》的广播节目的 11 位爱好者进行了详细的访谈。她发现,尽管是同一个节目,人们的收听动机、欣赏的侧重点和获得的满足是不同的。有三种基本心理需求使得人们喜爱知识竞赛类节目:竞争心理需求,通过抢先猜测答案使自己与出场嘉宾或收听伙伴处于一种竞赛状态,享受由此带来的竞争乐趣;获得新知的需求,从节目中得到新的知识以充实自己;自我评价的需求,通过猜测答案来判断自己的知识程度,确认自己的能力。

1944 年,赫卓格对 100 名广播肥皂剧的听众进行了调查,发现人们怀着多种多样的动机收听肥皂剧。有的是为了逃避日常生活的烦恼;有的是为了寻求替代性满足,即将自己和剧中人融为一体;有的是为了体验自己未曾亲身经历过的生活意境;还有的是把肥皂剧当作日常生活的教科书,从中汲取生活的知识和经验等。

(二)对印刷媒介的使用与满足研究

较早对印刷媒介的使用形态进行考察的是 R.贝雷尔森。1940 年,贝雷尔森在《读书为我们带来什么》一文中指出,人们对书籍的使用受到性别、年龄、学历、职业等因素的影响。他归纳了一些具有普遍性的读书动机,包括:追求书籍内容对学习、工作和生活的参考和利用价值的"实用动机";解消疲劳、获得休息的"休憩动机";通过谈论读书内容以获得他人称赞或尊敬的"夸示动机";通过读书来转移日常生活烦恼的"逃避动机"。

1949 年,贝雷尔森发表论文《没有报纸意味着什么》。这项研究以 1945 年 6 月 30 日纽约八大报纸的发送员大罢工为背景,通过调查没有报纸带来的不便来揭示报纸在日常生活中的效用。根据调查结果,贝雷尔森总结了人们对报纸的六种主要利用形态。

(1) 获得外界消息的信息来源。如果没有报纸,人们就失去了了解外部变化的耳目。

(2) 日常生活的工具。例如,看不到广播节目表,得不到天气、交通、购物等信息,生活和行动便增添了许多不便。

(3) 休憩的手段。从读报中获得安静和休息。

(4) 获得社会威信的手段。经常披露从报纸上读来的新闻或新知识,可以获得周围人的尊敬。

(5) 社交的手段。读报可以提供丰富的话题,活跃社交生活。

(6) 读报本身的目的化。每天读报已成为习惯性行为,读不到报纸便缺乏生活的充实感。

在这次调查中,贝雷尔森发现,一些有"读报瘾"的人甚至会翻出旧报纸来阅读,以弥补无报的缺憾。

(三) 对电视媒介的使用与满足研究

20世纪40年代的使用与满足研究还比较简单,研究内容仅仅归纳了使用或满足的基本类型,在理论上没有突破,在研究方法上以访谈记录为主,没有形成较严密的调查分析程序。20世纪50年代,使用与满足研究进入了一个停滞期。直到20世纪60年代以后,使用与满足研究的价值才重新受到肯定,再次复兴起来。其中,代表性的成果是麦奎尔等人于1969年开始的对电视节目的调查。

与早期研究不同,这项研究从概念操作、受众样本选择到数据分析都采用了一套严格的程序。调查范围包括新闻、知识竞赛、家庭连续剧、青年冒险电视剧等六种节目。这次调查不仅归纳了各类节目提供满足的不同特点,而且提取出共通的四种基本类型。

(1) 心绪转换效用。电视节目可以提供消遣和娱乐,能够帮助人们逃避日常生活的压力和负担,带来情绪上的解放感。

(2) 人际关系效用。这里的人际关系包括两种:一种是拟态人际关系,即观众对节目出场人物、主持人等产生的一种熟人或朋友的感觉;另一种是现实人际关系,即通过谈论节目内容可以融洽家庭关系、建立社交圈子等。

(3) 自我确认效用。电视节目中的人物、事件、状况、冲突的解决方法等,可以为观众提供自我评价的参考框架。通过比较,能够引起观众对自身行为的反省,并在此基础上协调自己的观念和行为。

(4) 环境监测效用。通过观看电视节目,可以获得与自己的生活直接或间接相关的各种信息,及时把握环境的变化。

不难看出,麦奎尔等人总结的关于电视的使用与满足类型,与20世纪40年代关于其他媒介的研究结论并没有多大区别。这种情况说明，人们接触媒介都是基于一些基本需求，包括信息需求、娱乐需求、社会关系需求、精神和心理需求等。现实中的各种媒介或内容形式都具有满足基本需求的效用，只不过满足的侧重点和程度各有差异。

（四）使用与满足过程的基本模式

受众的媒介接触活动是一种满足个人的基本需求的活动，但仅此一点尚不能说明使用与满足过程的复杂性和多样性。受众的需求不仅与其性格、兴趣等个人属性相关联，而且受其所处的环境或社会条件因素的制约。

例如，施拉姆等人在研究中发现，少年儿童的电视接触行为与他们在家庭、学校中的处境有着密切的关系。那些家庭处境不顺或者与同学关系不融洽的儿童倾向于看打斗暴力场面多、富于刺激性的节目，并且主要是从冒险情节或场面的紧张感中得到满足；那些伙伴关系融洽、享有家庭温暖的儿童则更喜欢看一些轻松、快活、有趣的节目，并且在观看节目的同时，往往还会联想如何把节目内容应用到与伙伴们的游戏中。

与儿童相比，制约成人媒介接触行为的社会条件更为复杂，既包括他们完成社会化过程的环境，也包括现实的政治、经济和文化的背景，他们的社会地位、价值观群体归属关系和人际关系等众多因素。

1. 卡兹的模式

1974年，传播学家 E. 卡兹等人总结前期研究成果，发表了《个人对大众传播的使用》一文，将受众媒介接触行为概括为"社会因素＋心理因素→媒介期待→媒介接触→需求满足"的因果连锁过程，提出了使用与满足过程的线性基本模式。

2. 竹内郁郎的模式

1977年，日本学者竹内郁郎完善了卡兹的模式，提出了图 5-1 所示的使用与满足过程基本模式。

在竹内郁郎使用与满足因果连锁模式中，人们接触媒介的目的最先是为了满足特定需求，这些需求具有一定的社会和个人心理起源。实际接触行为的发生需要两个条件：一是媒介接触的可能性，即身边有可用媒介，如果不具备这些条件，人们就会转向其他代替性的满足手段；二是媒介印象，即对媒介能否满足自己现实需要的评价，这是在以往媒介接触经验的基础上形成的。

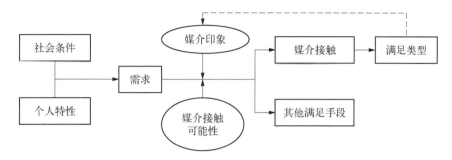

图 5-1 使用与满足过程基本模式

资料来源：郭庆光：《传播学教程》（第二版），中国人民大学出版社 2011 年版，第 168 页

根据媒介印象，人们选择特定的媒介或内容，开始具体的接触行为。

接触行为的结果可能有两种，即需求得到满足和需求没有得到满足。无论需求得到满足与否，这一结果将影响以后的媒介接触行为。人们会根据满足的结果来修正既有的媒介印象，在不同程度上改变对媒介的期待。

使用与满足研究有三个基本假设：第一，受众使用媒介是有目的的行为，受众出于个人心理或社会需要，利用媒介来获得满足；第二，在媒介接触行为中，受众占据主动地位，不受媒介影响；第三，为了满足受众的需求，媒介来源和非媒介来源处于竞争状态，使用与满足研究的前提是，媒介来源在竞争中胜出，从而成为满足受众的渠道。

3. 卡兹等人梳理的受众使用媒介的类型

卡兹等人系统梳理了有关大众媒介的社会和心理功能的研究文献，得出受众使用媒介的 35 种需要，并将其分为五大类：认知需要，包括获得资讯、知识、了解情况等；情感需要，包括情绪的、愉快的或美感的经验等；人际整合的需要，如加强可信度、信心、稳重感和提高身份地位等；社会整合的需要，如加强与家人、朋友的联系等；缓解压力的需要，如逃避现实、消遣娱乐等。

他们还通过对 1 500 名以色列受访者的研究，就受众不同类型的需要与媒介满足的关系得出一系列结论。

总体上，非媒介来源（或与媒介共同组成的来源）比大众媒介更能满足人们的需要，例如朋友、度假、讲座和工作都是满足需要的非媒介来源。

与满足所指向的对象（社会的、生理的或心理的）距离越远，媒介的角色就越重要，但是，正式的和非正式的人际传播会竭力对之施加影响。

整体而言，在自我整合甚至获得娱乐的满足方面，朋友比大众媒介更重要。

对那些认为国家和社会的事件对他们很重要的人而言，媒介用处的得分多少，与这种需求的强烈程度完全一致。在这方面，报纸最重要，广播次之，接下来是电视，书籍和电影远远落后。

不同类型的媒介在满足个人需求方面各有优势，书籍主要满足自我了解需要，娱乐需要与电影、电视和书籍有关，报纸则对自我约束和提高自信心作用较大。

4. 使用与满足模式的开创性和局限性

使用与满足研究开创了从受众角度出发考察大众传播过程的先河，在大众传播效果研究史上产生过重要影响。此前的效果研究主要是从传播者或传媒的角度出发，考察传媒活动是否达到预期目的，或对受众产生了什么影响。使用与满足研究则是从受众角度出发，通过分析受众的媒介接触动机和这些接触满足了他们的什么需求，来考察大众传播给人们带来的心理和行为上的效用。

使用与满足研究把能否满足受众的需求作为衡量传播效果的基本标准，这个视角具有重要意义。它认为受众的媒介接触是基于自己的需求对媒介内容进行选择的活动，这种选择具有某种能动性，指出大众传播对受众是有效用的，是对有限效果论的有益修正。

但是，使用与满足研究在基本假设和研究方法方面也存在缺陷，因而自20世纪70年代盛行以来也一直受到批评。总的来说，对使用与满足研究的批评主要有以下三点。

第一，在研究方法上，主要依据研究对象的自我报告来确定受众接触媒介的动机，致使结论过于简单和天真。另外，过于强调对个体的研究，忽视了社会结构和社会环境因素的影响。

第二，在研究假设上，过于强调受众的主动性，强调受众的媒介接触行为有明确的目的，但不少研究发现，受众接触大众媒介常常是漫不经心的，仅仅出于习惯和条件反射，动机不明，主动性有限，只能在媒介所提供的有限范围内进行选择。因此，过于强调受众的主动性是一种误导。

第三，在研究范围上，忽视媒介内容对受众的影响。受众的媒介接触过程是一个符号解读的过程，大众媒介提供的讯息通常有倾向性，受众在符号解读的过程中很难完全回避媒介的这种倾向性。

三、文化说对受众形成与保持的解释

持这一观点的主要代表是20世纪60年代到70年代产生的文化研究学派。他们将大众文化视为一种产生于大众受众的主流品位与偏好,是与高雅文化不同的文化类别。文化研究学派抛弃了原先对大众受众的定义,转而将受众置于广大的社会关系网络之中,赋予受众个性的解码功能。

随着英国伯明翰学派的崛起,通过对大众传播过程中传者与受众之间文本协商的两个问题(受众如何解读文本、受众如何在日常生活中接受文本)的思考,确立了受众在传播活动中的主动性。借助文学批评中的接受理论,研究者开始关注传播过程中受众隐含的能动力量。他们发现,受众作为媒介信息的消费者,即使不能控制信息生产,也能控制自己的接受。

霍尔的编码解码理论的提出,宣告了受众研究正式摆脱长期以来从属于效果研究的附属地位。此后,一大批研究者进一步发展了霍尔的理论,在强调受众能动性的同时,也关注受众的多重身份和接受心理,并将这些因素与社会环境相关联。

在文化研究中,受众是一种主动的受众,他们的媒介使用行为是对所在社会文化环境的反映。从这一派研究开始,针对受众的研究脱离了原先干扰因素少的线性模式,进入受各种力量牵制的现实情境之中。

这种转变正是麦奎尔所说的通过社会学的视角去观察传播现象,主要是用定性研究和从社会学借鉴过来的民族志方法去理解受众媒介使用行为背后的意义和其接受的信息在相应语境中的运用。

总的来说,三种受众形成与保持理论都是从媒介和受众两个维度分析。结构性研究从媒介角度,文化研究致力于站在受众的角度去思考问题,三者之间的过渡——行为性研究则体现了受众研究从受众控制向受众自治的迁移。

三种有关受众形成与保持的理论,在内容上存在互补关系,在性质上存在从被动到主动的发展关系。结构性研究对受众形成持消极看法,关注大众媒介与受众媒介使用的关系。行为性研究关注的是影响受众媒介使用的因素。经由行为性研究的过渡,文化研究将受众视为主动的媒介使用者,将受众置于更大的社会环境之中,去分析受众的个性差异带来的使用程度的差别。

四、影响受众形成的主要因素

在具体的社会条件下,所有影响媒介选择和受众形成的因素都可分为互

动的两方面：受众方面和媒介方面。两方面持续不断进行互相适应、相互调整，形成受众媒介选择过程的整合模型。下面分别从受众方面和媒介方面进行描述。

(一) 来自受众方面的因素

(1) 社会背景和社会环境，尤其反映在社会阶层、受教育程度、宗教信仰、文化、政治、家庭环境、居住地区或地点等方面。也包含布尔迪厄称为"文化资本"的因素——习得的文化技能和品位，它们通常通过家庭、教育和社会阶层系统代代相传。

(2) 个人特征，有关年龄、性别、在家庭中的地位、学习和工作情况、收入水平，以及与生活方式相关的一些信息。

(3) 与媒介相关的需求，例如对有益于个人的诸如陪伴、娱乐消遣、获取信息等的需求。这些需求是广泛多样的，要达到各种需求之间的平衡，取决于个人背景和环境。

(4) 个人品位和偏好，即对特定内容类别、类型的品位和偏好。

(5) 闲暇时间媒介使用的一般习惯和在某一时间成为受众的可能性。由于媒介使用是在一定时间和一定空间中进行的，因此，成为受众的可能性亦与适宜的情境（如在家中、在火车上、开车时等）有关，此外，还涉及人们的经济潜力，例如能够并愿意买一张电影票或者一张音乐唱片。

(6) 意识，即有选择的意识。了解所拥有的信息量和信息种类，也会影响受众的形成。可以预期，更主动的受众会有计划地使用媒介。

(7) 使用的具体环境，因媒介不同而各异，通常是指使用媒介时的群己状况和场合。与此最为相关的是，使用者是单独一人还是有人（朋友、家人、其他人）陪伴。使用媒介的场合（家里、工作室、旅行中、影院里等）既会影响受众进行选择的过程，也会影响受众经验的特征。

(8) 时机，时常影响受众的媒介接触。时机的介入实际上削弱了对受众选择和受众构成进行解释的能力。

上述多种因素综合形成受众的选择性心理机制和行为。

选择性心理机制和行为，指受众在接受信息时，不是不加分析地照单全收，而是有所选择、有所侧重。这是心理学研究中的选择性规律在传播活动中的体现。

受众对信息的选择性心理机制和行为体现在对信息的注意、理解和记忆三个环节中。

第一，选择性注意。当传者传送的信息到达受众时，受众接触信息的第一步是注意。注意是调动感觉器官指向和集中于一定对象的心理活动。注意的指向性和集中性决定了它的选择性。事实上，人无时无刻不在接受外界的刺激，但不可能对所有信息刺激做出反应，总是选择自己需要的、感兴趣的信息。于是，选择性注意成为受众接受信息的第一道闸门。

影响受众信息认知的主要因素包括结构性因素和功能性因素。

结构性因素，主要涉及信息的形式，包括信息刺激的强度、对比度、重复率和新鲜度。例如，大音量、鲜亮的色彩、高大的形体、迅猛的动作等体现了信息刺激的强度。一般来说，刺激强度越高，信息越容易被注意。

功能性因素，包括延缓性因素和即时性因素。延缓性因素是人们在文化、社会因素长期作用下形成的比较稳定的个人特征，如个人信念、理想、价值观、伦理观和个人性格等。即时性因素指受众在接触信息时的心理状态，如情绪、精神面貌、具体需求等。

第二，选择性理解。如前所述，信息传播是一个编码与解码的过程，即传者将一定的意义编制成一定的符号，受众则把以符号为载体的信息回译成意义。这个翻译过程，不是简单的还原，而是积极的、带有创造性的活动，因而不可避免地带有强烈的主观色彩。经过编、译后的受者心目中的意义，与传者心目中的意义存在一定的差异。从受众方面看，造成差异的原因就是选择性理解。

影响受众对信息的理解活动的因素，主要在于以下四个方面。

一是特定的文化背景。个人的观念、性情、态度、习惯等，受其身处的特定文化环境的熏陶而形成。因此，在接受信息时，个人也必然站在一定的文化立场上对之进行阐释，个人理解的信息就不可避免地打上其自身文化背景的烙印。

二是个人动机。动机是引起个人采取某种行为并维持这一行为的内在原因，也直接影响个体对信息的理解。对同一件事情，不同动机的人可以有不同的理解。

三是个人心理预期。个人在接受某个特定信息前，或多或少有可能已了解与此相关或相近的信息，从而对此类信息形成一定的心理预期。当他接受这个特定信息时，就倾向于朝自己所预期的方向去理解。

四是个体当下的情绪。情绪是指个体受到某种刺激所产生的一种特殊的身心状态,对同一条信息,由于个体情绪状态不同,所形成的理解也可能截然不同。

第三,选择性记忆。由于人类传播活动往往是多次反复的过程,一次信息互动会给下一次信息互动带来影响,因此,受众的选择行为还包括注意、理解之后的记忆,即选择性记忆。同样,人们倾向于只记得与自己的观念、经验、个性和需求等因素相一致的信息。

这三层选择可视为三个防卫圈(见图5-2)。选择性注意是最外一圈,选择性理解是中间一圈,选择性记忆是最里一圈。不合己意的信息往往在最外圈就被"挡驾"。如果无从回避,在接触这些信息时,可实行选择性理解,挡住一部分意义,或歪曲一部分意义。如果还是不行,就采取选择性记忆,将进入最里圈的信息逐出圈外。

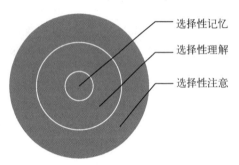

图5-2　受众接受心理的三层防卫圈

因此,传播者需要设法减少各种干扰,打破受传者的心理防卫圈,提高传播信息被受众注意、理解和记忆的质量。

(二)来自媒介方面的因素

(1)媒介系统。受众的偏好和选择受媒介系统构成(包括媒介数量、到达率、可得的媒介种类等因素)的影响,也受不同媒介渠道特点的影响。

(2)媒介供给结构。媒介供给结构指某一社会中媒介供应的总体模式,它对受众期望会产生长远的影响。

(3)可得的内容选择。在某一时间和地点,向潜在受众提供的各种内容类型和种类。

(4)媒介宣传。包括广告、媒介出于自身利益进行的形象宣传、对某些媒介产品的大力营销。

(5)时间安排和呈现方式。特定的时间策略、排期、内容的设置或设计,以及根据争取受众的竞争性策略而安排的媒介信息,都可能影响受众的媒介选择和媒介使用。

综合上述,受众方面和媒介方面的影响因素可以描述受众选择的一般过程。距离受众媒介选择最远但几乎也是稳定的因素是社会和文化背景,以及(至少对大多数成年人来说)一般的品位、偏好、喜爱、兴趣等。这些因素对受众选择具有指向性和倾向性影响。另一个距离几乎相等但不稳定的因素是不同媒介的总体构成和各种内容组合。受众的媒介倾向是可认知的,并且根据期望-价值模型是可以评价的。

这种个人知识和相应的态度决定了我们的品位和偏好。认知和评价的结合带来总的内容偏好集合。这是一个假设性建构,但显现出某种一致性,可以用来预测受众的媒介选择。同时,也显现出多少与之相一致的媒介使用模式和类别。

当然,根据媒介环境和媒介经验的变化,受众媒介选择模式会做相应的调整。这是一个连续不断的回应、反馈、认知和评价的过程。

在时间或空间上离媒介使用要近得多的点上,当潜在受众成员所处环境和媒介可得性相契合时,便产生了现实受众,但这不是可以完全预测的,虽然从总体上说,受众的大致情形相当稳定。

由于个体的选择行为受环境的影响,因此,受众的内在构成总是处于不断变化中。

复习与思考

开篇案例:《王者荣耀》如何吸引 Z 世代年轻人
1.《王者荣耀》吸引玩家的策略。
2.《王者荣耀》的受众类型特征。

第一节 受众概述
1. 说说"受众"概念的历史演进。
2. 受众的社会角色有哪些?

第二节 受众类型
1. 按照媒介使用情况,受众可以分为哪些类型?
2. 说说"媒介迷"现象。

第三节 受众的形成与保持
1. 按照传-受模式,可以分哪四种受众类型?
2. 使用与满足理论的先进性和局限性。

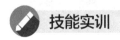 技能实训

《哪吒之魔童降世》受众分析

一、实训要求

运用本章所学知识和原理,分析《哪吒之魔童降世》的受众。

二、实训目的

强化学生对受众分析知识和技能的掌握。

三、实训组织

学生分成4个人一个小组,在完整观看动画片之后,从不同角度分析动画影片受众。

四、背景资料

新版哪吒以"魔童"形象出世,齐刘海、黑眼圈、鳄鱼牙、暴躁易怒、顽劣不堪,时不时编首打油诗吐槽众人。然而,这个另类形象却吸粉无数。中国动画的其中一大受众群体是小孩子,家长们想要带小孩来看动画,大多数都会选择像哪吒这样热血、感人又搞笑的动画。

"我命由我不由天,是魔是仙,我自己说了算"

魔童是一个熊孩子,更是一个恶霸。与他相比,村民在力量、信息、地位上都是弱势群体。在这部电影当中,哪吒一改以往的乖巧,外形变得非常邪恶。他的妆容和神态都是往反派那边靠的。"丧"和"颓"的气质,一时成为风靡年轻人的网络文化。这部电影很好地抓住了年轻人的兴趣点。

虽然哪吒的形象看起来非常邪恶,外表似乎是一个混世魔王,但其实他的内心非常善良,积极向上。这是导演想要表达出来的东西——一种超脱于形象和外表的善良。

单一的爱情主题会让受众范围缩小,于是,《哪吒之魔童降世》的主题选择合家欢。颠覆传统角色形象,尤其是哪吒的母亲,一跃成为斩妖除魔的女英雄,符合当下主流思潮。

情感共鸣的打造是《哪吒之魔童降世》口碑最重要的支撑。影视作品输出与时俱进的价值观变得尤为重要。海报上"打破成见,做自己的英雄!"这句话能激

起无数年轻人的热血。这让我们看到,那些流传已久的具有中国特色的民间故事、神话传说、武侠传奇等是中国文化宝库,它们既有观众认知基础,又可以基于时代去改进。

面向二次元人群的营销策略

没有流量明星配音站台,没有大牌导演名气背书,没有大打国漫情怀牌,《哪吒之魔童降世》却成为暑期档电影黑马,其背后的营销策略功不可没。

《哪吒之魔童降世》作为一部动画电影,最垂直的受众自然是二次元人群。基于对这一群体的洞察,出品方之一彩条屋开启国产动画电影宣发之先河,将眼光放在小众但活跃度高的圈层——同人圈。

在微博上,除了"哪吒之魔童降世"的话题,哪吒和敖丙的CP超话"藕饼"和"饼渣"的讨论度居高不下。粉丝们在社交媒体上持续输出内容、扩散热度。此外,还有不少画手专门制作二人的同人图、漫画版搞笑片段等。这些作品通过大V博主转发推广,最终覆盖全网用户群体。

除了在微博进行大量的话题宣传,网易LOFTER(乐乎)这样的小众App成为彩条屋宣发的重点之一。LOFTER是网易公司在2011年上线的轻博客产品,用户可以加入摄影、同人、时尚、娱乐、影视等圈子,在圈子里面分享创作及日常生活。尽管LOFTER上的同人圈还很小众,但是他们的活跃度和创作力相比大众圈层更高。

五、实训内容

运用所学的知识撰写一份《哪吒之魔童降世》受众分析报告。

第六章
传播效果

教学目标

▶ **知识点**
1. 传播效果的概念、层面和类型。
2. 传播效果的产生过程和制约因素。
3. 议程设置、第三人效果。
4. 休眠理论、知识沟理论。
5. 框架理论、沉默的螺旋。

▶ **技能点**
1. 分析课后阅读内容的传播效果。
2. 学会提高传播效果的多种方法。

▶ **思政元素**
1. 激发民族自信心。
2. 敬业精神提高传播技能。

重难点

1. 传播效果的制约因素。
2. 提高传播效果的技能训练。
3. 传播效果的多种理论。

开篇案例

首届进博会传播效果

构建中外话语面对面交流的平台

2018年11月5日,在上海举办的首届中国国际进口博览会(简称进博会)开幕式上,习近平总书记讲出一个精彩生动的比喻:"中国经济是一片大海,而不是一个小池塘。"这个比喻打动了众多在现场的来自世界各地的听众的心。这个比喻通过互联网媒介传遍全球。大量海外媒体纷纷转引评论,国际传播效果明显。

同样,在当天开幕式上,国际货币基金组织总裁拉加德在发言中用"桥"的巧妙比喻,讲述了她眼中的中国与世界关系,成为海内外媒体另一个"传播眼"。

人与人面对面交流获得的资讯和信息、交流的思想和情感,买家对商品的仔细观察、询问和测试,买卖双方协商和签订合同的及时性,都是网络沟通取代不了的。

在互联网时代,还要开线下进博会,中外贸易问题需要元首见面、商家见面、买家见面,需要双方和多方高层磋商,大会解决不了的问题还要小范围细谈。

从传播视角观察,中国首创的进博会不仅是一个聚焦国际贸易的商业盛会,更是一个极好的国际传播舞台。在进博会上,世界各民族、各种商品和服务汇成的人流、物流、资金流和信息流集中展示交流,中外话语相遇,世界思想碰撞,体现了官员、商家、学者、媒体的多维传播力。

主流媒体直播扩大传播效果

媒体介入传播是提高传播效果的重要因素。在首届中国国际进口博览会的报道中,直播已成为广播电视媒体宣传的重头戏,并将进博会的宣传报道逐步推向高潮。

在这次进博会报道中,中央广播电视总台在上海国家会展中心和外滩共搭建了8个前方演播室。4K超高清转播车首次用于新闻时政节目,直播开幕式并首次采用4K超高清技术进行制作,给观众带来了一次不同寻常的视听体验。

中央电视台新媒体在首次进博会上推出的主题叫作"打卡进博会"。央视新闻派出8名小编馆主,坐镇各个馆。6天时间,8名馆主分别从8个场馆并发互动直播,捕捉最新鲜的现场,展示最震撼的细节,带领观众了解进博会,每个直播间点击量都在百万以上。

进博会开幕前两日,上海广播电视台融媒体中心充分发挥主场优势,在东方卫视、新闻综合频道、看看新闻客户端等平台全力推出《新时代,共享未来——首届中国国际进口博览会特别报道》大直播。两天共13.5小时大直播全景式呈现了首届进博会的盛况,取得良好的传播效果。

直播报道还精心策划开辟了"会客厅"与"直通展区"环节,邀请英国、法国、波兰、白俄罗斯、美国、智利、巴西、德国等11个国家共21位参展企业高管或政府官员,做客现场演播室或在各自展区展品旁接受采访。

11月7日至10日,东方卫视扩版《东方大头条》,每天推出2小时的进博会午间直播特别报道;东广新闻频率推出"进宝FM",每天8小时直播进博会的盛况;第一财经电视每天在日间新闻节目《财经早班车》《市场零距离》《财经中间站》中开辟5个"走进进博会"直播板块。

进博会传播效果的三个特点

上述媒体矩阵的应用,扩大了进博会这个国家级平台的传播效果。直接效果不仅在于推动成交大单的商业效应,还在于改善和提升中国国家形象的传播效应。总结进博会传播效果,可以归纳出以下三个特点。

第一,反馈快。展会的现场特性及其拥有人际传播的特性使传受双方都能得到最直接和最迅速的反馈信息,形成真正的互动传播。

第二,效率高。展会是有组织、有目的的传播,限定了传播者、受传者和传播内容的范围,信息量大,传递密度大,受众在很短的时间内就可获得大量有效的同类信息。

第三,质量高。这是由媒介形式决定的:展会中实物媒介传递的信息是最真实可信的;环境媒介全方位刺激人体感官,它产生的效果是强烈的、生动的;口语的应用灵活互动。因此,展会的传播是高质量的传播。不仅参展者可以从展会上获得直接效益,而且展后的长期效益很难估量。

案例分析

进博会构成了一张以上海为中心、以全国为支撑、连接世界各地商品和服务的网络。要进一步提高进博会传播短期、长期、预期和非预期效果,可将进博会的传播看成三级网络传播过程。举办方上海是进博会商品和服务汇集的中心,可看成是一级传播网络;中国其他都市和上海周围城市分别扮演枢纽和节点的角色,可看成是二级传播网络;中国以外的地区可构成三级传播网络。从全球传播网络的视角来看,目前进博会在国外社交媒体上的活跃地区主要是北美、西欧、南亚、东南亚、中美洲、东亚和澳洲,仍有相当大面积的空白区域和人口没有有效接入。

第一节 传播效果概述

效果研究是传播学研究中最受重视、成果最显著的热门领域,历来被认为是传播和大众传播研究的基石。

一、传播效果的含义

传播效果,指传播行为产生的有效结果。狭义的有效结果,指行为者的某种行为实现其意图或目标的程度。广义的有效结果,指这一行为所引起的客观结果,包括对他人和社会实际产生的一切影响和后果。

效果对应的英文单词为effect,这个词兼有"效果""效应""影响""功效"等多种意思。在传播学领域,"传播效果"这一概念有双重含义。

第一,它指带有说服动机的传播行为在受传者身上引起的心理、态度和行为的变化。通常意味着传播活动在多大程度上实现了传播者的意图或目的。

第二,它指传播活动,尤其是报刊、广播、电视等大众传播媒介的活动,对受传者和社会所产生的一切影响和结果的总体,不管这些影响是有意的还是无意的、直接的还是间接的、显在的还是潜在的。

传播效果的双重含义构成了传播效果研究的两个重要方面:一是对效果产生的微观过程的分析;二是对传播效果的综合、宏观过程的考察。前者主要研究具体传播过程的具体效果,后者主要研究综合传播过程所带来的综合效果。

在大众传播效果研究中,尤以大众传播活动对社会的运行、变化和发展所产生的宏观效果为主要考察对象。

二、传播效果的三个层面

（一）具体微观层面的传播效果

在具体的、微观的传播过程中，传播效果依其发生的逻辑顺序或表现阶段，可以分为三个层面。

第一，认知层面的效果。外部信息作用于人们的知觉和记忆系统，引起人们知识量的增加和认知结构的变化。

第二，心理和态度层面的效果。作用于人们的观念或价值体系，引起情绪或感情的变化。

第三，行动层面的效果。认知和心理态度的变化通过人们的言行表现出来。

从认知到态度再到行动，是效果的累积、深化和扩大的过程。

（二）综合的、宏观层面的传播效果

在综合的、宏观的社会传播过程中，例如通过报刊、广播、电视、网络等大众传播媒介进行的社会传播过程，传播效果既包含上述三个微观层面，又产生了三个新的扩展层面。

1. 环境认知

在现代社会，人们对周围世界的知觉与印象很大程度上依赖大众传播媒介。大众传播媒介是以传递信息、报道事实、提示社会上发生的事件为己任，但不是有闻必录。传媒报道什么、不报道什么、从什么角度进行报道，都在影响人们对周围环境的知觉与印象。传播学也称这种效果为"视野制约效果"，即大众传播制约我们观察社会和世界的视野。

2. 价值形成与维护

大众媒介报道新闻和传达信息，通常包含是与非、善与恶、美与丑、进步与落后的价值判断。大众媒介提倡什么、反对什么，客观上起着形成与维护社会规范和价值体系的作用。这种作用是通过传媒的舆论导向功能发挥出来。它通过舆论引导形成新的规范和价值，又可以通过舆论监督来维护既有的规范和价值。

3. 社会行为示范

大众媒介的影响不仅表现在认知和价值取向的领域，还通过向社会提示具体的行为或行为模式来直接或间接地影响人们的行动。大众媒介具有地位赋予

的功能。一种行为如果得到媒介的广泛报道和传播,往往会成为一般人学习或效仿的对象。

三、传播效果的类型

传播效果有多种分类标准。

从外在形态看,可分为媒介效果、媒介效能和媒介效力。媒介效果指大众传播已经产生的直接结果,无论是否符合传者期望。媒介效能指大众媒介达成有关期望目标的功能。媒介效力指媒介在给定条件下可能产生的间接效应。

从内在性质看,可分为心理效果、文化效果、政治效果、经济效果等。

从时间上考虑,可分为短期效果、中期效果和长期效果。

从与传播者意图的关联上看,可分为预期效果和非预期效果。

从效果的性质看,分为积极(正)效果、消极(负)效果、逆反效果。

从效果作用的范围看,可分为对受众个人的影响;对小团体和组织的影响;对社会机构的影响;对整个社会和整个文化的影响。

(一) 戈尔丁的传播效果分类

英国学者彼得·戈尔丁把时间和传播者意图两个要素相组合,将大众传播效果分为四种类型(见图6-1)。

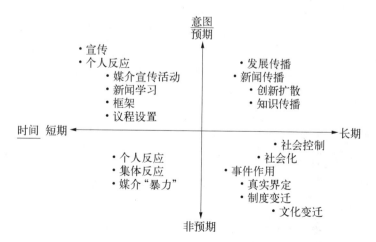

图6-1 戈尔丁划分的四种大众传播效果类型

资料来源:张国良:《传播学原理》(第二版),复旦大学出版社2009年版,第229页

1. 短期的预期效果

短期的预期效果包括个人反应和对媒介集中宣传报道活动的反应两种。前者指特定信息在个人身上引起的认知、态度和行动的变化。后者指一家或多家媒体为达成特定目标而开展的说服性宣传运动，形成受众框架，影响谈论的议题，形成社会"议事日程"。

2. 短期的非预期效果

短期的非预期效果包括个人反应、集体反应和媒介"暴力"。个人反应指个人接触特定信息后所发生的与传播者意图无直接关系的模仿或学习行为。这些行为可能是有利于社会的，如知识摄取或人生道理领悟；也可能是反社会的，例如接触有害的传播内容诱发的违法犯罪活动等。集体反应主要指许多人在同一信息的刺激和影响下所发生的集合现象，例如物价上涨信息引发的抢购风潮。集体反应中有一些是健康有益的，但有些突发性集体行为对正常的社会秩序造成破坏。媒介暴力指大众媒介传播对受众造成显性或隐性的、身体或心理上的伤害。

3. 长期的预期效果

长期的预期效果指就某一主题或某项事业进行的长期信息传播所产生的与传播者意图相符的累积效果，涉及发展传播、新闻传播、创新扩散和知识传播等。

4. 长期的非预期效果

这种类型指整个传播事业日常的、持久的传播活动所产生的综合效果或客观结果，例如大众传播对个人社会化过程的影响，传播媒介在社会的政治、经济、文化和意识形态的发展变化中所扮演的角色和所发挥的作用等。因为这种效果不以个别媒介或传播者的意志为转移，所以通常把它归入非预期效果的范畴。

（二）麦克劳的传播效果分类

美国传播学者杰克·M. 麦克劳等对传播效果做了如下类型划分与评述。

1. 微观效果与宏观效果

在很长时间里，受众个体一直是媒介效果研究最主要的分析单元。近年来，传播学者开始关注各种类型的社会系统，如家庭、社区、组织、社会乃至国际社会等在宏观层面所受到的媒介影响。同时，也在探索微观效果与宏观效果之间的跨层次效果。

2. 改变的效果与稳定的效果

多数效果研究关注媒介对受众造成的改变,但实际上,效果研究也包括有关媒介强化受众固有立场或态度的研究。因此,效果研究既应研究态度的变化,也应研究态度的维持。

3. 积累效果与非积累效果

积累效果,指多种讯息导致的长时间的积累性变化。非积累效果,指接触单一讯息所产生的变化。

4. 短期效果与长期效果

大多数实验性媒介效果研究针对的是接触一种讯息之后紧接的、即时的、相对短期的效果;另一些效果研究,则探讨接触媒介后经过一段时间所产生的效果,这种效果常常包含其他因素(如人际讨论)的影响。

5. 态度、认知与行为效果

传统的效果研究基本上是针对态度改变。近年来,受社会心理学等学科的影响,在态度改变的研究之外,认知与行为的效果研究也得到了加强。

认知效果可分为认知学习效果、认知建构效果和认知社会现实效果。认知学习效果研究,把媒介作为信息来源,把学习记忆作为因变量,涉及新闻和政治信息、广告、电视上出现的人物等领域。认知建构效果研究,把媒介作为事件和公共政策的解释者,乃至解决方案的建议者,认为媒介通过话语的选择、某种报道结构的重复,以各种方式组织并建构现实。认知社会现实效果研究,考察大众媒介在为我们创造符号环境方面的作用,例如提供关于社会现实本质的线索、对人们所关心的问题进行议程设置、制造舆论气候等。

行为效果基于大众媒介常被视作行为塑造、兴奋、放松及各种行为意图(如投票)的一个主要来源,在许多研究领域备受关注,比如青少年社会化、公共信息与商业广告的传播、政治宣传与公民参与、发展传播与创新扩散等。

(三)拉维奇和斯坦纳的传播效果类型框架

1961年,拉维奇和斯坦纳将各种可能产生的传播效果类型组织在一起,建立了一个效果框架(见图6-2)。这个模式分六个步骤,每个步骤必须在上一步完成的基础上才能进行。六个步骤可以归纳为三个范畴:认知、情感、意愿。认知是对事物的知识。情感是对事物的态度。意愿是对事物采取的行为。

一些媒介从业者可能只对模式中某一部分感兴趣,广告创意者可能对六个步骤都感兴趣。

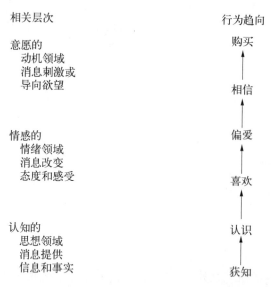

图 6-2　拉维奇和斯坦纳建立的传播效果层次框架

资料来源:[美]沃纳·赛佛林、小詹姆斯·坦卡德:《传播理论:起源、方法与应用》(第 5 版),郭镇之等译,中国传媒大学出版社 2006 年版,第 13 页

上述对传播效果的不同划分和划分框架,有助于我们把握各种传播效果的不同形态和性质,在进行传播效果分析时做到概念清晰、针对性强。

四、传播效果研究的历史与发展

传播效果研究是传播学研究的出发点,也是将传播学有机贯穿起来的一条主线。因此,传播效果研究出现的时间,远远早于传播学体系的形成。古代中西方学者、思想家和宣传家们对传播效果的探索,是一座有待系统开发的历史宝库。

(一)古代中西方对传播效果的认识

在中国春秋战国时期,诸子百家通过讲学、著述、游说活动竞相传播自己的社会理想、治国韬略和学术主张,留下了不少有关传播效果的精辟论述。荀子的著名见解"谈说之术:矜庄以莅之,端诚以处之,坚强以持之,譬称以喻之,分别以明之,欣欢、芬芳以送之,宝之,珍之,贵之,神之。如是,则说常无不受",是对说服性传播艺术及其效果的高度概括。

一些中国成语里包含了丰富的传播效果思想。例如,出自《列子·汤问》的成语"余音绕梁"形容韩娥歌声优美,给人留下难忘的印象。出自《左传》的"言之无文,行而不远"形容语言文字作为媒介如果没有文采,就不能流传很远。出自西汉《史记·李将军列传》的成语"桃李不言,下自成蹊",意思是桃树、李树因为有芬芳的花朵、甜美的果实,虽然不会说话,但仍然能吸引许多人到树下赏花尝果,以至于树下走出了一条小路。这个成语用来比喻一个人做了好事,不用张扬夸耀,人们也会记住他。

西方在古希腊和古罗马时代的城邦民主制下,出于广场议政和法庭辩论的需要,关于对话或演讲技巧的雄辩术研究十分盛行。这些研究经过柏拉图和亚里士多德等思想家的整理和系统化,发展成后来的古典形式逻辑和修辞学,其中提出的许多课题至今仍是传播效果研究的重要内容。

(二) 20 世纪以来的传播效果研究

20 世纪以来,不少学者针对传播效果大小问题提出了很多理论和研究方法。主要分为以下四个时期。

1. 第一时期:子弹理论

子弹理论是盛行于 20 世纪 20—40 年代的一种媒介威力强大的理论。这是传播效果研究的初级阶段,也是大众媒介迅速普及和发展时期。大众媒介有着不可抗拒的巨大力量,受众对大众媒介的信息产生大致相同的反应,受众只是消极被动地等待和接受媒介灌输的各种思想、感情、知识或动机,并以此采取行动。软弱的受众就像射击场的靶子,无法抗拒子弹的射击;又像被药剂注入皮肤,可以引起直接速效的反应。这种观点后来被称为"子弹论""魔弹论"或"皮下注射论"。

代表性研究是 1927 年拉斯韦尔出版的《世界大战中的宣传技巧》。1937 年,美国成立宣传分析研究所,这是第一个宣传研究机构。1939 年,阿尔弗雷德·李和伊丽莎白·李夫妇出版著作《宣传的完美艺术》。

"魔弹论"观念的成因是多方面的。第一,大众媒介迅猛发展渗透到个人、家庭和社会生活各个方面的冲击力让人敬畏。第二,当时西方流行的本能心理学和社会学理论认为,人的行为受到本能的"刺激-反应"机制的主导,由于人的遗传生理机制大致相同，因此，施以某种特定刺激便能引起大致相同的反应。第三，基于对20世纪工业化、城市化和现代化结果的认识，人们发展起比较成熟的大众社会的概念。这一理论认为，现代社会生活破坏了传统社会等级秩序和密切的社会联系，在大众社会里，人与人之间越来越隔绝，并且越来越依靠大众媒介，孤立的、原子式受众在大众媒介巨大的影响力面前足以被左右。

2. 第二时期：有限效果模式

有限效果，指大众传播对受众产生影响是通过许多中介因素的联络环节发挥各种功能。该理论也叫作"最低效果法则"，认为传播活动是传授互动的过程，受众是具有不同特点的个体，不是应声而倒的靶子。大众媒介的效果由于媒介性质及其在社会中的地位而大受影响。媒介不是影响受众的直接和唯一因素。大众媒介通过许多中介，在其他多种格局的影响下发生作用，对受众的影响是有限度的。

这一时期的研究方法从早期的思辨性评论和探讨，演进到普遍应用社会调查法和心理实验法，对传播效果产生的过程和机制进行实证考察。

这个时期的研究领域主要有三个：一是传播流研究；二是说服性传播的效果研究；三是使用与满足研究。

传播流，指由大众媒介发出的信息，经过各种中间环节"流"向传播对象的社会过程。这项研究的代表性成果有拉扎斯菲尔德等人的《人民的选择》、卡兹等人的《人际影响：个人在大众传播中的作用》、罗杰斯的《创新与普及》和克拉珀的《大众传播的效果》。

《人民的选择》是拉扎斯菲尔德等人总结伊里调查的发现后提出的对后来的传播效果乃至整个传播学研究产生重大影响的一系列理论假说，包括既有政治倾向、选择性接触、意见领袖和两级传播。本书第一章和第五章已有阐述，在此不再赘述。

《人际影响：个人在大众传播中的作用》是《人民的选择》的后续研究，目的是验证《人民的选择》提出的各种假说在政治选举以外的其他领域是否适用。卡兹和拉扎斯菲尔德结合在伊利诺伊州的迪凯特市多次做的调查发现，既有倾向的作用、选择性接触机制、意见领袖和两级传播现象，在时尚、购物等领域也广泛存在。

卡兹基于迪凯特市调查的一个重要贡献，是提出了制约和影响大众传播效果的"中介因素"概念。中介因素主要有以下四种。

第一,选择性接触机制。包括选择性注意、选择性理解和选择性记忆三个层次。这个机制的存在说明,受众对某些媒介或内容具有回避倾向,而被回避的媒介和内容是很难产生效果的。

第二,媒介本身的特性。讯息的媒介渠道不同,其效果也就不同。

第三,讯息内容。包括语言和表达等,其方法和技巧不同,会令人产生不同的心理反应。

第四,受众本身的性质。受众的既有立场和倾向、社会关系,尤其是意见领袖的态度,会对大众传播效果发挥重要的制约作用。

《创新与普及》研究对《人民的选择》和《人际影响:个人在大众传播中的作用》中的许多观点,特别是两级传播的概念,做了重要的补充和修正。

根据对新事物普及过程调查的结果,罗杰斯把大众传播过程区分为两个方面:一是作为信息传递过程的信息流;二是作为效果或影响的产生和波及过程的影响流。前者可以是一级的,即信息可以从媒介直接流向一般受众;后者则是多级的,要经过人际传播中许多环节的过滤。如此,罗杰斯就把两级传播模式发展为多级传播模式(见图6-3),认为媒介信息传至受众的过程中有多种方式、多种传播渠道,可能由多级中介环节组成信息传播链。

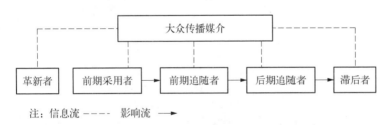

图6-3 罗杰斯的信息和影响多级传播流程

资料来源:张国良:《传播学原理》(第二版),复旦大学出版社2009年版,第240页

罗杰斯还独创性地把个人接受新事物的过程看成一个由认识到决定的过程,经过认识、关心、评价、试用和采用五个步骤与阶段。各种信息源、影响源和感情源对各个步骤、阶段的重要性不一样。在个人意向决定的过程中,大众传播和人际传播显示出一种相互补充的关系。这意味着受众有各种类型。罗杰斯等人按照个人接受新事物的先后快慢,将其区分为革新者、前期采用者、前期追随者、后期追随者和滞后者,然后从主要价值观、个人特征、传播行为和社会关系等方面概括他们各自的特征(见表6-1)。

表 6-1 采用者的类型及其特征

采用者类型	主要价值观	个人特性	传播行为	社会关系
革新者	投机：即使冒险也要采用	年纪最轻；社会地位最高；经营规模最大、最专门化；富裕	频繁接触科学的信息源；与其他革新者相互作用；较大规模使用媒介信息源	某种程度上的意见领袖；接触面非常广
前期采用者	尊敬：被社会体系中的多数人奉为角色行为的模范	社会地位高；经营规模大、专门化	极频繁地接触地方上的普及促进者	在几乎任何社会体系中，意见领袖都是最多的；接触面限于地方
前期追随者	慎重：待伙伴们采用后，才开始考察新事物	社会地位在平均线以上；经营规模中等	相当频繁地接触普及促进者和前期采用者	某种程度上的意见领袖
后期追随者	怀疑：要使其采用，需伙伴们施加很大压力	社会地位在平均线以下；经营规模小，专门化程度低；收入少	主要从伙伴中的前期追随者和后期追随者处获得信息；不太利用媒介	缺少意见领袖
滞后者	传统：朝后看	社会地位最低；经营规模最小、专门化程度最低；收入最少；年纪最老	主要信息源为具有相同价值观的邻居、朋友、亲戚等	极缺乏意见领袖；半孤立者

资料来源：张国良：《传播学原理》（第二版），复旦大学出版社 2009 年版，第 239 页。

传播流研究的三部曲，揭示了大众传播效果的产生是一个极为复杂的社会过程，存在众多中介环节和制约因素，单一的大众传播并不能左右人们的态度。这些结论从正面否定了强调简单的刺激反应关系的魔弹论观点。

《大众传播的效果》一书对《人民的选择》和《人际影响：个人在大众传播中的作用》以来的传播流研究进行了系统总结，提出了关于大众传播效果的五条定理。

第一，大众传播通常不是效果产生的必要和充分的原因，只不过是众多中介因素之一，并且只有通过各种中间环节的连锁关系才能发挥作用。

第二,大众传播最明显的倾向不是引起受众态度的改变,而是对他们既有态度的强化。即便是在强化过程中,大众传播也并不作为唯一的因素单独起作用。

第三,大众传播对人们的态度改变产生效果有两种可能:一是其他中介因素不再起作用;二是其他中介因素本身也在促进人们态度的改变。

第四,传播效果的产生,受到某些心理因素和生理因素的制约。

第五,传播效果的产生,还受到媒介本身的条件(信源的性质、内容的组织)和舆论环境等因素的影响。

态度劝服理论是有限效果论的另一个代表性理论,指受传者的态度沿传播者说服意图的方向发生的变化,这是极为常见的传播现象。以心理学家霍夫兰为首的耶鲁学派,对说服与态度改变进行了最早的实证研究。

第二次世界大战开始后,美国军队广泛利用电影来教育士兵和激励士气,并为此制作了一部6集系列纪录片,题为《我们为何而战》。为了评价电影的宣传教育效果,霍夫兰以士兵为对象进行了心理实验。实验结果表明,这些影片在传达战况信息方面卓有成效,但在实现影片制作的主要意图(鼓舞士气和激起对敌仇恨方面)却没有明显效果。影片对于受众固有的态度和观点缺乏改变的能力。

与拉扎斯菲尔德的伊里调查一样,霍夫兰的这次研究也证明了单一的大众传播并不能直接导致人们态度的改变。以后,霍夫兰等人转而考察说服效果的形成条件。1946—1961年,霍夫兰领导的耶鲁研究计划就传播和态度的改变问题进行了50余次实验,大约30位社会科学家参与研究,主要是心理学家,也包括社会学家、人类学家和政治学家。研究揭示了效果的形成并不简单地取决于传播者的主观愿望,而是受到传播主体、信息内容、说服方法、受众属性等各种条件的制约。1953年出版的《传播与劝服》一书,是耶鲁研究计划的第一个主要成果。该书概述了系列实验的理论基础和内容框架,报告了系列研究结论。这些研究结论都是围绕说服性传播如何改变人们的态度展开的。

霍夫兰等人的实验心理学方法和拉扎斯菲尔德的抽样调查法一起,成为传播效果研究的主要方法。

3. 第三时期:适度效果模式

适度效果论盛行于20世纪60—80年代。该理论认为,大众传播对于受众虽然没有魔弹论所认为的那样直接的、立竿见影的效果,但也不像有限效果论说得那么不堪,它仍然具有一定影响,这种影响应从受众角度和长期效果来衡量。适度效果模式的代表性研究包括议程设置理论、培养理论和知识沟假说等。

传播流研究揭示了大众传播效果产生的种种制约环节和因素，对于理解效果问题的全部复杂性有益。然而，从20世纪60年代末开始，传播流研究，尤其是有限效果论观点开始受到人们的批评。批评的矛头并不是指向过去的实证研究得出的具体结论，而是它的效果观和理论框架的缺陷，包括：在认知、态度和行动三个效果层面，有限效果论探讨了后两者而忽略了更早的认知阶段——大众传播在人们的环境认知过程中的作用；有限效果论只考察了具体传播活动的微观的、短期的效果，而忽略了整个传播事业日常的信息活动所产生的宏观的、长期的和潜移默化的效果。

还有一些学者指出，过分强调大众传播效果的有限性会给传播实践带来某些消极影响，例如降低传播人员的社会责任感、为低俗有害的传播内容泛滥提供口实等。

进入20世纪70年代，在对有限效果论进行批评和反思的基础上，传播效果研究领域出现了一批新的适度效果理论。这些理论或假说的主题、内容各不相同，但有几个共同点：研究的焦点大都集中于探索大众传播媒介长期的和宏观的社会效果；都不同程度地强调媒介影响的有力性；都与社会信息化的现实密切结合在一起。

4. 第四时期：强大效果模式

20世纪80年代后兴起的强大效果理论，重新强调大众传播有着巨大的效果。但与魔弹论的强效果不同，新兴的强效果论强调的效果不是简单的、直接的，而是复杂的、间接的；不是短期的、立竿见影的，而是长期的、潜移默化的；不是微观的、个体的，而是宏观的、社会的。强大效果模式的代表性研究包括沉默的螺旋理论、第三人效果假说等。

1974年，德国学者伊丽莎白·诺埃尔-诺伊曼在《传播学刊》上发表的一篇论文《重归大众传播的强力观》最早明确提出大众媒介的强大效果论。在对舆论与大众传播的关系进行实证研究后，她认为，大众媒介（特别是主流媒体）在影响公众意见、增强集体凝聚力等方面有强大的效果。沉默的螺旋理论揭示的是增强优势意见的大众传播强效果。

1983年，美国哥伦比亚大学戴维森教授发表题为《传播中的第三人效果》的论文，提出第三人效果假说。他认为，人们在判断大众媒介的影响，尤其是负面影响之际存在一种普遍的感知定式，即倾向于认为大众媒介的信息对"我"或"你"未必产生多大影响，而对"他"人产生不可估量的影响。

第三人效果是一种间接的强大媒介效果,不仅显示了大众传播的影响力,而且揭示了受众媒介认知的多面性,效果产生的间接性和复杂性,以及认知、态度层面的效果向行为层面的转化机制。它可以帮助我们解释许多传播现象,还可以帮助传者更有效地进行传播,特别是说服、宣传活动,例如避免直接针对目标对象可能带来的逆反心理。因此,它已被运用到商业、军事、政治等传播活动中。

强大效果论的产生根基在于社会和大众传播环境发生的变化。随着信息传播技术的发展,智能算法带来的个性化精准传播的强大传播效果体现在信息茧房、回声室效应和过滤气泡等理论中。

2006年美国哈佛大学法学院教授凯斯·桑斯坦出版的《信息乌托邦》一书指出,在信息传播中,公众自身的信息需求并非全方位的,公众只注意自己选择的东西和使自己愉悦的通信领域,久而久之,公众会将自身囚禁于像蚕茧一般的茧房中。桑斯坦认为,这将导致视野偏狭和思想封闭甚至极化,进而会加强偏见,排斥多元,并制造出非理性的极端主义,直至侵害政治民主。

桑斯坦还提出了回声室效应,意指在一个相对封闭的环境中,一些意见相近的声音不断重复,并以夸张或其他扭曲形式重复,令处于相对封闭环境中的大多数人认为这些扭曲的故事就是事实的全部。回声室效应揭示了网络技术在带来便捷的同时,也在无形中给人们打造了一个封闭的、高度同质化的回声室。

2011年,美国互联网观察家伊莱·帕里泽在TED的一次演讲中提出了"过滤气泡"的概念,用来指认一种智能隔离状态:受技术媒介的影响,用户与不同的意见信息分离,被隔离在自己的文化或思想泡沫中。后来,他在此基础上出版的《过滤气泡:互联网向你隐藏了什么》一书引发了轰动式的反响。"过滤气泡"概念指以大数据与算法推荐为底层架构,根据用户的使用时间、地区和浏览习惯生成用户画像,并通过算法技术为其呈现独一无二的界面体验。这种网络针对个人化搜索而提供筛选后结果的推荐算法,被称为过滤气泡。用户身处过滤气泡的网络环境中,会阻碍多元观点的交流。

在人性需求和技术支持双重驱动下,信息茧房、回声室效应和过滤气泡的存在,让人们重新审视网络技术与多元理性之间的关系。算法推荐技术在解决信息泛滥的同时,引发信息茧房和回声室效应,制造过滤气泡,导致群体极化现象。群体极化指在群体决策中表现出一种极端化倾向,或转向冒险一极,或转向保守一极。

五、传播效果研究的理论意义和实践意义

(一) 理论意义

理论意义概括起来就是通过对各类传播效果的性质、产生过程和制约因素的考察,把握传播活动的一般规律和特殊规律,加深对传播行为的科学认识。

(二) 实践意义

传播效果研究具有很强的实用性。例如,国家制定发展战略和传播政策,媒体制定报道方针和从事媒介经营,新闻工作者采编新闻,企业进行公关广告宣传,个人从事社会交往活动,都要统筹考虑传播效果问题。传播效果研究既包含对媒介活动的宏观社会效果和影响的考察,又包含对具体效果产生过程与机制的分析,可以为丰富多彩的传播实践活动提供科学依据。

第二节 传播效果的制约因素

要提高传播活动效果,先要对传播效果产生的机制及其制约因素有一个全面清晰的认识。

一、考察具体过程的传播效果不可忽略的重要内容

传播效果的产生是一个十分复杂的过程,从发出信息到接受信息,中间存在很多环节和因素,每个环节和因素都可能对效果的形成产生重要影响。

每个具体的传播过程都是由传播者、传播内容、讯息载体、媒介渠道、传播技巧、传播对象等要素和环节构成的,每个要素和环节都会对传播效果产生重要的影响。传播效果实际上是作为要素和环节相互作用的结果体现出来的。因此,考察具体过程的传播效果,必须研究以下几个方面的课题。

(1) 传播主体与传播效果。考察传播者(包括媒介组织和传播工作者)的性质,传播者的形象和立场,传播者在信息的采集、筛选、加工过程中所起的作用,以及传播者的信誉度与权威性等对效果的影响。

(2) 传播内容与传播效果。考察内容的主题、观点、价值取向等信息内在因素与传播效果的关联。文本分析是考察信息内容之效果的一种基本方法。

（3）讯息载体与传播效果。讯息是通过语言、文字、声音、图形、画面、影像等载体传递的。考察讯息载体或象征符号的意义、功能和效果的特性，是传播效果研究领域的主要内容。

（4）传播技巧与传播效果。传播技巧指唤起受传者注目，引发他们的特定心理和行动的反应，从而实现说服或宣传之预期目的的策略方法，包括内容提示法、说理法、诉求法等。这些研究具有很强的实用性。

（5）传播对象与传播效果。受传者并不是完全被动的信息接受者；相反，受传者的属性对传播效果起着重要的制约作用。受传者的属性既包括性格、兴趣、关注点等个人属性，也包括人际传播网络、群体归属关系等社会属性。这些个人属性、心理属性和社会属性对传播效果具有重要影响。

以上这些课题是考察具体传播过程的传播效果不可忽略的重要内容。同时，大众传播作为一个综合的、宏观的社会过程，相应地还包含许多宏观效果的研究课题。例如，大众传播与人的社会化，大众传播对社会认知、心理和行为的导向作用，大众传播与社会发展和社会变迁的关系等。

二、传播主体与传播效果

作为传播主体的传播者，不但掌握传播工具和手段，还决定传播内容的取舍，甚至可以控制传播过程。一般而言，传播效果在很大程度上取决于传播者。

（一）传播者的可信度

作为信源，个人、群体或媒介的传播效果的差异有时取决于信息的来源者是谁、信息中引用的是谁的话、信息的传播渠道是什么。

不同信源在运作时都基于一些基本因素和规则。信源不同，人们对相同信息的接受度也不一样。人们根据传播者的可信度对信息的真伪和价值做出判断。

可信性包含两个要素：一是传播者的各种特征，特别是传播者的信誉，是否诚实、客观、公正等品格条件，以及本身是否受到尊重；二是专业权威性，即传播者对特定问题是否具有发言权和发言资格。这两者构成了可信性的基础。

霍夫兰通过实验提出了"可信性效果"的概念。一般而言，信源的可信度越高，其说服效果越大；信源的可信度越低，说服效果越小。因此，对传播者而言，树立良好的形象以争取受众的信任是提高传播效果的前提。

（二）休眠效果

霍夫兰研究发现,随着时间的推移,高可信度信源的说服效果会出现衰减,低可信度信源的说服效果则有上升的趋势。由于信源可信度的负影响,低可信度信源发出的内容本身的说服力不能马上发挥作用,而是处于一种休眠状态。经过一段时间,负影响减弱或消失,其效果才能充分表现出来。霍夫兰等人称这一现象为休眠效果。休眠效果说明,在进行传播时,信源的效果最大,而随着时间的推移,信源效果的消失速度要比内容效果的消失快得多。研究者进一步提出如下观点。

第一,如果信息被认为是来自低可信度信源,那么受众会认为它在表述上比来自高可信度信源的信息更偏颇和不公正。

第二,在影响受众意见方面,高可信度信源比低可信度信源的即时效果更大。几周后,高可信度信源的正面效果和低可信度信源的负面效果会逐渐消失。此时,对于受众来说,不管是对内容的主观评价还是对结论的接受,两种信源的影响力并没有差别。

第三,对意见的即时影响与受众的注意程度和理解力无关。对于受众获得的信息量的测试发现,不管受众感知的信源可信度如何,受众学到的东西是一样的。因此,信源可信度主要影响受众对传播结论的接受动机。

三、传播内容与传播效果

（一）讯息的内容和结构

关于说服性传播的内容效果研究分成两个领域：一是激发性诉求,被定义为可以唤起受众接受传播内容的动机的刺激；二是说服性论据的组织。

卡尔·霍夫兰、欧文·贾尼斯和哈罗德·凯利探讨了三种主要的刺激形式：一是确凿的论据,使受众相信传播者支持的结论是真实的或正确的；二是积极诉求,强调接受这些结论将得到的回报；三是消极诉求,包括唤起恐惧的诉求,描述了如果不接受结论将会产生的不良后果。研究者仅提供了消极的、恐惧诉求的证据。

恐惧诉求的研究设计主要是为了对一些决定因素进行调查。这些因素决定了威胁性诉求在意见改变中是否有效。对这一领域的研究集中于两个问题：什么样的刺激内容能够引起恐惧或威胁？在所产生的总体传播效果中,恐惧诉求是如何促进或阻碍这种效果的？

研究者假设:任何一种强烈的不安情绪,如恐惧、罪恶感、愤怒等,都有驱动性功能,能为某种行为提供动机。一项成功的恐惧诉求能够先引发紧张的情绪,再缓解这种紧张情绪。通过接受新的意见和问题的解决办法,紧张感被去除。具体来说,运用恐惧诉求包括以下步骤。

(1) 使被试者接触中性的传播内容,让他们明白所要传播的主题。

(2) 做出威胁性陈述,它将指出一种真正的危险,并引起这样的心理预期,如"这也许会发生在我身上"。

(3) 当这些预期在被试者头脑中预演时,个体的紧张感就会明显增加。

(4) 当被试者处于高度紧张的情绪中,传播者对其进行另外一些陈述,宣称有可以避免危险的方法,即只要采用了传播者建议的行动或态度,就能够或者应该可以避免危险。

(5) 当消除疑虑的建议在被试者头脑中预演时,紧张感得到缓解。

(6) 紧张感的缓解再次强化确认了这一建议,于是,当类似的刺激出现时,对象就倾向于采取这种新的反应。

研究测试表明,重度诉求造成的心理紧张感最大,中度诉求次之,轻度诉求最小。传播内容中威胁要素(详细说明后果,并将其与受众联系起来)的增加,会相应增加情绪唤起的程度。研究者还发现,恐惧诉求的确能增加人们对传播者建议采取的行为的服从程度。

在改变实验对象对传播者建议的服从方面,霍夫兰等人的结论是,在说服中,轻度恐惧诉求最有效,中度诉求和重度诉求虽然能够引发对象的兴趣和紧张感,但也会产生一些干扰,降低整体效果。例如,当传播引起强烈的焦虑时,对象有时反而注意不到传播内容,听不到传播者想要传达的信息。一些对象在面对这种引发焦虑的传播时,也许会因传播带来的不快而对传播者产生敌意,从而拒绝接受对方的陈述。概言之,过分的焦虑会干扰一个人对传播的注意、理解和接受。

(二) 讯息的组织形式

说服性传播效果不仅取决于动机诉求的选择,还依赖于支持观点的论据组织方式。论据的组织涉及以下三个典型问题。

1. 是否应该明示结论

霍夫兰和曼德尔就明示结论与不明示结论的效果做了测试,发现传播效果取决于以下因素。

（1）传播者的类型。由一个引起被试者怀疑的传播者给出的结论，基本不会产生传播效果。

（2）受众的类型。受众的智力水平和成熟程度是重要影响因素。面对高智商受众，可能不需要把结论明确说出来。面对低智商受众，仅凭暗示他们可能无法得出正确结论。同时，受众的个性差异也是影响因素。

（3）话题的类型。一个重要因素可能是，这个话题在受众个人心中最初的关心程度。当受众发觉有人出于某种特定动机而试图影响他的决定时，由受众自己得出结论的说服形式更具传播效果。话题的复杂性也是一个影响因素。如果受众自己难以推理得出结论，明示结论就有优势，尤其是关于非个人化的复杂话题，明示结论更有效。

2. 是一面之词还是两面之词

实验结果可以概括为以下三点。

第一，从长期来看，两面之词比一面之词传播效果更强。这个结论成立的前提是：无论受众最初的态度如何，受众接触过随后的反宣传；无论受众后来是否接触过反宣传，受众最初对传播者的意见持反对态度。如果同时考虑受教育程度和初始立场这两个因素，实验证明，两面之词对受教育程度高的群体更有效。

第二，两面之词带来免疫效果。受众事先考虑过反面论据，在后来接触到这些反面论据时能够不理或轻视它们。这个对后来的说服的抵制过程被称为免疫。就像在医学领域，事先让人接触弱性细菌而逐渐增强其免疫力。

第三，两面之词比一面之词传播效果更弱。这个结论成立的前提是：受众的初始态度是赞同传播者的意见，并且未接触后面的反宣传。

3. 陈述观点的不同顺序会产生怎样的结果

实验结果主要有以下两点。

第一，若仅陈述一面之词，把最有力的观点放在开头更有效，还是安排在结尾更有效？把最有力和最重要的观点留到结尾，这种顺序通常被称为弱-强的层进式顺序；把最重要的观点安排在开头，把较弱的观点放在结尾，这种顺序被称为强-弱的突降式顺序。结果显示，弱-强的层进式顺序对受众的态度改变有更显著的影响。同时，两种顺序的有效性，还取决于它们在引发或延续受众兴趣时所起的作用。陈述顺序的有效性，部分取决于主要观点是否出现在受众能够快速学习的位置。当受众对话题的兴趣不大，也没有学习动力时，特别需要把最有趣、最重要的内容放在开头。如果传播话题是受众熟悉并深切关注的,层进式顺序更有效。总之,哪种排列顺序更具传播效果,取决于传播发生的特定环境,包括受众的态度倾向和传播话题的类型。

第二,当一个话题的两面之词接连出现时,最早出现的观点更有优势,还是最后出现的观点更有优势?研究表明,最早出现的内容比随后出现的内容具有更有效的首因效应。首因比近因产生影响的频次更高。

(三)诉诸理性与诉诸感情

在开展说服性传播活动时,人们通常有两种做法:一种是通过冷静地摆事实、讲道理,运用理性或逻辑的力量来达到说服的目的;另一种是主要通过营造某种气氛或使用感情色彩强烈的言辞来感染对方,以谋求特定的效果。这是涉及诉求法的两种传播内容组织形式,前者被称为诉诸理性,后者被称为诉诸感情。

对于哪种方法更为有效,学者们仍没有一致的结论。原因是,两种方法的有效性因人、因事、因时而异:有些问题只能靠诉诸理性的方法来解决,例如科学上的争论靠感情说服不了对方;有些问题采取诉诸感情的方法可能更有效,例如在紧急情况下振臂一呼比慢节奏的说理有效得多。在日常的思想教育活动中,将两者结合起来的"动之以情,晓之以理"的方法,更能收到良好的效果。

另外,心理学研究证明,由于每个人的性格经历、文化水平不同,其行动受理性和感情支配的程度也有明显的差异,有些人易于接受道理的说服,有些人则更容易受情绪或气氛的感染。

无论使用哪种方法,正确把握问题性质并充分了解说服对象是取得良好效果的基本前提。

四、传播对象与传播效果

传播效果的形成是多种因素交互作用的过程,不仅传播主体、内容和技巧会对效果产生影响,传播对象自身的属性也起着同样重要的制约作用。

传播对象的属性通常包含六个方面:性别、年龄、文化程度、职业等人口统计学上的属性;人际传播网络;群体归属关系和群体规范;人格、性格特点;个人过去的经验和经历;受众反应模式。这些属性都是受众接触特定媒介或信息之际的既有倾向,决定受众对媒介或信息的兴趣、感情、态度和看法,同时对传播效果产生重要的影响。

(一)意见领袖对传播效果起着促进或阻碍的作用

"意见领袖"是拉扎斯菲尔德等人最早在《人民的选择》中提出的概念。伊里调查证明了政治领域中意见领袖的存在。卡兹等人的《个人影响》研究证明不仅在政治领域,在诸如购物、时尚和其他各种社会生活领域都活跃着一大批意见领袖,他们对大众传播的效果起着促进或阻碍的作用。

《个人影响》提出了测定意见领袖的三项指标,即生活阅历(经验与知识)、社交性和社会经济地位。这些指标在不同领域的重要性不一样。例如,在购物、时尚、娱乐等领域,意见领袖最重要的素质是生活阅历,其次是社交性和社会经济地位;在社会政治问题上,意见领袖最重要的素质是社交性,其次是社会经济地位,生活阅历则并不那么重要。

根据卡兹和拉扎斯菲尔德在《个人影响》中的概括和罗杰斯在《创新与普及》中的概括,意见领袖具有以下基本特征。

(1)与被影响者一般处于平等关系而非上下级关系。意见领袖未必是大人物,相反,他们是我们生活中熟悉的人,如亲友、邻居、同事等。正因为他们是人们所了解和信赖的人,所以他们的意见和观点也就更具说服力。

(2)意见领袖并不集中于特定的群体或阶层,而是均匀地分布于社会上任何群体和阶层中,每个群体都有自己的意见领袖,他们与被影响者保持横向传播关系。

(3)意见领袖的影响力一般分为单一型和综合型。在现代都市社会中,意见领袖以单一型为主,即一个人只要在某个特定领域很精通或在周围人中享有一定声望,便可在这个领域扮演意见领袖角色,而在其他不熟悉的领域可能是一般的被影响者。在传统社会或农村社会中,意见领袖一般以综合型为主,例如有名望的家族对当地社会往往有普遍的影响。

(4)意见领袖社交范围广,拥有较多的信息渠道,对大众传播的接触频度高、接触量大。

(二)群体归属和群体规范的影响

考察群体对个人行为的影响,有两个基本视角。一是作为现实社会关系网络的群体。在这种群体中,不仅存在意见领袖的个人影响,由成员的多数意见所产生的群体压力也对个人的言行具有重要的制约作用。此前的研究表明,一个人越是看重他在群体中的成员资格,就越会努力使自己的态度和意见与组织的公共意见保持一致。二是作为个人行为的精神依托点的群体,即由过去和现实的群体归属关系所产生的观念、价值、行为准则的内在化,统称为群体规范。在现实生活中,许多看起来似乎完全出于个人决定的行为,实际上在很大程度上受到内化的群体规范的影响。

群体归属和群体规范对大众传播效果具有重要的制约作用,不仅影响受众对媒介和内容的选择性接触,而且影响他们对观点的接受。

(三)个性因素对可说服性的影响

每个人都有不同的个性。有的人比较容易接受他人的意见或劝说,有的人则固执己见、我行我素。在传播效果研究中,这种容易或难以接受他人劝说的个性倾向被称为个人的可说服性。

根据日本传播学者饱户弘的分类,可说服性包含以下三个方面。

(1)与特定主题相关的可说服性。说服的主题是多种多样的,一个人在某些话题上可能容易接受他人的意见,而在另一些话题上可能容易产生拒绝或排斥态度。

(2)与特定议论或诉求形式相关的可说服性。例如,有的人容易接受道理说服,有的人则容易接受场面或氛围的感染,有的人对强加式说服表现出自发反感,而很容易接受诱导式说服等。

(3)一般可说服性。与主题或说服形式无直接关系,受个人性格和个性影响的对他人意见容易接受或排斥的倾向。

1945年,欧文·贾尼斯从自信心角度对个性倾向与一般可说服性的关系进行了考察。他采用临床试验的方法,以"社会不安感""委曲求全性向"和"感情抑郁程度"作为自信心强弱的三项指标,测试自信心强弱与一般可说服性的关系。

在这项实验中,个性倾向以实验对象的自我评价为依据,可说服性的数据来自对这些人所做的三项说服试验的结果,其说服主题分别是评价电影、减少食肉和预防感冒。实验结果表明,在自信心的强弱和可说服性的高低之间存在密切的关系:自信心越强,可说服性越低;自信心越弱,可说服性越高。这一结论被称为自信心假说。

除自信心,与可说服性相关的因素还有个人信息行为的特征。信息行为指个人寻求、接触和处理信息的各种行为。

社会心理学家理查德·E. 佩蒂等在研究说服性信息传播之际,提出了详尽分析可能性理论。这个理论认为,每个人都会以两种不同方式处理信息,一种是以详尽的方式,用严谨的思考来处理信息,另一种是以较为简单粗略的方式来处理信息。

在处理同一信息的过程中,上述两个路径也许是同时存在的。对信息的某些特征、环节、细节比较关注,会沿核心路径进行处理;对某些特征、环节或细节没有兴趣或参与动机,则会转入沿边缘路径进行处理。

因为每个人的认知结构、求知欲、性格和习惯不一样,所以其信息行为也各具特点。这些特点对传播效果直接或间接产生影响。

(四)受众反应模式

耶鲁研究计划对于受众反应模式的分析集中在两个方面:对象的主动参与和被动参与;传播效果的持久性。

具体而言,一个人对传播的主动参与程度会不会对他的态度、意见的获得和改变产生影响?说服性传播产生的态度或意见的改变是长期的还是暂时的?

1. 主动参与和被动参与

在日常生活中,大多数人都要同时扮演多重角色,例如既是母亲,又是妻子,还是律师,同时是社区的一分子。在完成这些角色期待的行为时,人们发现他们会被期待发表一些意见,而这些意见并不一定与他们私下所持的看法一致。当人们被要求传播一种并不一定是他自己所持的观点时,他的个人看法会发生何种改变?

实验结果表明,主动参与比被动参与更能有效改变意见。耶鲁研究计划中关于这一问题的其他实验也都得出类似结果,证明了主动参与在意见改变中的重要性。

2. 意见改变的保持

耶鲁研究计划的所有研究,在某种程度上都关注意见改变的保持。研究者在谈到这个议题时提出了两个问题:影响人们了解和记忆传播内容的因素是什么?影响传播者结论的持续或接受的因素是什么?

关于人们对传播内容的理解和记忆,研究者指出有三个重要因素。第一,传播内容的意义会影响受众的记忆。越生动、越诉诸情感的材料,越容易被记住,人们对传播内容就记得越久。第二,在最初学习时理解材料越充分,对它的记忆就会保持得越久。此外,记忆的类型也是一个重要的因素。具体而言,遗忘的速度取决于对记忆的不同评价标准,例如简单的再识别就比全面回忆更容易。第三,受众的动机既会影响记忆的质量,也会影响记忆的数量。令人不快的材料往往比令人愉悦的材料更容易被遗忘。

关于受众意见改变的保持,或者说受众对传播者结论的接受,霍夫兰和卫斯早先的一项研究发现,在开始的时候,高可信度信源比低可信度信源更能成功地改变人们的意见。但四周后,信源的可信性带来的多余量就会逐渐消失,受众对低可信度信源的接受程度提高,对高可信度信源的接受程度反而降低。人脑的遗忘机制虽然能解释人们对高可信度信源接受程度的降低,却不能解释这种延迟的意见正向变化。研究者假设,是传播者与传播内容的分离产生了休眠效果,即当人们过段时间后回想起传播的论据和结论时,不再将这些内容与信源的可信度相联系。

意见改变的保持有两个一般性的结论:第一,一个人接触传播时,也许当时会接受对方的(当时的)观点,但过了一段时间又会返回到原有的态度;第二,一个人也许一开始会拒绝接受传播者的观点,但一段时间后又可能逐渐认同对方的观点。其中,前一个结论更普遍。

五、传播媒介与传播效果

约瑟夫·克拉珀在《大众传播的效果》中将大众传播媒介能取得的传播效果概括为五种,即创造、加强、微变、改变、无效,并且论述了五条规律性原理。

第一,对传播效果来说,大众媒介并不是必要和充分的因素。它只不过在各种中介因素(变项)及其影响力的连锁中有所作为。

第二,由于中介因素的存在,媒介无法成为效果发生的唯一因素,充其量是因素之一。媒介最容易发挥的作用,不是改变,而是加强(强化受众的固有态度或预存立场)。

第三,大众媒介欲促成变化,必须具备以下条件之一:各中介因素均不起作用,使媒介能直接致效;通常起加强作用的中介因素本身转而起改变作用。

第四,大众媒介的任何直接效果或间接效果,都受到媒介和信息自身,以及传播状况的各个侧面(信源、内容、环境等)的影响。

第五，也可以看到一种状况：媒介能直接致效，但原因不明。

克拉珀的研究很好地梳理、归纳了前人的成果，确实有相当普遍的适用性。但是，他未能指出有限效果论的不足之处。概括地说，有限效果论的主要缺点有以下三个方面。

第一，就效果而言，只注意态度、行为的变化，而忽略信息的功用。

第二，从时间上看，只注意短期效果，而忽略长期效果（劝服研究多限于数周，流程研究也不超过半年）。

第三，从出发点看，大多只注意传者的意图，而忽略受者的需求。

一句话，有限效果论过于低估了大众媒介的影响力。例如，关于如何看待电视中的暴力节目，有限效果论的回答是："因看暴力节目而犯罪的人是不存在的。人之所以犯罪，只因为他心中早有犯罪的念头（预存立场）。"这样的结论显然过于绝对，特别是对青少年而言。且不说媒介的诱发作用，仅就人们的预存立场看，也必然包含来自媒介的日积月累的影响。

如此看来，由克拉珀总结的有限效果论（也叫中介因素论）的有效适用范围集中在态度变化、短期效果层面。正是在这个意义上，克拉珀不自觉地为第二阶段的研究画上了句号。不久，就孕育出第三阶段（20世纪60年代中后期至今）的研究思路，即多元效果论。

这一变迁的发生与当时的社会背景大有关系，主要有以下几点。

第一，媒介环境的变动。大众传播信息源的中心从报纸移向电视，由此加深了人们对传统的传播效果观的疑问。

第二，社会信息量的剧增。社会信息化的趋势使人们的注意力逐渐从态度/行为转向信息/认知。

第三，政治意识的淡化和多样化。不关心政治或不固定支持某个政党的人越来越多，使以往的预存立场说失去了充分的根据。

第四，美国以外的各国传播研究的勃兴。特别是以西欧为主的批判学派的兴起，给大众传播效果研究注入了新鲜血液。

综上所述，传播效果的形成是多种因素交互作用的结果，任何传播者都不可能随心所欲地去左右或支配传播对象。但是，我们不能因为这些因素的存在而得出大众传播的效果和影响有限或无力的结论。

如果不把效果概念局限于态度和行为改变的层面，而是从更早的认知阶段考虑问题，并将大众传播作为一个宏观的、综合的社会过程来把握，我们就会发现,大众传播的效果和影响不但不是有限的或无力的,反而是十分强大的。这在下文的多元效果理论中可见一斑。

第三节 多元效果理论

一、议程设置功能理论

（一）议程设置功能理论

议程设置理论由美国传播学者马克斯韦尔·麦库姆斯和唐纳德·肖提出。1972年,两人在《舆论季刊》上发表题为《大众传播的议程设置功能》的论文。

论文通过实证研究发现,在公众对社会公共事务中重要问题的认识和判断与传播媒介的报道活动之间存在一种高度对应的关系:传播媒介作为大事进行报道的问题,同样也作为大事反映在公众的意识中;传播媒介给予的强调越多,公众对该问题的重视程度越高。

根据这种高度对应的相关关系,麦库姆斯和肖认为,大众传播具有一种形成社会议事日程的功能,传播媒介以赋予各种议题不同程度的显著性的方式,影响公众瞩目的焦点和对社会环境的认知。

传播效果分为认知、态度和行动三个层面,议程设置功能假说是这个过程的最初阶段,即认知层面的阶段。

议程设置论是一种直接探讨媒介如何引导公众形成舆论或转变已有舆论的理论假设。其中心思想是:公众通过媒介知晓事件或问题,依据媒介提示的角度思考,按照媒介对各种问题的重视程度来调整自己对这些问题重要性的看法,或者说媒介对某一事物的强调程度同公众对同一事物的重视程度成正比关系。

大约在议程设置论被提出的同一时期,英国和美国的传播学者分别依据自己的实证研究提出了社会现实建构理论。议程设置功能所考察的整体的大众传播具有较长时间跨度的一系列报道活动所产生的中长期的、综合的、宏观的社会效果。中国传播学者郭镇之在回顾了议程设置论近30年的研究进程后认为,议程设置作为一种间接的媒介效果,获得了大量的验证,说明它是一种普遍现象。

议程设置理论作为大众传播的宏观社会效果研究的热点课题,一直得到发展和丰富。议程设置理论就是媒体议程影响公众议程,公众议程影响政策议程。

一般而言，议程设置是一个分成三部分的线性过程：首先，必须设定媒体中将要被讨论的问题的轻重缓急，即媒体议程；其次，媒体议程在某些方面影响公众观念，或者与之发生相互作用，即公众议程；最后，公众议程在某些方面影响政策制定者所重视的事物，或者与之发生相互作用，即政策议程。舆论导向正确的重要性也可以由此证明。

（二）影响议程设置功能的因素

1. 渠道容量丰富性的影响

传统媒体的议程设置功能存在的根本原因，在于新闻界必须有选择地报道新闻。选择性之所以存在，除了受媒体的宗旨、报道方针、新闻价值取向、社会文化规范、社会价值标准等重要因素的影响，还有一个原因：传统媒体的渠道容量是有限的。

渠道容量不是指一个渠道能传送的符号的数量，而是指渠道的信息表达能力，或者说，渠道传送信息源产生的信息数量。传统媒体（如报纸、杂志、广播、电视）在一定的传播周期中，版面、频道、时段、采编人员等传播资源是既定的，是无法无限拓展的。网络媒体的出现改变了以往的规则。理论上，网络媒体的渠道容量几乎是无限的，表现在信息数量和表现手段两个方面。网络媒体具有丰富的渠道容量，能对传统媒体的议程设置内容进行过滤，并产生马太效应，使得部分新闻被强化，变得更有影响力。

2. 报道实时性的影响

新闻时效性是关乎媒体议程影响力的重要因素。时效性之所以重要，是因为它是扩大媒体自身影响的一种手段，媒体要争取在第一时间吸引公众的眼球和注意力，给公众留下第一印象。心理学将第一印象称为首因效应，就是人们在接受外部信息时，往往更容易相信第一次看到、听到的情况，而对后来者存有更多怀疑。因此，新闻时效性在很大程度上决定媒体议程对公众议程的设置能力。

网络媒体完全可以做到实时更新、实时报道。也正是这个时间差的存在，使得网络媒体摆脱了只是转载传统媒体新闻内容的状况。实时互动这个特点使得网络媒体能够通过对新闻事件的价值判断、加工手法等，对传统媒体的议程设置产生实质性影响。

需要说明的是，在传统媒体议程设置的实现形式中，现场直播也是广播和电视能够采用的手段。这也充分体现了传统大众媒介的快速、实时特点。但是，广播和电视的直播一般适用于偶然性和突发性的新闻事件,而在现实生活中,实时互动传播在传统电子媒体的日常新闻传播过程中并不是报道的主要形式。

3. 多元互动性的影响

多元互动性是网络媒体区别于传统媒体的另一个重要属性。网络媒体的多元互动性可以帮助受众形成公众议程。作为一个被多元要素影响的媒体,网络媒体的一部分传播权力分散到广大网民手中,传统新闻发布的单向度信息传播变成互动性多向度信息传播。传统媒体不再是第一手的或者唯一的新闻来源,多元化的传播者、复合式的传播形态、多样的传播渠道等因素,使得以网民为代表的公众可以自行选择、加工信息,并通过网络传播形成网上舆情。在一些重大事件中,网上舆情对于媒体的议程设置起了很大作用,进而影响到政策议程。

二、框架效果理论

如前所述,"框架"作为考察人的认知与传播行为的学术概念,既有传播者认知框架,也有传播内容的框架分析,还有受众框架。因此,"框架"是传播学的一个核心概念。

"框架"概念引入传播学后得到了广泛的应用。美国学者 J. 布里安特对《传播学刊》《新闻与大众传播季刊》等六种主要学术刊物的论文内容做过统计分析,发现框架与框架研究是 20 世纪 90 年代以来使用频率最高和最受关注的研究领域。

(一)框架效果

框架是人们处理信息的认知结构。运用什么样的框架处理信息,会影响人们对信息的处理结果,对事物的价值判断、态度和行为反应。这种影响被称为框架效果。

在日常新闻信息传播中,新闻框架作为媒体为新闻事件定性的主导性框架,对受众认识、理解新闻事件和做出反应具有重要的影响。这种影响是框架效果的常见类型。大众阅读新闻是一个基于个人框架对新闻文本进行解读的过程,具有一定的能动性和批判力。因此,可以把围绕某个新闻事件的受众的个人反应或作为集合反应的舆论态度,看作媒介框架和受众框架相互作用的结果。

对于受众个人经验较为间接或较复杂的新闻事件,特别是在缺少对照性信源的情况下,媒介的主导性框架所造成的先入为主的效果是显而易见的。

心理学研究表明，即使是本质相同的事件，由于文本的表述框架不同，人们的反应或决策选择也会存在很大的差异。

不同的诠释框架与不同的价值观、心理和行为倾向相关联，这是一个普遍的现象。主流媒体占统治地位的新闻框架可以营造具有某种特色的信息环境，进而引起人们对新闻事件的特定反应。

当然，框架效果并不是绝对的。占统治地位的新闻框架并不能完全消除所有对立的和挑战性的信息，尽管它能通过信息呈现的形式来摧毁这些信息的有效性和降低其显著性。

罗伯特·恩特曼认为，新闻框架有四种功能：提供问题定义、阐释事件原因、提供道德评价、示意解决方案。然而，这些功能都只能在与受众框架的互动过程中，通过受众框架的过滤才能发挥其作用。

（二）受众框架

受众框架，即受众个人接触和处理大众传播信息的认知结构和规则。这种结构和规则来自受众过去社会生活经验的积累、既有的价值观和态度、行为取向，并引导受众个人处理新的信息。

传播效果研究的许多成果都表明，受众在大众传播的信息面前并不是完全被动的，他们对大众传播信息的反应受到既有倾向、群体规范、社会关系网络、选择性接触等因素的影响和制约，而这些因素也是受众框架的重要组成部分。

作为不定量多数的个人的集合体，受众框架也是具有多样性的，使用不同的框架来解读的结果是会出现对新闻信息的"同向解读""对抗式解读""妥协式解读"等各种情况。因此，围绕不同新闻事件所发生的各种各样的舆论反应，实际上是大众传播的新闻框架与受众的解读框架相互作用的结果。

（三）框架理论面临新课题

20世纪80年代迄今，框架研究一直是传播学研究的热点领域。基于认知心理学和社会建构论的框架理论，把大众传播的新闻报道看作一种建构现实及其意义的活动，认为媒体通过建构不同的新闻框架向我们呈现现实、定义现实。

媒体呈现和定义现实的活动具有特定的倾向性，这些倾向性来自媒体的新闻立场、利益关系和新闻生产的特殊规律的制约。主流媒体的主导性新闻框架对受众认识现实会产生重大影响,但这种框架效果不是绝对的,只能通过与受众框架的互动才体现出来。这些观点无疑为我们理解大众传播活动的本质提供了新的视角。

迄今为止,框架理论,尤其是新闻框架理论,主要以传统大众传播媒介的活动作为考察对象。应该看到,随着新技术的发展和传播资源的丰富化,越来越多的个人或群体从单纯的受众变成既是受众,同时也参与到新闻和其他信息生产的过程中来。这种变化对今后社会的现实建构和意义生产的结构与格局会产生强烈冲击和影响,也是框架理论面临的新课题。

三、培养理论

20世纪60年代后期,美国社会的暴力和犯罪问题十分严重,美国传播学者乔治·格伯纳等人开始进行一系列有关大众媒介(主要是电视)暴力内容的研究,研究媒介如何影响受众有关社会现实的观念,最终创建了培养理论。

培养理论,也称培养分析、教化分析、涵化分析。培养理论关注长期的、累积的传播效果,强调受众的无选择性,从而突出大众媒介的强大影响力。其核心观点是:在现代社会,大众媒介提示的象征性现实对人们认识和理解现实世界产生了巨大影响,在潜移默化中培养受众的世界观,而由于大众媒介的某些倾向性,人们心中的主观现实与实际存在的客观现实之间正在出现很大的偏离,这种影响不是短期的而是长期的。

格伯纳研究发现,接触大量电视暴力节目的受众,对遭受暴力侵害和犯罪攻击可能性的估计远高于实际,也高于少接触或不接触同类节目者。人们对所处社会环境的印象和判断,更接近电视画面中的社会景象。

1969年,格伯纳与其合作者开始实施的名为"文化指标"的大型研究项目的核心部分就是培养理论。这个以量化分析为主的研究项目基于以下假设:社会生活和社会结构的现状及其变化,可以通过一组具体指标精确并系统地反映出来。该研究包含三个方面的内容。

第一,对引导媒介信息洪流的传播政策的形成过程做深入的制度分析。主要目的是分析大众传播的信息生产、传达和消费过程中的各种制度性压力和制约因素,揭示大众传播内容的特定倾向性形成的原因。这些因素包括:国家的立法、司法和行政部门对传播制度与传媒活动的法律、政策的规定;传媒企业内的经营部门和外部银行资本、广告主等对信息生产与传播过程的干预和影响;同业竞争和来自各种利益团体的压力；一般受众对信息传播过程的影响。格伯纳认为，前三种制度性压力是形成媒介内容倾向的主要因素。

第二，对电视剧的情节和内容做详尽精确的讯息系统分析。目的是揭示媒介讯息系统的整体倾向性。大众传播的讯息是通过语言、文字、画面、影像等象征符号来传达的。这些讯息并不是符号的随意组合，而是根据一定的观点和意识形态进行加工整理后的具有完整意义结构的系统。

第三，研究长期收看电视对受众产生的影响。目的是考察大众传播的特定倾向所造成的社会结果。传播内容具有特定的价值和意识形态倾向，这些倾向通常不是以说教的形式，而是以报道事实、提供娱乐的形式传达给受众，在潜移默化中形成人们的现实观、社会观。格伯纳等人认为，传播媒介的培养效果主要表现在形成社会观和现实观的主流上。

20世纪80年代以来，格伯纳修正了培养理论，增加了两个有关培养效果产生过程的概念。

一是主流化过程，即多看电视使人们对真实世界的看法趋于一致。电视媒介在主流形成的过程中发挥强大作用，在全社会范围内广泛培养人们对于社会的共同印象。

二是共鸣过程，即当人们在电视中看到的情景与日常生活的所见所闻不谋而合时，两者叠加可加倍强化电视信息的作用，从而提升培养效果。换言之，共鸣强化了培养效果。

格伯纳认为，大众传播不仅是现代社会的"故事讲解员"，而且是缓和社会各异质部分的矛盾与冲突的"熔炉"。在这个意义上，大众传播还是维护现存制度的"文化武器"。因此，大众传播在形成现代社会的共识方面，已经远远超过传统社会中的教育和宗教的作用。

格伯纳用实证的方法证实了媒介的长期效果。一方面，肯定共识是社会作为一个统一整体存在的前提，强调大众传播在形成共识过程中的巨大作用；另一方面，指出大众媒介提供的象征性现实与客观现实之间的距离，以及媒体的一些倾向（如暴力内容、对社会弱者的描述等）所带来的社会后果。

四、知识沟理论

（一）知识沟理论是关于大众传播与信息社会中的阶层分化理论

知识沟理论的主要负责人蒂奇纳是美国明尼苏达大学新闻与大众传播系教

授,多诺林是明尼苏达大学社会学系教授,奥利娅是明尼苏达大学社会学系助教。这三位学者因多次合作而被称为明尼苏达小组。明尼苏达小组首次提出知识沟假设,开了世界范围内大众传播知识沟现象研究的先河。20世纪70年代以来,明尼苏达小组就知识沟假设持续发表了多篇有广泛影响的学术论文,从宏观社会结构视野分析知识沟现象。

1970年,他们在一系列实证研究的基础上发表了题为《大众传播的流动和知识差别的增长》的论文,首次建构了知识沟理论:当大众媒介信息在一个社会系统中的流通不断增加时,社会经济地位高的人将比社会经济地位低的人以更快的速度获取信息,两类人之间的知识沟将呈扩大而非缩小之势。对知识沟假说持相反观点的艾蒂玛等人于1977年提出了上限效果假说,认为大众传播带来的是知识沟的缩小。

知识沟假设并不否定随着大众传播信息量的增加,社会各阶层的知识水平都相应得到提升,因此,社会地位相对较低的群体并非在绝对意义上处于信息贫困或越来越贫困的状态,而是强调随着信息流通的增加所产生的相对的知识差异,即文化水平高的群体获取知识的速度较快,由此形成两极分化。

除了接触媒介和学习知识的经济条件,蒂奇纳认为,还有五个因素是造成知识沟扩大的主要原因。

(1)传播技能上的差异。受教育程度高的人具有较强的理解能力和较大的阅读量,有助于他们对公共事务或科学知识的获取。

(2)知识信息储备上的差异。从大众媒介和正规教育渠道获得的知识越多,越见多识广,对新事物、新知识的理解与掌握也就越快。

(3)社会交往上的差异。社会经济地位高的人可能有更多的社会联系,更有可能与他人就新信息和新知识展开讨论。

(4)对信息的选择性注意、理解和记忆上的差异。对信息的选择性理解和记忆,可能是态度和受教育程度综合作用的结果。个人生活的水准、层次与大众媒介的内容越接近,对媒介的注意和利用程度就越高。

(5)发布信息的大众媒介系统性质上的差异。传播有一定深度的关于公共事务和科学知识的媒介主要是印刷媒介,其受众多为受教育程度较高的人群,有利于社会精英维护其权力和地位。

知识沟理论认为,在操作上,知识沟假设至少可以用两种方式表达:第一,经过一段时间,文化程度高的人对媒介大量报道的话题知识的获取速度比文化程度低的人快;第二,在特定的时间里,经媒介大量报道的话题知识的获取与文化程度的相关性比未经大量报道的话题高。

有关信息流通与知识分配不均衡现象的发现在大众传播研究中早已有之。知识沟假设的创见性在于,对以往大众传播功能和媒介效果进行了深刻的反思。它指出,现代化传播工具在信息大众化、均衡化的流通过程中使人产生了信息(知识)平等分配的假象。人们没有看到,社会分层形成的区隔实际上给媒介知识的平等分配制造了障碍,有可能加剧社会冲突和矛盾。

知识沟假设的提出引起了研究者和决策者的普遍重视。20世纪70年代初以来,相关实证研究对大众传播中的知识沟现象多有考察,但也有研究者发现,知识沟并不是一种恒态,在有的调查中并未发现因受众社会地位差异而出现知识沟,另有个别研究甚至发现了反知识沟,即社会地位低的群体获取的知识反而比社会地位高的群体多。

(二) 对知识沟假设的质疑

1977年,美国学者艾蒂玛和克莱因基于当时一些与知识沟假设不尽一致的调查,质疑了知识沟假设,并提出从个体行为者的情境需求(例如信息对个体受众的实用性)和动机因素方面重新探讨大众传播中存在的知识差异现象,并提出天花板效应。

天花板效应,指个人对于特定知识的追求并非没有止境,在达到某一上限后,知识量的增加就会减速,乃至停顿下来。社会经济地位高的人获得知识的速度快,其上限的到来也早;社会经济地位低的人知识增加的速度慢,但随着时间的推移,最终也可能在上限赶上社会经济地位高的人。

艾蒂玛和克莱因从个体层面进一步探讨知识沟的成因和知识沟扩大或缩小的实证结果。他们认为,原先知识沟假设的提出者侧重从不同社会经济地位群体的文化程度、传播技能的差异角度来解释知识沟的形成,但实际上,知识沟形成更重要的原因可能是个体获取信息的动机和信息对个体功用的差异,即不同的人对信息或知识的兴趣的差异、感觉信息或知识对自己的有用性的差异,以及由此造成的需求的动机强烈的不同。如此,调查得出的知识沟扩大或缩小的不同结论就可以从个体寻求信息的动机和信息实用性的需求的角度得到解释。这一因素也可以部分地解释上限的形成。

经过艾蒂玛等人修正后的知识沟假设是:当社会系统中的大众媒介信息流

通日益增加时,有动机获取信息和认为信息对他们有用的人,比没有动机获取信息和认为信息对他们没用的人,将以更快的速度获取这些信息,这两部分人的知识差距因此而呈扩大而非缩小趋势。

此后的知识沟研究对一系列个体层面的变量进行了考察,包括:个体对媒体议题的关注度、信息需求、对议题的兴趣、与议题有关的人口统计学特征(如年龄、性别等)或种族特征个性因素、与议题有关的行为的介入。这些变量都与个体在寻求信息过程中的动机有关。

至此,知识沟假设可分为两个方面:一是关于社会中的总信息量在社会各阶(层)之间的分配;二是关于特别的问题或论题,在这些问题或论题上,一些人比另一些人更有知识。对于前者,大众媒介可能无法改变基本的社会不平等;对于后者,大众媒介则有可能扩大或缩小知识沟,尤其是对全社会共同关注的一些论题(并且人们寻求该信息的动机强烈程度相似),大众媒介有助于缩小不同群体之间的差距。

(三)数字鸿沟:当前知识沟研究的一个重要课题

如今的知识沟研究,仍然在试图厘清导致知识沟存在的诸种原因,包括最初研究中的社会经济地位、受教育水平,以及后来加入的信息需求的动机或兴趣与知识获取之间的关系。正如有的学者所指出的,目前的知识沟研究是在两种不同的层次上进行的:一是微观层次或个体层次,研究的是个人怎样获取知识;二是宏观层次或社会层次,研究的是信息控制及其与社会结构、权力等级的关系。两者不可偏废,应系统地建立个人层次和社会层次各变量之间的联系,进行跨层次分析,以拓展知识沟理论。

社会作为一个整体,有必要采取措施以确保全体社会成员都能均衡地获取信息。早在1974年,尼古拉斯·卡兹曼就着眼于新传播技术的发展,提出了"信息沟"概念,指出新的传播技术的诞生和扩散将不断带来新的知识沟或信息沟。这个理论可以说是对知识沟理论的放大。信息沟理论试图回答信息社会一个十分现实的问题:如何防止和解决信息富有者和信息贫困者的两极分化,以及由此带来的新的社会矛盾?

当前,以互联网为代表的新媒介技术扩散过程中带来的知识沟问题已成事实。由于新技术普及需要资金、技术、知识多方面的资源,在数字技术日益成为主要传播手段的今天,数码沟或称数字鸿沟问题,成为当前知识沟研究中的又一个重要课题。

数字鸿沟指在全球数字化进程中,不同国家、地区、行业、企业、社区之间,因对信息和网络技术的拥有程度、应用程度与创新能力的差别而造成的信息落差和贫富进一步两极分化的趋势。该词源于美国著名未来学家阿尔文·托夫勒于1990年出版的《权力的转移》一书。该书提出了信息富人、信息穷人、信息沟壑和数字鸿沟等概念,认为数字鸿沟是信息和电子技术方面的鸿沟,信息和电子技术造成发达国家与欠发达国家之间的分化。数字鸿沟是信息时代的全球问题。

美国国家远程通信和信息管理局于1999年在名为《在网络中落伍:定义数字鸿沟》的报告中,将数字鸿沟定义为拥有信息时代的工具的人与未曾拥有者之间存在的鸿沟。

数字鸿沟体现了当代信息技术领域中存在的差距现象。这种差距既存在于信息技术的开发领域,也存在于信息技术的应用领域,特别是由网络技术产生的差距。数字鸿沟现象存在于国与国、地区与地区、产业与产业、社会阶层与社会阶层之间,已经渗透到人们的经济、政治和社会生活中,成为信息时代凸显出来的社会问题。

五、沉默的螺旋理论

(一)理论的提出

德国学者伊丽莎白·诺埃尔-诺伊曼在对历史研究的基础上,1947年,与丈夫共建了德国第一个民意调查研究所——阿伦斯巴赫研究所。1964年,她在美因茨大学创立大众传播学院,自此到1983年间一直担任院长。经过多年的民意调查实证研究,她于1974年在《传播学刊》上发表了《重归大众传播的强力观》一文,提出沉默的螺旋假说。

沉默的螺旋假说是有关舆论的产生和散播的一种理论,认为:第一,舆论的形成是大众传播、人际传播和人们对意见环境(意见气候)的认知心理三者相互作用的结果;第二,经大众媒介强调提示的意见由于具有公开性和传播的广泛性,容易被当作多数意见或优势意见;第三,环境认知带来的压力或安全感,会引起人际接触中的"劣势意见的沉默"和"优势意见的大声疾呼"的螺旋式扩展过程,并导致社会生活中占压倒优势的多数意见——舆论的诞生。

沉默的螺旋假说提出以后,许多传播学者和社会心理学者对假说进行了系统的理论探讨和实证考察。假说的重要理论前提之一是个人对社会孤立的恐惧及其产生的对多数意见或优势意见的趋同行为。

1980年,诺伊曼出版德文书《沉默的螺旋:舆论——我们的社会皮肤》,进一步发展了沉默的螺旋理论,宣称大众传播媒介在影响大众意见方面仍然能产生强大效果。

(二)理论描述的现象

该理论描述了一种现象:人们在表达自己想法和观点的时候,如果看到自己赞同的观点并受到广泛欢迎,就会积极参与进来,这类观点越发大胆地发表和扩散;而发觉某一观点无人或很少有人理会(有时会有群起而攻之的遭遇),即使自己赞同它,也会保持沉默。一方意见的沉默造成另一方意见的增势,如此循环往复,便形成一方的声音越来越强大、另一方越来越沉默下去的螺旋发展过程(见图6-4)。

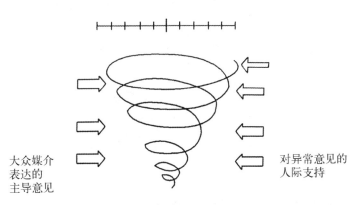

图6-4 沉默的螺旋模式

资料来源:[美]沃纳·赛佛林、小詹姆斯·坦卡德:《传播理论:起源、方法与应用》(第5版),郭镇之等译,中国传媒大学出版社2006年版,第237页

图6-5显示了少数派沿着沉默的螺旋运动的轨迹。黑色小球代表认为个人观念与流行舆论之间略有差异的人。在黑色小球目前所在的位置,他们暂时觉得可以舒服地公开表达观点。然而,犹如重力般永不消退地对被孤立的恐惧使他们对所说的内容更加谨小慎微。最后,屈从的压力变得巨大,以至于少数派最终沉默。

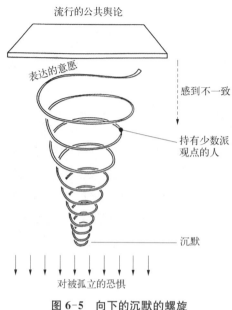

图 6-5 向下的沉默的螺旋

资料来源：[美]埃姆·格里芬：《初识传播学》，展江译，北京联合出版公司 2016 年版，第 407 页

沉默的螺旋理论的提出，从社会心理的角度向人们揭示了大众媒介舆论导向的作用原理。舆论被大众传播的意见气候制约，它的形成和结论可能并不是理性讨论的结果，而是少数派由于惧怕被孤立而不敢发声所做出的妥协。

(三) 大众媒介特质对舆论的影响

诺伊曼指出，大众媒介有三个特质：累积性（不断重复）、普及性（影响广泛）和共鸣性（报道的同一性）。这三个特质结合在一起，对舆论产生了巨大影响。尤其是共鸣性，即大众媒介常常对某个事件或议题有一致反映，它足以阻碍受众的选择性接触而使其不得不接触同一信息，并且形成大部分人看待该事件或议题的方式与媒介表现的方式一致的印象。

诺伊曼由此归纳出大众媒介影响沉默的螺旋的三种方式：对何者是主导意见形成印象；对何种意见正在增强形成印象；对何种意见可以公开发表而不会遭受孤立形成印象。

(四) 舆论形成的机制

第一，个人意见的表明是一个社会心理过程。人作为一种社会动物，总是力图从周围环境中寻求支持，避免陷入孤立状态，这是人的社会天性。

第二，意见的表明和沉默的扩散是一个螺旋式的社会传播过程。一方的沉默造成另一方意见的增势，使优势意见显得更加强大，反过来又迫使更多的不同意见者转向沉默。如此循环，便形成了一个一方越来越大声疾呼，而另一方越来越沉默下去的螺旋式过程。

第三，大众传播通过营造意见环境来影响和制约舆论。根据诺伊曼的观点，舆论的形成不是社会公众理性讨论的结果，而是意见环境的压力作用于人们惧怕被孤立的心理，强制人们对优势意见采取趋同行动这一非合理过程的产物。

意见环境的形成来自所处的社会环境和大众媒介,而后者的作用更强大。

(五)理论特点

1. 舆论观

在沉默的螺旋理论中,舆论是公开的意见。诺伊曼认为,只有被认为是多数人共有的、能够在公开场合公开表明的意见才能成为舆论。沉默的螺旋理论强调的是舆论的社会控制功能。

2. 效果观

从传播效果研究的角度看,沉默的螺旋理论强调大众传播具有强大的社会效果和影响,认为传播媒介具有创造社会现实的巨大力量。

(六)争议的焦点

第一,假说中所强调的对社会孤立的恐惧(趋同行为的动机)不应是一个不变的常量,而应是一个受条件制约的变量。所属群体的支持、对自己见解或信念的确信程度都是制约假说前提的变量。

第二,多数意见的压力和对它的抵制力,按照问题的类型和性质应有程度上的不同。在有关社会伦理道德、行为规范的争议,技术性、程序性的问题,与自己是否有直接的利害关系等方面,人们的压力和抵制力是不同的。

第三,多数意见产生的社会压力的强弱受到社会传统、文化和社会发展阶段的制约。

(七)理论的意义

第一,它把对舆论形成过程的考察从现象论的描述引向了社会心理分析的领域,强调了社会心理机制在这个过程中的作用。

第二,它强调了大众传播对舆论的强大影响,并正确地指出这种影响来自大众传播营造意见环境的巨大能力。

(八)理论应用

沉默的螺旋理论提供了一种考虑问题的视角:团队意见的形成不一定是团队成员理性讨论的结果,而可能是对团队中强势意见趋同后的结果。例如,在当代流量明星的微博评论下,大部分评论都是粉丝团"爱的发言",并且粉丝团还有

"反黑举报"的控评手段。

需要注意的是,强势意见所强调的东西不一定就是正确的。当团队中的少数意见与多数意见不同的时候,少数有可能屈于优势意见的压力,表面上认同,实际上内心仍坚持自己的观点。这就可能出现某些团队成员公开表达的意见与自己的意见不一致。

六、第三人效果理论

(一)理论背景

太平洋战争期间,硫磺岛上驻有一支由白人军官和黑人士兵组成的美军部队。日军向该岛空投了大批传单,宣传美日之战是白人挑起的战争、日本人和有色民族并无纷争,煽动黑人士兵投降或逃亡。

第二天,这支美军部队全部撤退了。后来发现,传单其实对黑人士兵并没有产生影响,因为在随后的战斗中,黑人士兵表现英勇,而是白人军官和上级指挥部门担心日军的心理战会在黑人士兵中产生效果,于是决定了这次撤退。

冷战初期,美国哥伦比亚大学教授戴维森研究联邦德国报刊对外交政策的影响。在向记者提问联邦德国报刊的社论是否会影响读者之际,戴维森注意到同样的现象。不少记者回答:社论对像你我这样的人影响很小,而对一般受众有可能影响比较大。

从 1978 年开始,戴维森研究记者为什么会说出这句话。1983 年,戴维森在《舆论季刊》上发表论文《传播中的第三人效果》,提出"我不会受到影响,但他们(第三人)会被劝服/受影响",在大众传播中,每个人都认为他人(第三人)所受的影响比自己所受的影响要大。戴维森称这种现象或影响机制为第三人效果。

(二)理论内涵

戴维森提出,人们在判断大众传播的影响力时存在一种普遍的感知定式,即倾向于认为大众媒介的信息(尤其是说服性信息或宣传和负面信息)对"我"或"你"未必有多大影响,却会对"他"人产生不可估量的影响。

由于这种感知定式的作用,大众传播的影响和效果通常不是在传媒指向的表面受众中直接发生的,而是通过与他们相关的第三人的反应行为实现的。

（三）概念理解

1. 谁是"第三人"

我们往往高估大众传播对他人态度和行为的影响，认为受影响最大的不是"你"和"我"，而是"他"，这种影响在信息的说服性明显时更显著。这里的"他"，即"第三人"，泛指一般意义上的"他者"，即其他大多数人，也可以指某个特殊的社会群体。

2. 两个层面：感知和行为

第三人效果包含感知和行为两个层面。

在感知层面，人们认为传播内容对于他人的影响大于对自己的影响。

在行为层面，人们通过预测第三人受媒介信息影响后态度与行为的改变，来采取某些行动。

儿童玩具的广告就运用了第三人效果理论。儿童玩具的购买者是父母，但是商品广告通常是在儿童节目中插播的，商家利用广告唤起儿童对这些商品的需求和欲望，通过孩子对父母的影响来达到促销的目的。

类似的案例还有"双十一"零点抢购、直播间秒杀，为了不落于他人抢购行为之后，我们纷纷选择加入抢购风潮，结果买了很多闲置产品。

第三人效果是一种能够影响人们的感知和行为的说服或宣传技巧，类似于中国的"声东击西""欲擒故纵""围魏救赵""项庄舞剑，意在沛公"等成语中所蕴含的操控谋略。

3. 第三人效果反转了吗

随着更多研究的进行，研究者发现了一个有趣的现象：人们在接触符合社会期待能够引起自己正面感情的信息时，倾向于认为此类信息对自己的影响大于对其他人的影响。这与戴维森最初发现的第三人效果恰好相反，由此被称为第一人效果或反第三人效果。第一人效果可以用于解释口碑传播和受众的主动传播信息行为。

（四）什么在影响第三人效果

1. 为什么会出现第三人效果

第三人效果假说的关键在于自我-他人感知沟，或称自我-他人差异，即受众在对自己和他人受到信息的影响的感知上存在明显的对比。简单说，就是低估他人、高估自己的倾向。

2. 哪些因素会影响或制约第三人效果

第三人效果涉及自我、他人、媒介三个主体,是一种复杂的现象,其影响和制约因素是多种多样的。

随着时代发展,第三人效果的影响因素在不断丰富中。以下这些因素有助于更全面地理解第三人效果的形成过程与现实意义。

(1) 人口统计学变量。

性别。以往对于传统媒体的研究认为性别的影响作用并不明显,但在互联网语境中,特别涉及性和色情内容时,性别的影响非常显著。女性往往认为自己比男性受到的影响更大,并且其他女性比其他男性受到的影响更大。

年龄。研究结果显示,年龄越大,越容易出现第三人效果认知。因为随着年龄的增长,人们学会了运用多元渠道吸纳信息,年长者自认为更懂得如何判断大众媒介的影响,并且对媒介的说服意图更有免疫力。例如,一项关于互联网音乐视频中产品广告植入效果的研究显示,年龄较大的人更有可能感觉到第三人效果对感知的影响。

学历。受教育程度越高的人,越倾向于认为媒介信息对他人的影响大于对自己的影响。高学历者较强的优越感和自信是这种倾向产生的原因。

(2) 受众的个人特质。

文化和自我构念。集体主义文化比个人主义文化会削弱第三人感知。在崇尚个人独立的国度,受众大多对商业广告产生抵抗心理,拒绝承认受到营销信息影响。不过,即使在相同文化中,第三人效果对所有人也并非同样产生影响,例如相互依赖的人认为他们与他人相似,因而感知差异不那么明显。

预存立场。媒介信息的观点越是与自己的既有立场和态度不一致,越会高估媒介对其他人的影响力;媒介信息的观点与自己的观点一致时,则会出现第一人效果。

互联网自我效能。自我效能是个人对自己能否成功地实施某一成就行为的主观判断。具有较高互联网自我效能的人认为自己更有能力控制互联网,因而认为自己比他人更能抵御互联网的反社会影响。

自我关联程度。与媒介信息所涉及的问题关系越密切,越倾向于认为他人会受到影响。

对相关信息的专业感。对媒介信息涉及的问题,一个人越觉得自己是内行或专家,越容易出现第三人效果认知倾向。例如,法官或检察官不认为自己会受到色情或暴力信息的影响,却坚信这些信息会毒害其他人。

(3) 信息性质。

负面信息。越是负面的信息越能够引起第三人效果,正面的信息容易引起反第三人效果。

网络评论信息。当受众接触了他人对互联网信息的反应,不仅会导致他们对舆论和媒体、对他人和对他们自己的影响的感知的推论产生巨大变化,而且他们自己对该问题的看法也会产生变化。

利益相关性信息。越是与受众利益相关的信息,越容易引起第三人效果。例如,报告隐私侵犯的用户比听到他人的隐私侵犯的用户更可能更改隐私设置。

信源的性质。越是说服或宣传色彩强烈的信息(如广告或竞选宣传),越容易引发第三人效果。因为在这种情况下,人们更倾向于张扬自己的判断力和独立性,同时认为其他人会受到信息的影响。

社会距离。社会距离是个体与个体、群体与群体或个体与群体间相互认同和了解的程度,体现了个体间的亲密或疏远的等级和程度。随着社会距离的增加,第三人效果的强度也随之变大。

(4) 媒介接触。

媒体使用频率。媒体使用频率越高,越能引起第三人效果。

媒体可信度与合意性。第三人效果会随着媒体可信度的减少而增加。同时,受众越是认为媒体的影响不合意,就越是认为媒体对自己和他人的影响会减少。

媒体类型。不同媒体类型会对第三人效果产生不同影响。

此外,受众接触到关于某话题的信息越多,就会认为其显著程度越高,进而增加受众感知到的自我与他人所受影响的差异。

(5) 心理机制。

1999年,美国学者L.亨里克森和J. A.佛罗拉在研究香烟广告和禁烟广告对儿童感觉的影响时发现,自我强化倾向是产生第三人效果的重要原因。

自我强化倾向指人们往往觉得自己高人一等,比他人聪明,自己比别人更能抗拒说服性信息,更不易受到负面信息的影响。自我强化可以帮助人们保护自己的形象,维护乐观的期望,并使人们产生具备控制能力的感觉,自尊和自我的价值得到强化。具体包括以下四个方面。

自我强化(另译自我膨胀)。自我强化与第三人感知之间存在正相关关系。

在社交媒体中,用户的自我涉入度比传统大众媒体高,他们生成的内容大多主观性较强,同时,社交网站提供了一个更有利于进行社会比较的环境,因此,第三人效果可能会增强。

乐观偏差。我们认为自己会比他人更有可能经历正面的事情,而别人往往经历负面的事情,觉得与他人相比,自己遭遇不幸事件的概率较低。这直接或间接地影响第三人效果。在传统媒体使用中普遍存在的第三人效果和乐观偏见,在互联网传播中也很明显。

虚幻的优越感。每个人都容易认为自己很优秀,习惯于用正面的方式评价自己。因此,媒介内容可能造成的负面影响越大,人们更倾向于认为自己的免疫力越高,越不容易受到媒介内容的不良影响。

自我服务式归因。自我服务式归因是在好事面前容易夸大自己的作用,在坏事面前容易推诿责任的倾向。高估自己、低估他人是一种普遍的人性,使我们自己更具有优越感。他人比自己更轻信大众媒介的看法使人们感觉比较好,人们认为自己能够识别信息中的意图,而他人无法做到这一点。

(五)验证与延伸:第三人效果的最新进展

1. 社交媒体中第三人效果依然存在

一项关于新冠疫情谣言对中国受访者影响的调查显示,受访者认为自己与亲近的人和自己与距离更远的人相比,更不容易被新冠疫情谣言影响。关于个人信息未经同意而被用于未知用途、个人账号被黑客攻击等存在于社交媒体中的风险,受访者认为他人更容易遭遇这些风险,而自己的易受影响度更低,与其他人相比,自己更不易依赖社交媒体。调查结论支持了在社交媒体中第三人效果同样存在的结论。

2. 比普通人好效应

比普通人好效应指人们倾向于认为自己的能力和性格特征都比普通人的平均水平好。在社交媒体中,人们会以一种更积极的眼光看待自己,认为自己比他人更少做出某些被认为不符合社会期待的媒介使用行为,使自己看起来和感觉起来比他人更好。例如,对社交媒体中假新闻做出标记的行为,已被证实能减少假新闻的传播,但人们认为其他网友在看到假新闻标记后,仍比自己更有可能传播假新闻。

3. 情感第三人效果

情感、认知与行为不可分割。情感对认知的影响是多变的、复杂的。人在做出判断时,情感是一种信息来源,人们通过对情绪的感知来简化判断和评价的过程,并最终决定人们的行为。情感在第三人效果中的作用开始得到重视。

网络信息,特别是网络评论会影响人们对自己和对他人的情绪感知。对新闻内容不赞同且用语粗俗的评论,会比对新闻内容不赞同但用语文明的评论更容易引发愤怒、沮丧等消极情绪。人们还认为,相对于自己而言,用语粗俗的评论更容易引发他人的负面情绪。

4. 后续行为的纵向延伸

认知平衡理论认为,人们为了保持一种心理平衡状态,会使行为与认知达到一致,以减少不和谐感。因此,对于自己和他人的这种认知偏差容易促使人们采取某种行动。

目前,学界开始关注第三人效果后续行为的纵向延伸,即第一层后续行为与第二层后续行为之间的关系。第三人效果不仅会影响受众对媒体审查和管制的态度,还会影响个人身体管理、投资等更多方面的行为。

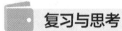

复习与思考

开篇案例:首届进博会传播效果
1. 进一步提高进博会传播效果的方法。
2. 进博会传播力分析。

第一节 传播效果概述
1. 传播效果的概念、层面是什么?
2. 传播效果的类型有哪些?

第二节 传播效果的制约因素
1. 传播对象与传播效果有什么关系?
2. 影响传播效果的制约因素有哪些?

第三节 多元效果理论
1. 影响议程设置功能的因素有哪些?
2. 简述培养理论的主要观点。
3. 沉默的螺旋理论的主要观点有哪些?
4. 第三人效果产生的主要制约因素有哪些?

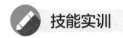 技能实训

模 拟 面 试

一、实训要求

同学们轮流扮演求职者和面试官,运用本章所学知识和原理,在一个求职者对多个面试官的模拟面试实训中,训练学生提高传播效果的技能。

二、实训目的

1. 模拟求职者,亲身感受面试的全过程。
2. 面试官现场为求职者分析其面试表现,并提出改进建议。

三、实训组织

学生分成4人一个小组,其中,3人为面试官,1人为求职者。回答面试官三个问题。第一,请用三句话来介绍自己、评价自己。第二,五年内对个人制定的目标是什么?第三,对应聘公司了解吗?

四、背景资料

模拟面试就是通过为求职者安排仿真的面试现场、正规的面试流程,模拟面试的整个过程,力求达到真实面试的效果。

模拟面试分为现场互动形式和个人训练形式。现场互动形式多为一对多形式,模拟求职者通过投递简历得到面试机会后的场景。经过仿真的面试问答,使参与者体会到面试的氛围并找到自己面试的弱点,有机会的话还可以通过模拟练习加以提高。个人训练形式是最原始的训练方式,也是最有效的训练形式。

根据条件,模拟求职者可以选择如下自主训练方式。

第一,同学之间轮流扮演面试官和求职者角色,相互付出劳动,相互学习,可以反复练习。

第二,面对镜子的自我训练。面试是个人演讲与口才的集中表达方式,除了对问题的理解以外,表达是否流畅和语气、表情是否自然也很重要。面对镜子的自我训练能看到真实的自我,反复矫正训练。

第三,通过录像进行训练。可以将自己面试模拟的过程全部录制下来,反复观看录像,进行矫正和再训练,可以反复训练。

主要参考文献

[1] [美]埃姆·格里芬.初识传播学:在信息社会里正确认知自我、他人及世界[M].展江,译.北京:北京联合出版公司,2016.

[2] [德]安德烈·冈德·弗兰克.依附性积累与不发达[M].高铦,高戈,译.南京:译林出版社,1999.

[3] 安琪,刘庆振,许志强.智能媒体导论[M].北京:中国传媒大学出版社,2022.

[4] 毕研韬,马康明.传播学先驱们的军情背景[J].科技智囊,2011(8).

[5] 常江,何仁亿.安德烈亚斯·赫普:我们生活在"万物媒介化"的时代——媒介化理论的内涵、方法与前景[J].新闻界,2020(6).

[6] 陈力丹.美国传播学者休梅克女士谈影响传播内容的诸因素[J].国际新闻界,2000(5).

[7] [美]大卫.克罗图,威廉.霍伊尼斯.媒介·社会——产业、形象与受众(第三版)[M].邱凌,译.北京:北京大学出版社,2009.

[8] 戴元光,童兵,金冠军.20世纪中国新闻学与传播学[M].上海:复旦大学出版社,2001.

[9] 戴元光.中国传播思想史(现当代卷)[M].上海:上海交通大学出版社,2005.

[10] [美]丹尼尔·贝尔.后工业社会的来临——对社会预测的一项探索[M].高铦,王宏周,魏章玲,译.北京:商务印书馆,1984.

[11] [英]丹尼斯·麦奎尔,[瑞典]斯文·温德尔.大众传播模式论(第2版)[M].祝建华,译.上海:上海译文出版社,2008.

[12] 丹尼斯·麦奎尔.受众分析[M].刘燕南,李颖,杨振荣,译.北京:中国人民大学出版社,2006.

[13] 邓建国.我们何以身临其境?——人机传播中社会在场感的建构与挑战[J].新闻与写作,2022(10).

[14] [美]弗雷德里克·S.西伯特,西奥多·彼得森,威尔伯·施拉姆.传媒的四种理论[M].戴鑫,译.展江,校.北京:中国人民大学出版社,2008.

[15] [美]弗洛·康韦,吉姆·西格尔曼.维纳传——信息时代的隐秘英雄[M].张国庆,译.北京:中信出版集团,2021.

[16] 甘丽华,克利福德·克里斯琴斯.全球媒介伦理及技术化时代的挑战——克利福德·克里斯琴斯学术访谈[J].新闻记者,2015(7).

[17] 郭庆光.传播学教程(第二版)[M].北京:中国人民大学出版社,2011.

[18] [美]吉米·索尼,罗伯·古德曼.香农传:从0到1开创信息时代[M].杨晔,译.北京:中信出版集团,2019.

[19] [美]卡尔·霍夫兰,欧文·贾尼斯,哈罗德·凯利.传播与劝服[M].张建中,李雪晴,曾苑,等,译.北京:中国人民大学出版社,2015.

[20] [美]克里斯·安德森.长尾理论[M].乔江涛,译.北京:中信出版社,2006.

[21] 李彬.传播学引论(第三版)[M].北京:高等教育出版社,2013.

[22] 李凌.智能时代媒介伦理原则的嬗变与不变[J].新闻与写作,2019(4).

[23] 李正良.传播学原理[M].北京:中国传媒大学出版社,2007.

[24] 刘海龙.传播中的身体问题与传播研究的未来[J].国际新闻界,2018,40(2).

[25] 刘海龙,束开荣.具身性与传播研究的身体观念——知觉现象学与认知科学的视角[J].兰州大学学报(社会科学版),2019,47(2).

[26] 刘涛.理论谱系与本土探索:新中国传播学理论研究70年(1949—2019)[J].新闻与传播研究,2019,26(10).

[27] 路春艳,张洪忠.大众传播学教程[M].北京:北京师范大学出版社,2007.

[28] [美]罗杰·菲德勒.媒介形态变化:认识新媒介[M].明安香,译.北京:华夏出版社,2000.

[29] [加拿大]马歇尔·麦克卢汉.理解媒介:论人的延伸[M].何道宽,译.南京:译林出版社,2011.

[30] [美]曼纽尔·卡斯特.认同的力量[M].夏铸九,黄丽玲,等,译.北京:社会科学文献出版社,2003.

[31] [美]曼纽尔·卡斯特.网络社会的崛起[M].夏铸九,王志弘,等,译.北京:社会科学文献出版社,2001.

[32] [美]梅尔文·德弗勒,桑德拉·鲍尔-洛基奇.大众传播学诸论[M].杜力平,译.北京:新华出版社,1990.

[33] [美]帕梅拉·J.休梅克,蒂姆·P.沃斯.把关理论[M].孙五三,译.北京:中国人民大学出版社,2022.

[34] 彭兰.新媒体用户研究：节点化、媒介化、赛博格化的人[M].北京：中国人民大学出版社,2020.

[35] 申凡,等.传播媒介与社会发展——媒介功能理论研究[M].北京：人民出版社,2008.

[36] 隋岩.受众观的历史演变与跨学科研究[J].新闻与传播研究,2015,22(8).

[37] 孙旭培.华夏传播论[M].北京：人民出版社,1997.

[38] [美]威尔伯·施拉姆,威廉·E.波特.传播学概论(第二版)[M].何道宽,译.北京：中国人民大学出版社,2010.

[39] [美]韦尔伯·施拉姆.大众传播媒介与社会发展[M].金燕宁,等,译.北京：华夏出版社,1990.

[40] [美]韦尔伯·施拉姆著.斯蒂芬·查菲,艾弗雷特·罗杰斯编.美国传播研究的开端：亲身回忆[M].王金礼,译.北京：中国传媒大学出版社,2016.

[41] [美]沃尔特·李普曼.公众舆论[M].阎克文,江红,译.上海：上海人民出版社,2006.

[42] [美]沃纳·赛佛林,小詹姆斯·坦卡德.传播理论：起源、方法与应用(第5版)[M].郭镇之,徐培喜,等,译.北京：中国传媒大学出版社,2006.

[43] [美]希伦·A.洛厄里,梅尔文·L.德弗勒.大众传播效果研究的里程碑(第三版)[M].刘海龙,等,译.北京：中国人民大学出版社,2004.

[44] 徐培汀.中国传播思想史(近代卷)[M].上海：上海交通大学出版社,2005.

[45] 严三九.融合生态、价值共创与深度赋能——未来媒体发展的核心逻辑[J].新闻与传播研究,2019,26(6).

[46] [美]伊莱休·卡茨,保罗·F.拉扎斯菲尔德.人际影响：个人在大众传播中的作用[M].张宁,译.刘海龙,校.北京：中国人民大学出版社,2016.

[47] 余志鸿.中国传播思想史(古代卷)(上、下)[M].上海：上海交通大学出版社,2005.

[48] [美]约书亚·梅罗维茨.消失的地域：电子媒介对社会行为的影响[M].肖志军,译.北京：清华大学出版社,2002.

[49] 曾一果,许静波.中国传媒文化百年史[M].南京：南京师范大学出版社,2018.

[50] 张国良.20世纪传播学经典文本[M].上海：复旦大学出版社,2003.

[51] 张国良.传播学原理(第二版)[M].上海：复旦大学出版社,2009.

[52] 周庆山.传播学概论[M].北京:北京大学出版社,2004.
[53] [美] E. M. 罗杰斯.传播学史——一种传记式的方法[M].殷晓蓉,译.上海:上海译文出版社,2012.
[54] [美] E. M. 罗杰斯.创新的扩散(第五版)[M].唐兴通,郑常青,张延臣,译.北京:电子工业出版社,2016.

后　记

本教材自2018年"传播概论"课程入选首批上海市课程思政示范课程项目时开始编著。上海出版印刷高等专科学校时任常务副校长滕跃民教授邀请复旦大学、上海大学、上海理工大学等高校的传播学教授召开本教材编写的专家研讨会。

2019年，本教材初稿完成后，一直在课堂教学中使用，不断完善。2022年10月，"传播概论"课程被评为上海市课程思政示范课程，教学团队也被评为上海市课程思政示范团队。

为此，团队14名老师在不断努力。一是先后在智慧树和智慧职教平台开设翻转课堂和公开课。团队老师都薇、胡颢琛、刘琪、沈逸鲲参与了视频录课。二是给课程线上、线下考查提供试题。三是给本教材提供修改意见，一直在探索课程思政教学。本教材出版受学校资助。

感谢各位专家学者对教材编写的指导。感谢团队老师的不懈努力。感谢复旦大学出版社王联合教授提供的出版支持，感谢本书编辑提出的宝贵修改意见。

立足时代，面向未来，扎根中国，融通中外，编著具有中国特色的高质量教材，是我们的努力目标，但由于水平有限，本书难免出现错漏，敬请读者批评指正。联系邮箱 ranbin69@163.com。

冉　彬

2024年2月

图书在版编目(CIP)数据

传播学导引:理论与应用/冉彬编著. —上海:复旦大学出版社,2024.4
ISBN 978-7-309-16806-8

Ⅰ.①传… Ⅱ.①冉… Ⅲ.①传播学-高等学校-教材 Ⅳ.①G206

中国国家版本馆CIP数据核字(2023)第068820号

传播学导引:理论与应用
CHUANBOXUE DAOYIN: LILUN YU YINGYONG
冉　彬　编著
责任编辑/朱安奇

复旦大学出版社有限公司出版发行
上海市国权路579号　邮编:200433
网址: fupnet@fudanpress.com　http://www.fudanpress.com
门市零售: 86-21-65102580　　团体订购: 86-21-65104505
出版部电话: 86-21-65642845
上海新艺印刷有限公司

开本787毫米×960毫米　1/16　印张20.75　字数350千字
2024年4月第1版第1次印刷

ISBN 978-7-309-16806-8/G·2489
定价: 68.00元

如有印装质量问题,请向复旦大学出版社有限公司出版部调换。
版权所有　　侵权必究